U0817485

高职高专教育“十四五”规划教材
21世纪应用型人才培养示范教材

大学生就业与创业指导

主　编　杨　帆　张方玲　毛　旭
副主编　陈磊萍　游龙生　刘　平

燕山大学出版社
2020 · 秦皇岛

图书在版编目(CIP)数据

大学生就业与创业指导/杨帆,张方玲,毛旭主编. —秦皇岛:燕山大学出版社,2024.3
ISBN 978-7-5761-0023-5

Ⅰ.①大… Ⅱ.①杨… ②张… ③毛… Ⅲ.①大学生-职业选择-高等学校-教材 Ⅳ.①G647.38

中国版本图书馆 CIP 数据核字(2020)第 099268 号

大学生就业与创业指导

DAXUESHENG JIUYE YU CHUANGYE ZHIDAO

杨 帆 张方玲 毛 旭 主编

出 版 人: 陈 玉

责任编辑: 朱红波　　**策划编辑:** 朱红波

责任印制: 吴 波　　**封面设计:** 冯晓亮

出版发行: 燕山大学出版社 YANSHAN UNIVERSITY PRESS　　**电　　话:** 0335-8387555

地　　址: 河北省秦皇岛市河北大街西段 438 号　　**邮政编码:** 066004

印　　刷: 涿州汇美亿浓印刷有限公司　　**经　　销:** 全国新华书店

开　　本: 787mm×1092mm 1/16　　**印　　张:** 17

版　　次: 2024 年 3 月第 1 版　　**印　　次:** 2024 年 3 月第 1 次印刷

书　　号: ISBN 978-7-5761-0023-5　　**字　　数:** 403 千字

定　　价: 45.80 元

版权所有 侵权必究

如发生印刷、装订质量问题，读者可与出版社联系调换

联系电话：0335-8387718

前言

PREFACE

随着“精英教育”向“大众教育”的转变，往日的天之骄子正面临着就业的严峻挑战。明天向何处去，人生的路该怎么走，都成为摆在社会、学校、家长、老师以及学生面前亟待解决的问题。成功的人生离不开科学的规划，良好的就业需要正确的指导。职业规划和就业指导就如同一支神奇的画笔，让我们在洁白的人生画卷上，画出最新、最美的风景。

开展职业规划和就业指导工作，是经济社会发展对全面提高毕业生素质的客观要求，也是教育教学改革和发展的必然趋势。本书结合当前就业形势和学生成长的特点，立足于提高学生的综合素质、帮助学生树立正确的职业观与就业观，努力帮助学生迈好职业生涯的第一步。

本书以教育部颁布的《大学生职业发展与就业指导课程教学要求》为依据，从实际出发，针对当前新的就业形势、政策及当代大学毕业生所面对的就业问题，紧密结合高校大学生就业指导工作的实际，按照理论性、政策性、科学性和实践性的原则编写。

本书在具体的编撰中，进行了三个方面的努力：一是全面分析中外职场发展道路的基本规律、最新趋势和主要特征，潜心研究全社会给予当今大学生的期望、机遇和压力，由此确定全书的整体架构；二是认真反思各行各业对大学生的综合素质和职业技能所提出的具体要求，深刻洞察未来社会对大学生的思维方式和行为方式所产生的特殊影响，由此确定全书的表述重点；三是科学评判当今大学生的优势与特长，精确揭示当今大学生的劣势与不足，由此确定全书的核心素材。

全书包括规划篇、求职篇、就业篇、创业篇四大部分。

第一部分规划篇，主要概述了上大学的目的及职业生涯规划对大学生活的意义；讨论了自我认知对职业生涯规划的重要性；探讨了社会、职场和职业的内涵及其对职业生涯规划的重要影响；系统介绍了大学生职业生涯规划方案的制订，大学生职业素质与能力的提升；力求使大学生在走向职业生活之前，从观念、心态、知识、技能等方面做好应对职业挑战的全面准备，以促进大学生更好地“成人、成才、成功”。

第二部分求职篇，通过简历制作、面试礼仪、求职技巧训练等引导学生提升自身能力，努力帮助大学生迈好职业生涯的第一步。

第三部分就业篇，通过对就业形势、就业准备与技巧策略、职业道德培养等多方面进行深入浅出、由点带面、循序渐进的阐述，讨论了如何迎接职场的挑战与机会。

第四部分创业篇，为有创业意向和将来可能走上自主创业道路的大学生提供相关知识。

在编撰过程中，我们参阅了大量的相关图书，借鉴了近年来在大学生就业指导和职业生涯规划方面的最新成果，并在宏观布局、中观架构、微观表达上进行了探索。全书涉及面广、普适性强、专业度高，是高等院校理想的大学生就业与创业教育教材，既便于教学，也便于自学，还可作为关心大学生就业与创业问题的社会各界人士的参考读物。

本教材由江西农业工程职业学院杨帆任第一主编，由安阳职业技术学院张方玲任第二主编，由江西樟树中医药职业学院毛旭任第三主编，由江西农业工程职业学院陈磊萍、游龙生、刘平任副主编。最后由毛旭负责全书的统稿。

尽管编者竭尽全力，精心编撰，但由于水平及时间所限，本套教材难免存在疏漏之处。恳请有关专家、广大师生批评指正，以便我们再版时予以完善。

编　者

2024 年 3 月

目录

CONTENTS

第一部分　规划篇

项目一　展望职业愿景

自学导读 / 2

故事导航 / 2

理论阐释 / 3

任务一　大学生职业生涯规划的意识 / 3

任务二　大学生职业目标设立 / 7

实训模拟 / 10

项目二　更新职业理念

自学导读 / 12

故事导航 / 12

理论阐释 / 13

任务一　大学生择业价值观的变迁 / 13

任务二　影响就业的八个思维误区 / 15

任务三　职业价值观的塑造 / 16

实训模拟 / 18

项目三　拓展职业能力

自学导读 / 22

故事导航 / 22

理论阐释 / 22

任务一　估算个人技能资产 / 22

任务二　21 世纪最需要的人才 / 25

任务三　职业力的培养 / 26

实训模拟 / 37

项目四　甄选职业路径

自学导读 / 38

故事导航 / 38

理论阐释 / 39
任务一　职业发展路径的选择 / 39
任务二　找准最适合的职业发展路径 / 44
实训模拟 / 48
项目五　完善职业规划
自学导读 / 49
故事导航 / 49
理论阐释 / 50
任务一　职业生涯规划的步骤 / 50
任务二　撰写职业生涯规划书 / 53
实训模拟 / 55

第二部分　求职篇

项目六　就业心理准备及调试
自学导读 / 57
故事导航 / 57
理论阐释 / 58
任务一　毕业生的心理准备 / 58
任务二　心理异常及调节方式 / 59
任务三　大学生就业心理障碍的预防 / 62
实训模拟 / 62
项目七　设计职场形象
自学导读 / 64
故事导航 / 64
理论阐释 / 64
任务一　靓丽的名牌——衣着配饰 / 64
任务二　神奇的魔法——言语神情 / 70
任务三　优雅的演技——举止神态 / 71
实训模拟 / 73
项目八　制作与投递简历
自学导读 / 75
故事导航 / 75
理论阐释 / 76
任务一　简历涵盖的内容 / 76
任务二　应聘简历的制作技巧 / 79

任务三 求职简历的制作的注意事项 / 81
任务四 求职简历的质量评估 / 83
实训模拟 / 84
项目九 通晓面试技巧
自学导读 / 85
故事导航 / 85
理论阐释 / 86
任务一 做好面试的准备工作 / 86
任务二 面试的内容 / 87
任务三 如何应对面试中的问题 / 89
任务四 求职礼仪 / 93
实训模拟 / 95

第三部分 就业篇

项目十 高校毕业生就业形势
自学导读 / 97
故事导航 / 97
理论阐释 / 98
任务一 我国就业现状分析 / 98
任务二 大学生就业方向 / 100
实训模拟 / 101
项目十一 高校毕业生就业政策
自学导读 / 102
故事导航 / 102
理论阐释 / 103
任务一 国家关于促进高校毕业生就业的政策 / 103
任务二 从戎——绿色军营呼唤莘莘学子 / 106
任务三 考研、公务员和出国的相关规定 / 110
实训模拟 / 111
项目十二 高校毕业生就业法律
自学导读 / 112
故事导航 / 112
理论阐释 / 113
任务一 就业协议的管理及签订 / 113
任务二 《中华人民共和国劳动合同法》解读分析 / 118

任务三　社会保障基本知识 / 122
任务四　劳动争议处理的基本知识 / 125
实训模拟 / 127
项目十三　签约、离校、报到
自学导读 / 128
故事导航 / 128
理论阐释 / 128
任务一　大学生就业程序 / 128
任务二　办理报到证手续和人事代理 / 130
课堂探讨 / 132
实训模拟 / 132
项目十四　职场适应
自学导读 / 133
故事导航 / 133
理论阐释 / 134
任务一　职场适应的主要内容 / 134
任务二　角色转换 / 136
任务二　角色适应能力的培养 / 139
实训模拟 / 141

第四部分　创业篇

项目十五　大学生创业概述
自学导读 / 143
故事导航 / 143
理论阐释 / 144
任务一　创业的概述 / 144
任务二　大学生创业的优劣势 / 151
任务三　创业相关政策 / 152
任务四　大学生创业素质 / 154
实训模拟 / 163
项目十六　创业与职业生涯发展
自学导读 / 171
故事导航 / 171
理论阐释 / 172
实训模拟 / 175

项目十七　大学生创业实践
自学导读 / 177
故事导航 / 177
理论阐释 / 177
任务一　产生创业构想与评估商业机会 / 177
任务二　制定创业计划书 / 182
任务三　创业实务 / 188
课堂探讨 / 202
实训模拟 / 203
项目十八　互联网与创业
自学导读 / 203
故事导航 / 204
理论阐释 / 204
任务一　大学生自主创业的背景与意义 / 207
任务二　大学生互联网创业的主客观优势 / 207
任务三　大学生互联网创业的起步选择 / 208
实训模拟 / 209
附　录
附录一　中华人民共和国劳动法 / 218
附录二　中华人民共和国劳动争议调解仲裁法 / 224
附录三　中华人民共和国劳动合同法 /
参 考 文 献

第一部分

规划篇

项目一　展望职业愿景

自学导读

选择职业是人生大事，因为职业决定了一个人的未来。只有明确的目标，才会激励人们努力奋斗，并积极创造条件实现目标。“一个没有目标的人生就像一场没有球门的足球赛，对球员和观众都索然无味。”对于刚毕业的学生来说，为工作定个目标，为未来做个计划，是进入职场的第一课。

故事导航

困惑与迷思

林林是大学新生，刚入学没多久就觉得自己的大学生活乏味，没爱好，每天除了学习还是学习，尽管如此却觉得90分的考试成绩和60分没有什么区别，所以学习没动力。偶尔想起未来的发展，他有些迷茫和焦虑，但又觉得那应该是大四时考虑的事情。

一开学，安琪该上大学二年级了。随着对大学的新鲜感逐渐淡去，她成了校园里的“老生”，上课、听讲座、参加社团活动、和同学逛街……天天都很忙但是又不知道在忙什么。虽然有时觉得很累，可想到要为毕业后的工作打个基础，就觉得这些付出是值得的；可有时又很茫然，甚至有点沮丧，因为不知道这样的付出对未来的发展有多大作用。

席茜是大学三年级的学生。刚进入大学的时候，她对自己四年后的目标很明确——考研究生。这主要来自父母的意见：“在大学扩招的背景下，大学毕业生每年以几十万的速度增长，不读研，怎么能找到好工作?”席茜开始还挺认同，但随着大学生活的深入，生性活泼的她参加了很多社会活动，乐在其中并小有成绩。渐渐地席茜觉得继续读研究生并不是她喜欢的，自己更喜欢做与人打交道的工作。可是，对本科毕业生能否找到好工作，席茜没有信心。所以，虽然很痛苦，但她依然每天复习准备考研。

你是否对上述几位同学的故事很熟悉？在大学生中，有人对自己的未来想得很清楚，一步一个脚印地往前走。但是，更多的同学要么对未来没有想法，希望自己在大四时再解决所有问题，一天天堆积焦虑；要么整天忙碌，却如无头苍蝇，不知力该往何处使；还有一些同学看似对未来发展有些想法，但又不能确定，甚至对达到目标缺乏信心。总结以上几种情况，同学们的困惑主要在两方面：我要去哪里，我如何去。以下通过讲解生涯规划的理念、生涯规划的意义、职业目标的设立来帮助大学生解困。

理论阐释

任务一　大学生职业生涯规划的意识

一、职业生涯规划的含义

（一）生涯

在日常生活中，我们常听到“生涯”一词，如“艺术生涯”“戎马生涯”“学术生涯”等。中国古人的诗词中也有“生涯”这个词，如南宋诗人陆游在《秋思》中写道：“身似庞翁不出家，一窗自了淡生涯。”《辞海》对“生涯”一词的定义是：指从事某种活动或职业的生活。

生涯的英文是“career”，从字源上看，来自罗马字“via carraria”及拉丁字“carrus”，二者的意义均指古代的战车。在希腊，“career”这个字有疯狂竞赛的精神，最早常被用作动词，如驾驭赛马（to career a horse）。在西方人的概念中，使用“生涯”一词就如同在马场上驰骋竞技，隐含有未知、冒险等精神①。现生涯多被引申为人生发展历程。在汉语中，“career”也被翻译成“职业生涯”。因为时代不同、视角相异等因素，国外学者对生涯的定义也有所不同。目前，大多数西方学者所接受的生涯的定义是舒伯（Super，1976）的论点：生涯是生活里各种事态的演进方向和历程，它统合了人一生中的各种职业和生活角色，由此表现出个人独特的自我发展形态。生涯也是人生从青春期到退休之后，一连串有酬或无酬职位的综合。除了职业之外，还包括任何与工作有关的角色，如学生、退休者，甚至包含家庭和公民的角色②。

生涯概念的提出给了我们一个系统地探看自己人生或职业发展的视角。这一视角引领我们透过生活或职业中的行为、感受，看到自己内心的渴望，并以此为动力去建构自己的人生。生涯不是一个静止的点，而是一个动态的历程；不只发生在人生的某个阶段，或只跟某个职业经历相关，而是如影随形、相伴人的一生，而且常伴随着冒险或对个人的挑战。同时，因为遗传、家庭、经历、所处社会环境等的不同，每个人的生涯也会不同。所以，生涯的发展是个性化的发展，即使处于同一时代或同一文化背景下的人们，因为生涯发展中其他因素的影响，每个人也会有属于自己的生涯。

（二）职业生涯规划

通过对生涯概念的了解，我们知道，职业生涯规划与职业发展相关，但不能简单地等同于找工作，或者仅仅与工作相关。当然，这个概念也是经过几十年的发展，才有了更为广泛的含义。职业生涯规划最早起源于 1908 年的美国。有“职业指导之父”之称的帕森斯（Frank Pasons）针对大量年轻人失业的情况，成立了波士顿职业局，首次提出职业指导的概念，从此，职业指导开始系统化。在随后的几十年中，心理测验的蓬勃发展促进了职业指导

---

① 金树人著：《生涯咨商与辅导》。（中国台湾）东华书局，2006 年版，第 3 页。

② 沈之菲著：《生涯心理辅导》，上海教育出版社，2000 年版，第 3 页。

的扩展。第二次世界大战中对大量不同人才快速分类与安置的需要和战后复原人员就业安置的需要，使职业指导成为一种时髦。当时的职业指导关注人职匹配，内容以测评和提供职业资讯为主。到20世纪五六十年代，舒伯等人提出“生涯”的概念，从此，生涯规划不再局限于职业指导的层面。舒伯认为一个典型的生涯发展阶段会经历成长期(0－14岁)、探索期(15－24岁)、建立期(25－44岁)、维持期(45－65岁)和衰退期(65岁以上)五个阶段，如图1－1所示。大学生的生涯发展阶段属于探索期，这个阶段主要的生涯发展任务是从多种实践机会中探索自我，逐渐确定职业偏好，并在所选定的领域中开始起步。

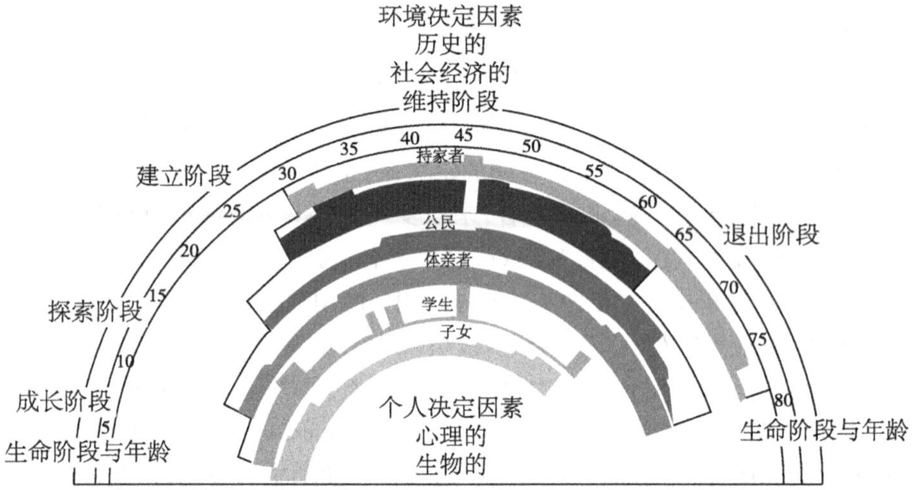

图1－1　舒伯的生涯彩虹图

从舒伯的生涯彩虹图中我们可以看到，生涯规划变得立体化了，以多层次的视角看到在个人发展中不同时期不同角色的意义和相互间的影响。从长度上看，它包括了一个人从生到死的全部生命历程；从空间上看，它并不局限于对职业角色的关注，同样重视非职业角色对一个人生涯的影响。舒伯认为，持家者、公民、休闲者、学生、子女、配偶、退休者等的角色和工作者的角色都是一个人自我概念的具体表现。这里的自我概念指个人对自己在兴趣、能力、价值观以及人格特征等方面的认识，是个人生涯发展历程的核心。工作与生活满意的程度，有赖于个人工作与生活满意的程度，有赖于个人能否在工作上、职场中以及生活形态上找到展现自我的机会，能否在工作上、职场中以及生活形态上找到展现自我的机会。

二、关于职业规划的几个疑虑

(一)职业规划有没有必要

很多人认为职业规划没有必要。世界变化太快，很多事情无法预测，规划起不到作用。这种观点是错误的。职业规划和生活中其他事情的规划一样，必不可少，因为人不可能没有规划得活着。心里有了大致的规划，实践起来才能走得踏实。各种职业困惑是客观存在的，存在就要想办法找到解决它的方法和提升解决它的能力。

时代飞速变化，我们以积极的态度面对人生，随时知时、知势、知己，才不会被淘汰。职业生涯规划的目的不是让你快速确定人生目标，很快做决定，而是让你学会不断探索自我和环境，为自己的职业道路做更充分的准备，有意识地发挥出自己的潜能。心中有梦想、脑中有规划、脚下有路径的人，会时刻发现机会，创造机会，把握每一个有价值的机会。没有规划的人在机会面前则会犹豫不决，错过机会、失去机会。虽然再专业的“规划”都不可能是完美的，但它一定是有帮助的。

职业生涯中虽然充满了不确定性因素，但毕竟还有许多可控因素，我们要认真把握这些可控因素才不至于在人生轨道上偏离得太远。做好自己人生和职业的规划，关键在于你为自己勾画了一个什么样的蓝图。

（二）职业生涯规划是不是一劳永逸

有一种错误想法是：我现在要趁大学里的空余时间多，好好做职业生涯规划，省得以后还要做。现在规划好了，以后就高枕无忧了！

我们必须随着时代的变化而变化。职业生涯规划除了探索、抉择和行动之外，还有一个重要环节，那就是反馈与调整。职业生涯规划可划分为近期规划、短期规划、中期规划和长期规划，每一部分都有相应的小目标，每一个小目标都为最终目标的实现打下基础，每一个小目标的串接就是最终目标的达成。这个过程，不仅体现在你实现了多么完美的人生目标，还记载着你在人生旅途中，展现了多少人生精彩，积累了多少人生资源。

在这个过程中，你可能会暂时“迂回绕弯”，也可能“三级连跳”，因此职业生涯规划不是一劳永逸的，也不可能一劳永逸。

不同阶段的成长环境需要不同的规划来配合，以适应我们的发展，所以我们必须要有“职业生涯发展”的观念。一次就完成终身职业生涯规划是一件几乎不可能的事情，我们所要做的是在成长的转换点上把握自己的人生，通过这种有意识的规划来矫正人生道路的偏差。

（三）平凡的人要不要做职业生涯规划

有的人也有这样错误的观念：对我个人而言，职业生涯规划没有必要！职业生涯规划只属于想成功的人，我只想做个平凡人，所以用不着做职业生涯规划。

职业生涯规划重在突破障碍、激发潜能、自我实现。你可以实现当作家的梦，也可以实现当导游的梦。职业生涯规划是不分贵贱的，它属于每一个踏实的人。想得到的不一定做得到，想不到的一定做不到。不探索自己和环境的现状与未来，不积极准备人生，就有可能落后于时代，就有可能连平凡人都做不成。

（四）做好职业规划是不是就能顺利解决所有问题

职业生涯规划为我们指明一条路径，而不是赐予我们一个能够实现自我价值的工作，所有目标的实现都要以强有力的执行为保障。如果抱着做好职业生涯规划就大功告成的心态，那么你会大失所望。有些大学生临近毕业才想“抱佛脚”，做做职业生涯规划，企图以此找到好工作。这未免太高估职业生涯规划的作用了，因为这些人已经错过十分重要的奋斗时光了。

做好职业生涯规划，对提升个人价值和实现自我具有很重要的意义。因为个人职业生涯规划是在了解自我和了解环境的基础上确定适合自己的职业方向、目标并制订相应的计划，能够有效避免就业的盲目性，降低从业失败的可能性，进而帮助个人找到走向职业成功最有效率的路径。但是，职业生涯规划只是手段，不是目的。

三、职业生涯规划的意义

米凯洛奇(Betty Neville Michelozzi,1998)指出:生涯规划有突破障碍、开发潜能和自我实现三个积极目的(见图1-2)。一个人最大的幸福,是能以自己选择的方式生活。择其所爱,爱其所择的结果,会使一个人以己为荣,并呈现出圆融、丰足、喜悦、智慧和充满创造力的气质。

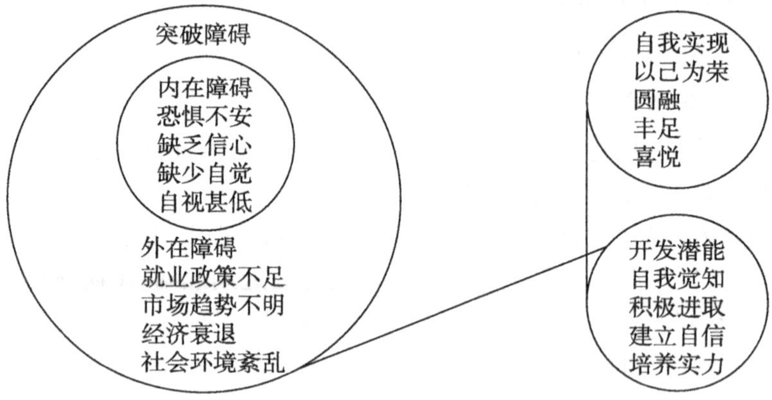

图1-2　生涯规划的三个积极目的

在生涯发展过程中,很多学生对追求理想的工作或人生目标充满疑虑;还有的学生甚至不敢去想象或者设立理想目标,因为觉得那是不可实现的。阻碍学生插上理想的翅膀、迈出勇敢脚步的原因通常来自如图1-2中所示的两种原因:内在障碍和外在障碍。内在障碍通常是由一个人对自己的不了解、低评价、不自信或者无安全感造成的。例如,有的学生很难看到自己的长处,总用自己的短处和别人的优势相比,内心从未觉得自己有可用或特别之处。所以,在找工作时,缺乏信心,总感觉自己这也不好,那也学得不够,还没做好踏入社会的准备,从而影响自己找好工作的信心,影响自己在面试等环节中的表现。这时不如看看自己的优点和资源,允许做个"不完美"的人,真正全面地了解和接纳自己,从而避免自我低评价对找工作的影响。

外在障碍则来自一个人所处的环境,通常与就业政策不足、市场的难以预测、经济衰退和社会环境混乱等相关。一个没有生涯目标的人,很容易受外界因素的影响。例如,两个大学生,有着同样普通的家庭背景,毕业时找到的工作也都不理想。客观上大学扩招之后的就业竞争加剧的确多少影响了他们找工作,但对有自己生涯目标的学生而言,因为对未来充满希望,所以更容易积极面对并不理想的工作,努力从工作中获得和培养自己实现目标所需的能力和资源,把这当作迈向理想目标的第一步。而另一个没有任何生涯目标的学生,可能更容易抱怨社会、哀叹自己生不逢时,因为看不到希望,他很难从内在积极应对困境,将找不到好工作进行外归因,更觉得自身没有能力。所以,两位大学生在毕业时人生的起跑线是相同的,却可能因为有无生涯目标导致人生希望的不同:一个充满力量,能克服困难、积极进取;另一个感觉被环境所左右,怨天尤人、随波逐流。尼采说:"懂得为何而活的人,几乎任何痛苦都可以忍受。"生涯规划可以帮助人们设立目标、带来希望,从内在带来动力有勇力去面对困难,敢于冒险,突破发展中的内外障碍,最终实现幸福人生。

四、职业生涯规划的四个阶段

（一）职业生涯设计阶段

进行理性规划职业生涯首先必须进行全面的职业生涯设计。职业生涯规划第一步就必须依据个人的愿望和目标，确立自己的方向，最终完成理性化的设计。

这是职业生涯规划的第一个阶段，大学生年龄大多处于这一阶段。

（二）职业生涯专业化阶段

专业化阶段实际上是为获得自己理想职业的专业知识的准备阶段。为获得自己梦寐以求的岗位，你必须进行正规专业教育和训练，或通过实际行动来获取应有的技能；还必须注意职业生涯策略：即行动计划，具体措施，包括教育、培训、实践等方面的措施，以及制订行动计划与措施。

在确定了职业生涯目标后，行动便成了关键的环节。这里所指的行动，是指落实目标的具体措施，主要包括工作、训练、教育、轮岗等方面的措施。例如，为达成目标，在工作方面，你计划采取什么措施，提高你的工作效率？在业务素质方面，你计划学习哪些知识，掌握哪些技能，提高你的业务能力？在潜能开发方面，采取什么措施开发你的潜能等等，都要有具体的计划与明确的措施。并且这些计划要特别具体，以便于定时检查。

（三）职业生涯进入阶段

"进入阶段"是指获取了自己理想的岗位。进入此阶段，说明你已获得自己所需要的岗位和职业，但是如何适应这一职场角色，在这时显得尤为重要。除了要加强学习、锻炼外，还要不断地提高自我意识。

（四）发展与调整职业阶段

在第三阶段获得初步的目标，获得相应的岗位后，就需要对自己职业生涯的进行再设计和目标的提升，以获取更高的发展。成功的职业生涯设计需要审视内外环境变化，通过评估与反聩，不断加以修正。其修订的内容包括：职业的重新选择，职业生涯路线的选择，人生目标的修正，实施措施与计划的变更，等等。

俗话说：”计划没有变化快"。在人生的发展阶段，社会环境的巨大变化和一些不确定因素的存在，会使我们的实践与原定的职业生涯目标与规划有所偏差，这时要使职业生涯规划行之有效，就需要不断地对职业生涯目标与规划进行评估，做出适当的调整、修正，以更好地符合自身发展和社会发展的需要。职业生涯规划的评估与反馈过程是个人对自己的不断认识过程，也是对社会的不断认识过程，是使职业生涯规划更加有效的有力手段。

任务二　大学生职业目标设立

一、职业目标的制订

生涯目标是指个人在选定的职业领域内、某个未来时点上所要达到的具体目标，包括短期目标、中期目标和长期目标。

（1）短期目标：一般为1～2年。短期目标又分日目标、周目标、月目标和年目标。

（2）中期目标：一般为3～5年。

（3）长期目标：一般为5～10年。

职业生涯目标应具有一定的挑战性，同时也要符合自身的性格特点，顺应环境的发展趋势。通过一段时间的学习，一旦确定了自己的大学生涯发展方向，未来职业生涯目标的设定就水到渠成了。

二、职业目标设定的原则

（一）SWOT原则

SWOT分析法又称态势分析法，是由旧金山大学的管理学教授于20世纪80年代初提出的，常常被用于制定集团发展战略和分析对手竞争情况。SWOT分析法的核心在于运用推理、比较和数据资料，综合考虑多方面的利弊得失，找出正面预期多、负面影响小的方案。这种方法比较科学，但需要大量的技术、资源和信息。

S代表strength（优势），W代表weakness（弱势），O代表opportunity（机会），T代表threat（威胁）。其中，S、W是内部因素，O、T是外部因素，运用SWOT法进行选择分析，就是将与自己要解决的问题密切相关的主要优势因素（strengths）、劣势因素（weaknesses）、机会因素（opportunity）和威胁因素（threats）罗列出来，并根据轻重缓急或影响程度等排序方式按矩阵形式排列起来。

SWOT分析法包括四个方面内容：

（1）优势：自己出色的方面，尤其是与竞争对手相比具有优势的方面，如语言表达能力强、身体素质好。

（2）劣势：与竞争对手相比处于落后地位的方面，如不善于交际、活动能力比竞争对手差等。

（3）机会：有利于职业选择和职业发展的一些机会，如企业扩大市场需要市场部经理等。

（4）威胁：存在潜在危险的方面，如所在企业走向衰落、不喜欢自己这种性格的人来担任直接上司等。

要注意的是，运用SWOT法进行生涯机会评估时，要尽可能考虑全面，权衡各种发展机会，然后选出相对满意的生涯发展目标，确定适合于自己的生涯发展战略。

（二）5“W”原则

这是一种被许多人士成功应用的方法，依托的是归零史的模式，从问自己是谁开始，如果能够成功回答完五个问题，你就有最后答案了。

（1）Who am I?（我是谁?）

（2）What will I do?（我想干什么?）

（3）What can I do?（我能干什么?）

（4）What does the situation allow me to do?（环境支持或允许我干什么?）

(5) What is the plan of my career and life?（我的职业与生活规划是什么?）

回答了这5个问题,找到它们的最高共同点,你就有了自己的职业生涯规划,如果你有兴趣,现在就可以试试。

取出五张白纸,一支铅笔,一块橡皮。在每张纸的最上边分别写上上述五个问题。然后,静下心来,排除干扰,按照顺序,独立地仔细思考每一个问题。

对于第一个问题“我是谁”,回答的要点是:面对自己,真实地写出每一个想到的答案;写完了再想想有没有遗漏,认为确实没有了,按重要性进行排序。

对于第二个问题“我想干什么”,可将思绪回溯到孩童时代,从人生初次萌生一个想干什么的念头开始,然后随年龄的增长,回忆自己真心向往过、想干的事,一一地记录下来,写完后再想想有无遗漏,确实没有了,然后认真地进行排序。

对于第三个问题“我能干什么”,则要把确实已证明的能力和自认为还可以开发出来的潜能都一一列出来,认为没有遗漏了,然后认真地进行排序。

第四个问题“环境支持或允许我干什么”,回答时则需要稍作分析:这里的环境包括本单位、本市、本省、本国和其他国家,自小向大,认为自己有可能借助的环境,都应在考虑的范畴之内。在这些环境中,认真想想自己可能获得什么样的支持和允许,搞明白后一一写下来,再以重要性排列一下。如果能够成功回答第五个问题“我的职业与生活规划是什么”,那么你已经得出了最后的答案。

5“W”法的具体做法是:把前四张纸和第五张纸一字排开,然后认真比较第一至第四张纸上的答案,将内容相同或相近的答案用一条横线连起来,你会得到几条连线,而不与其他连线相交的,处于最上面的线就是你最应该去做的事情,你的职业生涯就应该以此为方向。你要在此方向上以三年为周期,提出近期、中期与远期的目标,然后在近期的目标中提出今年的目标,将今年的目标分解为每季度目标、每月目标、每周目标、每天目标。每天睡前对照自己的目标进行反省,总结当日成就与失误、经验与教训,修正明天的目标与方法。这样日积月累,没有不能实现的规划。

三、制订行动计划

在确定了职业生涯目标后,实施便成了关键环节。没有达成目标的实施过程就谈不上成功。这里所指的实施是指落实目标的具体措施,主要包括每日、每周、每月、每学期、每学年具体实施生涯规划方案的有效行动步骤,如制定并坚持一日和一周生活制度,参加各种有利于职业生涯规划方案实现的社会实践、实习和实训等。

制订行动计划可按以下四个步骤进行:

(1)分析思考,分析自己制订的职业目标和子目标,思考实现这些目标的途径有哪些。

(2)制订行动计划书,并书面化呈现。

(3)按照计划书开展实际行动。利用一切资源和机会争取实现既定目标,同时在行动过程中做好记录,并分析行动结果。科学合理的行动包含两个方面:第一,可以实现;第二,可持续,而且至少可以持续三个月以上。

(4)反思改进,即根据个人需要和现实的不断变化,要不断对行动计划进行评估和调整。

实训模拟

1. 写出自己的目标宣言。

2. 根据目标与你的同伴讨论以下问题。

(1)我是独立地按照自己的意愿选择这一目标吗?

(2)我能为这个目标写下一个书面保证吗?你愿意为我见证吗?

(3)我为目标设定时限了吗?

(4)我能用细致的图景想象这个目标的实现过程吗?这个目标是否足够具体化?

(5)我愿意为这个目标努力吗?

3. 寻找人生目标——“六步游戏”

以下是国外学者经过反复探讨而得到的一个寻找人生目标的方法,称为“六步游戏”。现在就让我们通过“六步游戏”来找到自己的人生目标。

游戏道具:4~5张小纸片。

环境要求:安静舒适。

情绪状态:精神饱满,情绪激昂,思维活跃。

提醒:在考虑目标时,应尽量全面,避免仅从一个方面考虑(如仅考虑事业)。

第一步:寻找终生目标。

拿出一张纸片,写下第一个问题:我的终生目标是什么?然后用2分钟写下答案,要遵从内心的想法,想的是什么就写下什么。再花2分钟进行必要的修改。

如果你无法直接确立人生目标,可以回想一下你童年、少年时的梦想,或者那些令你最开心的事,以此作为启发,再写下你的答案。

第二步:思考如何度过今后三年。

请在第二张纸片上,写下第二个问题:“我该怎样度过今后三年?”用2分钟尽快写下答案,再用2分钟把忽视的项目补充在第二张纸片上,所写的内容要比第一张纸上的内容具体。这里的具体是指所做的工作要具体。例如,第一张纸上你写了要过幸福的生活,那么在这张纸上你就要将它分解为较具体、细致的目标。

第三步:半年内最重要的事。

在第三张纸上写下第三个问题:“我在这半年内应该做哪些事?哪些工作对我最重要?”这张纸上所罗列的内容,应该比第二张纸更具体、细致、全面,是自己需要也是能够立刻做的。

第四步:浏览前三步。

浏览一下前三步的答案,你应该发现,第二步的答案就是第一步答案的延伸,第三步是前两步答案的继续。如果你的三步答案不具备这种逻辑,就需要重新做,务必使答案符合事物的发展逻辑。

第五步:目标分类。

请把三张纸片都拿起来,对上面的目标进行归类,如分为事业目标、爱好特长目标、婚恋目标、社会友情目标、身心素质目标、读书目标等。

第六步:确立不同时期的目标。

请按类别关系,将三张纸片上的目标按同类关系及同性质的关系连成一条线,这样就形成了你的短期、中期、长期目标。然后,结合自己的个人情况,根据短期目标制订切实可行的月计划、周计划、日计划。下一级计划的制定都应该是服务于上一级计划的,例如,制订周计划是为了完成月计划,制订日计划是为了完成周计划。当短期目标实现后,再向下一个目标前进。

项目二　更新职业理念

自学导读

职业价值观对个人的职业生活乃至人生价值的实现具有重要意义。无数人成功的经验表明,确立一个科学的职业理想,形成稳定成熟的职业态度,保持为行业乃至社会大众所认可的职业操守,是取得职业成就的必备条件。

故事导航

案例1:逐梦路上坚持不懈、汗水浇灌梦想之花
——南译走出去的耀眼明星

吉克隽逸,女,彝族,来自四川省凉山州甘洛县,内地新生代当红女歌手,被誉为新文化符号的传承者。

吉克隽逸学的是广告设计与制作专业,但她的兴趣和爱好却是唱歌。进大学之前,她曾经在广州赛区参加过《超级女生》选拔,进到30强后遗憾淘汰退出。但吉克隽逸一直没有放弃自己的音乐梦想。进校后,学院丰富的文娱活动为她提供了展示自己的平台。不管是二级学院的文艺演出,还是学院迎新晚会,只要有机会,她都会主动争取上台演出。在此期间,吉克隽逸在学院参加了百事新星大赛等众多比赛。通过参加各种文娱演出和大学生比赛,她的舞台风格日渐成熟,校园中时时处处充满着的青春洋溢的热情使得她的表演活力四射、极具感染力,能把全场观众的情绪带动起来,将整个会场的情绪带到最高潮。吉克隽逸逐渐成为学校里的风云人物,大家往往会以为她是学音乐专业出身。她在毕业设计里录制了自己的歌碟,还做了自己的海报和宣传手册。2009年7月,吉克隽逸各科成绩合格顺利毕业,为坚持自己的音乐梦想北漂到酒吧驻唱。

2012年8月10日,吉克隽逸参加了浙江卫视的《中国好声音》,在第五场中以一段悠扬的家乡“山歌”(《不要怕》,原唱:瓦其依合)及随后演唱的一首I Feel Good(LIVE)引爆全场,获得庾澄庆、杨坤、刘欢、那英四位导师的肯定,最终被直接保送四强晋级决赛,并在决赛中取得了季军的好成绩。

很多选秀出身的歌手只是在节目中昙花一现,而对她来说,《中国好声音》节目的结束只是事业的起点。吉克隽逸在2012年年底签约天浩盛世和环球音乐,紧接着连推《彩色的黑》与《即刻出发》两支单曲及MV,都获得了骄人的成绩。她又与NBA方面合作,献唱赛事主题歌《即刻出发》,这首具有自勉意义和励志情感的歌更是一经推出就好评如潮,吉克隽逸凭此

完成了从一名选秀歌手到专业歌手的身份跨界。“在篮球世界，NBA 代表着当今全球最高水平；在音乐世界，吉克隽逸已经显示出未来华语流行音乐高度”，业界不少音乐人如此评说。

2012 年 12 月 10 日，吉克隽逸在由安徽卫视与中国新丝路时尚机构共同主办的 2012 亚洲时尚盛典上获得“亚洲时尚演艺明星”奖。

2012 年 12 月 21 日，吉克隽逸获得 BQ 红人榜颁发的“流行音乐红人”。

2013 年 1 月 5 日，吉克隽逸在 2013 非凡华乐时尚盛典上拿到了年度最佳“创行非凡”奖。

2013 年 4 月 8 日，第三届全球流行音乐金榜公布得奖名单，吉克隽逸获得最佳新人奖铜奖。

2013 年 4 月 10 日，吉克隽逸凭借与李代沫合作的电影《二次曝光》主题曲《在我想起来》夺得 2013 华鼎“电影中国最佳音乐”奖。

2014 年 3 月 23 日，吉克隽逸在北京工人体育馆举行首场个人演唱会。8 月 18 日，吉克隽逸参加了南京第二届青年奥林匹克运动会，演唱歌曲《光环》。

2016 年 2 月，吉克隽逸参加 2016 年中央电视台春节联欢晚会，表演歌舞《快乐想念》《相亲相爱》。

2017 年 1 月，吉克隽逸参加 2017 年中央电视台春节联欢晚会，演唱歌曲《情深谊长》。5 月 26 日，推出个人英文单曲《The Magical Journey》。8 月 27 日，获得亚洲新歌榜年度盛典最佳音乐突破歌手奖。

2018 年 2 月，吉克隽逸参加以“网筑强国梦，智汇新时代”为主题的 2018 年 CCTV 网络春晚。

理论阐释

任务一　大学生择业价值观的变迁

一、大学生择业价值观变化的表象

自改革开放以来，大学生择业观的变化就成为时代变化的晴雨表，在不同的时期呈现出不同的特点。20 世纪 80 年代，选择职业最重要的标准就是为了满足自我实现的需要。90 年代初期，大学生开始看重工作稳定，发挥个人特长被逐渐取代。受到这种求稳心态的影响，科研、文化、卫生部门成为大学生毕业后最渴望去的地方，其次是三资企业、党政机关。90 年代中期以后，“待遇决定职业选择”的模式基本过时，“能否发挥专长”又成为大学生择业的首要标准。

近年来，大学生在就业方面呈现出多样化的选择，考研热、出国热继续保持高温。相当一部分大学生在求职时显得更为理性，努力在现实提供的条件和可能下谋求个人的长足发展。当前，在大学生的择业标准中，第一位是发展前景，第二位是施展才干，第三位是薪酬福利，第四位是工作环境。当前，在大学生的首选行业中，第一位是 IT 业，第二位是金融保险业，第三位是日用品行业。

二、大学生择业价值观变化的根源

社会体制的改革带来了人们观念上的巨大变化，“铁饭碗”被打破，职业的稳定性被动摇。用人制度、工资制度、医疗保险和退休制度的改革，迫使大学生在选择职业时，除了看重自身的发展，还得考虑“保障”因素。在目前多数大中型企业和事业单位经济效益不佳的情况下，大学生的择业观发生变化是很自然的事情。大学生择业价值观的另一个突出变化表现在：以前，对工作单位的选择往往看重工作单位的级别、地位、知名度、规模大小以及是否容易成名成家；现在，这些都被列入不太重要的位置。这种变化将有利于人才流动，有利于各行各业的持续发展。

在计划经济体制下，大学生的价值观念受到以社会为本位的价值观念的影响，呈现出坚决服从集体和国家需要的特征。这种以社会为本位的价值观强调国家利益至上，具有明显的时代特点。如今，大学毕业生在择业时敢于积极追求个人价值、尊严和利益，自我意识、成就欲望、自我责任明显增强。毫无疑问，这是社会发展与时代进步的具体表现。然而，市场经济犹如一柄双刃剑，它在造就大学生独立自主择业意识的同时，也使部分大学生的社会责任感相对减弱，过分关注个人的利益和需要。

三、大学生择业价值观变化的特点

职业价值观是人们衡量某种职业优劣的内心尺度，是个人对待职业的一种信念。职业价值观反映的是人的需要与社会职业属性之间的关系，是人对社会职业的主观评价。对于大学生来说，选择职业无疑是人生的一大课题。择业是大学生走向社会、独立生活的关键一环。大学生的择业行为是其择业价值观念的集中反映。随着时代和社会的变迁，随着社会主义市场经济的发展，大学生的择业价值观在不断发生变化，呈现出鲜明的时代特征。

择业途径从“统一分配”发展到“双向选择”。当前，大学生择业的竞争意识有所增强。在计划经济体制下，我国大学生的就业一直实行“国家统一分配”政策。从 1995 年开始，国家逐步确立高校毕业生“以市场为导向，政府调控与学校推荐相结合，学生与用人单位双向选择”的就业目标模式。在传统的“统分”政策下，考上大学就意味着毕业后拥有一份稳定的工作，大学生普遍缺乏竞争意识。随着双向选择就业模式的确立，尤其是面对日益严峻的就业市场，大学生的择业竞争意识开始逐渐增强。大学生进入职业准备阶段后，职业竞争所需要的文凭、证书、技能就进入他们的视野。近年来，各种专业资格考试、研究生考试及国际通行的资格证书考试和出国所需要的语言等级考试等，都让大学生应接不暇。

择业目标从“关注社会”发展到“关注个人”。大学生择业的自我意识日益突出。在价值取向中，自我价值的实现和个人目标的追求开始主导大学毕业生的就业选择行为。如果说前几代人习惯于把“小我”融入“大我”中以感受奋斗目标的意义，那么，当代大学生更乐于把“小我”从“大我”中分离出来以定位自我的人生目标。面对日益完善的就业市场，有利于自我发展已经成为当代大学生择业时考虑的主要因素。

择业标准从“内在精神型”发展到“外在功利型”。大学生择业的功利色彩逐渐凸显。在计划经济条件下，大学生择业更注重个人志向和人生理想，既不注重个人现实利益要求，也不以物质标准去判断职业。在社会转型的特殊时期，如今的大学生面对各种利益关系的调整和纷繁复杂的社会现象，其职业价值观变得更加功利、务实。很多大学生把第一份工作视为一种谋生的手段而非一份愿意为之付出心血的事业。当代大学生的职业观以个人发展为目标、以经济利益为导向、以就业地区选择为保障，带有浓厚的功利色彩。

择业取向从“一元”发展到“多元”。当前，大学生择业呈现出多样化的发展趋势。在计划经济体制下，职业的社会地位、名声是大学生择业时最看重的因素。如今，求稳怕变、重视“正统”的就业观念开始遭受冲击，大学生择业开始呈现出多样化的特点。

任务二　影响就业的八个思维误区

一、追求一步到位

很多大学生渴望在短时间内迅速找到理想的单位和工作，工资要高、工作要体面、上班要不累、福利方面能解决住房。这些要求集中到一个单位，其实是很不现实的。有的大学生最初觉得所找的单位非常理想，可没几天就大失所望。在一般情况下，大多数大学生毕业后，往往需要经过三到四次的职业调整，才能比较清楚地知道自己真正喜欢什么工作、社会又能提供什么工作，从而做到理想与现实的完美结合。

二、强调专业对口

实际上，用人单位在招聘时，看重的主要是综合能力，对你到底学什么专业有时并不特别强调。有的外企到中国人民大学去招聘，有时候接收学习历史的大学生，有时候接收学习中文的大学生，并不太看重你的专业背景，主要是看你可塑性究竟有多强。在高等教育中，一直存在一些专业一拥而上的现象。这种重复的生产、低层次的培养，往往造成人才的巨大浪费。如果大学生将专业学得很窄，缺乏扎实的学科基础，将来很可能会在实际工作中捉襟见肘。

三、过分看重起薪

起薪不等于永远。社会在评价一个人时，往往把收入看成一项重要指标。这当然无可厚非。但是，如果大学生在选择工作时，把收入看得太重了，其实也不理智。很多大学生希望能够拥有一份高收入的工作，减轻父母的压力，改善全家人的生活，这种想法是完全可以理解的。但是，如果在职业选择上把收入看得过重，也会对职业发展产生消极影响。有时候，一些用人单位问你对薪酬的看法，主要是想了解你对收入的态度，看你有没有比金钱更高的追求。很显然，一个具有高成就动机的人是很容易受到用人单位的欢迎的。

四、过于在意户口

很多大学生都想留在大城市工作，自然会遇到敏感的户口问题。在这方面，很多用人单位不愿意或者说往往也不具备解决户口问题的能力。在这种情况下，该怎么办呢？从长远发展的角度来看，国家将来很有可能把户口制度取消。所以，户口不应当成为影响大学生今后发展的主要问题。很多外企，还有一些民营企业，不管你有没有户口，只要你能干，就录用你。所以，作为新时代的中国大学生，要具备国际化的视野、国际化的思维方式。否则，在很多领域将很难在事业上取得真正的成功。

五、关注干部身份

一些大学生过分看重自己的"干部身份"，认定自己无论将来干什么，都一定要留住自己的干部身份，这样才能稳定、才有保障。实际上，这种观点也会随着国家的改革发展而日益淡化。

六、抱怨创业艰难

从整个宏观经济发展的大局来看，国家对大学生创业的需求量还是很大的。某地有一个调查显示，当地的大学生中只有千分之四的大学生有创业的想法。在国外，像美国有20%~30%的大学生要去创业。我国很多大学生不愿去创业，抱怨创业太艰难，而习惯于去找大的国有单位、大的事业单位。这种想法与整个时代的发展是极不相符的。经济越发展，越需要高层次的人才去创业。这不仅对企业发展有利，而且对国家发展有利，对大学生个人发展也极有帮助。现在的创业机会很多，发展也非常快。只要观念更新了，创业就容易成功。

七、起步就想登天

很多大学生老想干大事，却对日常小事极为不屑。他们总认为，这些小事不应该是我干的，我就应该干大事。于是，有些大学生一到企业就恨不得当个副总，立刻拍案决策，为企业赢取巨额利润。这是很不现实的。

八、一味贪图稳定

大学生想要找一个稳定的工作，主要是受到父母观念的影响。比如，国企是人们心目中比较稳定的选择，还有教师，是跟国家民生相关的，有政府和国家支持，往往是比较稳定的工作。为什么很多大学生难以就业？关键就是缺乏经验，对社会各方面不太熟悉。因此，选择稳定的工作就成为他们的自然选择。但是，如果大学生想要获得事业上的长足发展，就不能一味贪图稳定。当今中国社会需要高素质、复合型人才，要想成为这样的高级人才，不可能不吃苦。只有经受多方面的磨炼，才能成大器、立大业。总之，贪图稳定的大学生往往没有真正的发展前途。

任务三　职业价值观的塑造

一、处理好职业价值观与金钱的关系

金钱是一种对成就的报酬，它是在确定职业价值观时首先要面对的问题。有些经济条

件不太好的大学毕业生在求职时，将金钱作为首选价值观，从根本上讲这并没有错。但是对于一些人来说，拥有的知识、能力、经验和阅历还不足以使其一走上社会就获得大量金钱回报。怀有一夜暴富的心理是不正常的，更是危险的，容易被社会上的不法分子利用，甚至误入歧途。特别是面对严峻的就业形势，更应理性地降低对金钱的期望值，把眼光放长远一些，应尽可能地将自我成长和自我实现作为毕业求职时的首选价值观。

二、处理好职业价值观与个人兴趣和特长的关系

职业价值观、个人兴趣和特长是人们在择业时需要考虑的最重要的三个因素。在确定价值观时，一定要考虑它是否与自己的兴趣和特长相适应。据调查，如果从事自己不喜欢的工作，有 80% 的人难以在他选择的职业上获得成功；相反地，如果选择了自己喜欢的工作则可以充分调动人的潜能，获得职业发展的原动力。此外，选择一项自己擅长的工作，也会事半功倍。

三、处理好职业价值观的排序与取舍的问题

职业价值观的特性决定人们不会只有唯一的职业价值观，人性的本能也会驱使人们希望什么都能得到，但在现实生活中"鱼和熊掌是不可兼得的"。然而在职业选择中，很多人却不能理性对待。既然是选择，就要付出代价，只有舍，才能得。所以，找出你认为最重要、次重要的方面，对自己的职业价值观进行排序，并提醒自己做出取舍。否则就会患得患失，终其一生也不清楚自己到底想要什么，更谈不上职业生涯的成功和对社会的贡献了。

四、处理好职业价值观中个人与社会的关系

人不能离开社会而独立存在，个人只有在工作中为社会作贡献才能实现自己的职业价值。当然我们并不是说要忽略择业中的个人因素，只去尽社会责任，这样不但不利于个人，也是社会的损失。因此，要处理好职业价值观中个人与社会的关系。

五、处理好淡泊名利与追逐名利的关系

名利是人的欲望使然，欲望可以使人成就大的事业，也可使人自我毁灭。以合理、合法、公正、公平的方式追名逐利在一定程度上对个人对社会都会有益，但它需要一定的度，该知足时则知足，该进取时则进取。

价值观、兴趣和能力，构成生涯发展规划的"一个中心、两个基本点"，是认识自我的主要途径。价值观是潜藏于个体内心深处、积累了过往全部生活经验的态度与观念，体现着个人独到的风格与经历，潜在地影响着我们的取舍与好恶，是指导行动的"看不见的手"，以"我要……"的形式，代表着理想、代表着偏见、代表着真实的动机。而兴趣和能力，则以现实的方式，呈现个体实现理想的可能性，其中，兴趣是先导，缺乏兴趣难以维持长期发展；能力是手段，缺乏能力再高尚宏伟的理想也只不过是一个泡沫。

实训模拟

职业价值观自测量表

下面有52道题目，每个题目都有5个备选答案：A——非常重要；B——比较重要；C——一般；D——较不重要；E——很不重要。

1. 你的工作必须经常解决新的问题。 A B C D E
2. 你的工作能为社会福利带来看得见的效果。 A B C D E
3. 你的工作奖金很高。 A B C D E
4. 你的工作内容经常变换。 A B C D E
5. 你能在你的工作范围内自由发挥。 A B C D E
6. 工作能使你的同学、朋友非常羡慕你。 A B C D E
7. 工作带有艺术性。 A B C D E
8. 你的工作能使人感觉到你是团体中的一分子。 A B C D E
9. 不论你怎么干，你总能和大多数人一样晋级和涨工资。 A B C D E
10. 你的工作使你有可能经常变换工作地点、场所或方式。 A B C D E
11. 在工作中你能接触到各种不同的人。 A B C D E
12. 你的工作上下班时间比较随便、自由。 A B C D E
13. 你的工作使你不断获得成功的感觉。 A B C D E
14. 你的工作赋予你高于别人的权力。 A B C D E
15. 在工作中，你能试行一些自己的新想法。 A B C D E
16. 在工作中你不会因为身体或能力等因素，被人瞧不起。 A B C D E
17. 你能从工作的成果中，知道自己做得不错。 A B C D E
18. 你的工作经常要外出，参加各种集会和活动。 A B C D E
19. 只要你干上这份工作，就不再被调到其他意想不到的单位和工种上去。 A B C D E
20. 你的工作能使世界更美丽。 A B C D E
21. 在你的工作中，不会有人常来打扰你。 A B C D E
22. 只要努力，你的工资会高于其他同年龄的人，升级或涨工资的可能性比干其他工作大得多。 A B C D E
23. 你的工作是一项对智力的挑战。 A B C D E
24. 你的工作要求你把一些事务管理得井井有条。 A B C D E
25. 你的工作单位有舒适的休息室、更衣室、浴室及其他设备。 A B C D E
26. 你的工作让你有可能结识各行各业的知名人物。 A B C D E
27. 在你的工作中，能和同事建立良好的关系。 A B C D E
28. 在别人眼中，你的工作是很重要的。 A B C D E
29. 在工作中你经常接触到新鲜的事物。 A B C D E
30. 你的工作使你能常常帮助别人。 A B C D E

31. 你在工作单位中，有可能经常变换工作。 A B C D E

32. 你的作风使你被别人尊重。 A B C D E

33. 同事和领导人品较好，相处比较随便。 A B C D E

34. 你的工作会使许多人认识你。 A B C D E

35. 你的工作场所很好，比如有适度的灯光，安静、清洁的工作环境，甚至恒温、恒湿等优越的条件。 A B C D E

36. 在工作中，你为他人服务，使他人感到很满意，你自己也很高兴。 A B C D E

37. 你的工作需要计划和组织别人的工作。 A B C D E

38. 你的工作需要敏锐的思考。 A B C D E

39. 你的工作可以使你获得较多的额外收入，比如：常发实物、常购买打折扣的商品、常发商品的提货券、有机会购买进口货等。 A B C D E

40. 在工作中你是不受别人差遣的。 A B C D E

41. 你的工作结果应该是一种艺术而不是一般的产品。 A B C D E

42. 在工作中不必担心会因为所做的事情领导不满意，而受到训斥或经济惩罚。 A B C D E

43. 在你的工作中能和领导有融洽的关系。 A B C D E

44. 你可以看见你努力工作的成果。 A B C D E

45. 在工作中常常要你提出许多新的想法。 A B C D E

46. 由于你的工作，经常有许多人来感谢你。 A B C D E

47. 你的工作成果常常能得到上级、同事或社会的肯定。 A B C D E

48. 在工作中，你可能做一个负责人，虽然可能只领导很少几个人，你信奉“宁做兵头，不做将尾”的俗语。 A B C D E

49. 你从事的工作经常在报刊、电视中被提到，因而在人们的心目中很有地位。 A B C D E

50. 你的工作有数量可观的夜班费、加班费、保健费或营养费等。 A B C D E

51. 你的工作比较轻松，精神上也不紧张。 A B C D E

52. 你的工作需要和影视、戏剧、音乐、美术、文学等艺术打交道。 A B C D E

【评分与评价】

上面的 52 道题分别代表 13 项工作价值观。每圈一个 A 得 5 分、B 得 4 分、C 得 3 分、D 得 2 分、E 得 1 分。请你根据下面评价表中每一项前面的题号，计算一下每一项的得分总数，并把它填在每一项的得分栏中。然后在表格下面依次列出得分最高和最低的三项。

评价表

得分	价值观	题号	说明
	1. 利他主义	2,30,36,46	工作的目的和价值,在于直接为大众的幸福和利益尽一份力。
	2. 美感	7,20,41,52	工作的目的和价值,在于能不断地追求美的东西,得到美感的享受。
	3. 智力刺激	1,23,38,45	工作的目的和价值,在于不断进行智力的操作,动脑思考,学习以及探索新事物,解决新问题。
	4. 成就感	13,17,44,47	工作的目的和价值,在于不断创新,不断取得成就,不断得到领导与同事的赞扬,或不断实现自己想要做的事
	5. 独立性	5,15,21,40	工作的目的和价值,在于能充分发挥自己的独立性和主动性,按自己的方式、步调或想法去做,不受他人的干扰。
	6. 社会地位	6,28,32,49	工作的目的和价值,在于所从事的工作在人们的心目中有较高的社会地位,从而使自己得到了人们的重视与尊敬。
	7. 管理	14,24,37,48	工作的目的和价值,在于获得对他人或某事物的管理支配权,能指挥和调遣一定范围内的人或事物。
	8. 经济报酬	3,22,39,50	工作的目的和价值,在于获得优厚的报酬,使自己有足够的财力去获得自己想要的东西,使生活过得较为富足。
	9. 社会交际	11,18,26,34	工作的目的和价值,在于能和各种人交往,建立比较广泛的社会联系和关系,甚至能和知名人物结识。
	10. 安全感	9,16,19,42	不管自己能力怎样,希望在工作中有一个安稳局面,不会因为奖金、涨工资、调动工作或领导训斥等经常提心吊胆、心烦意乱。
	11. 舒适	12,25,35,51	希望能将工作作为一种消遣、休息或享受的形式,追求比较舒适、轻松、自由、优越的工作条件和环境。
	12. 人际关系	8,27,33,43	希望一起工作的大多数同事和领导人品较好,相处在一起感到愉快、自然,认为这就是很有价值的事,是一种极大的满足。
	13. 变异性或追求新	4,10,29,31	希望工作的内容应该经常变换,使工作和生活显得丰富多彩,不单调枯燥。

得分最高的三项是:1. ________;2. ________;3. ________。

得分最低的三项是:1. ________;2. ________;3. ________。

从得分最高和最低的三项中,可以大致看出你的价值倾向,在选择职业时就可以加以考虑。

如果你身边的同事也愿意做这样的职业价值观测试的话,你会发现一个非常奇妙的现象:平常和你关系比较密切的同事,他们得分最高的三项和你重合的概率很高,关系比较疏远的同事则恰恰相反。这说明什么?说明价值观是我们看不见的触角,当你和其他人接触的时候,总是会先用触角感应一下对方是否和你是一类人。当然,对于这些你可能一无所知,但是你确实在这么做!今后在你挑选自己的伙伴或者合作者时,不妨先考虑一下对方的价值观是否和自己相符。

(资料来源:http://www.doc88.com/p-4364415500649.html)

项目三　拓展职业能力

自学导读

职业能力是人的发展和创造的基础。个体的职业能力越强，各种能力越是综合发展，就越能促进人在职业活动中的创造和发展，越能取得较好的工作绩效和业绩，越能给个人带来职业成就感。

故事导航

乌鸦学老鹰

鹰从高岩上飞下来，以非常优美的姿势俯冲而下，把一只羊羔抓走了。一只乌鸦看见了，非常羡慕，心想：要是我也能这样去抓一只羊，就不用天天吃腐肉了，那该多好呀！于是乌鸦凭借着对鹰的记忆，反复练习俯冲的姿势，希望能像鹰一样去抓一只羊。

一天，它觉得练习的差不多了，呼拉拉的从山崖上俯冲而下，猛扑到一只公羊身上，狠命地想把他带走，然而他的脚爪却被羊毛缠住了，拔也拔不出来。尽管它不断地使劲拍打翅膀，但仍然飞不起来。牧羊人看到后，将它一把捉住，剪掉了它翅膀上的羽毛。傍晚，他带着乌鸦回家，交给了他的孩子们。孩子们问是什么鸟，牧羊人回答说："这确确实实是一只乌鸦，可是自己却要充当老鹰。"

乌鸦的错误在于它并不具备老鹰的能力，却简单地以为自己只要用老鹰的姿势就可以抓到羊。这种脱离自己的实际能力水平而贪求不可企及的目标的做法，必然导致失败的命运。

理论阐释

任务一　估算个人技能资产

技能，在职场上可以看作是一个人的资产和本钱，它决定着一个人是否能胜任工作，是否能获得雇主的青睐。技能资产越多，其职业生涯发展的潜力就越大，升值的空间也越大。

一、技能与职业

任何一种职业都要求从业者必须具备相应的技能，而且技能的强弱决定了人们工作绩效的高低。例如,教师要很好地完成教学任务,就需要一些基本技能作保障:流畅的口头表达能力、较强的逻辑思维能力和教学组织能力。

(一)什么是技能

在日常生活、学习和阅读中,人们常听到或看到“能力”“技能”这两个词的交替使用,还有“能力倾向”,到底它们是不是一回事儿?有没有区别?

1. 能力

心理学认为,能力是一种个性心理特性,是顺利从事活动的一种必备的心理条件,包括知识与躯体行为。能力是先天就具有或通过学习而获得的。因此,能力的影响因素主要包括遗传、环境和教育。

2. 技能

技能强调的是经过学习和练习发展起来的能力,是在从事活动时有效地运用天资和知识的力量。影响技能的因素更多的在于实践。

3. 能力倾向

能力倾向区别于已发展起来的技能,是天生的但可能尚未开发的、可用于学习和发展技能的能力。能力倾向指的是一个人具备的某些方面的潜能。

从以上的定义看,能力按照其获得的方式(先天就具有或通过学习而获得),可以分为“技能”和“能力倾向”两大类。在现实生活中,个人的能力水平往往是由技能和能力倾向两方面来决定的。但从编写的目的出发,为便于更好地拓展知识、素质与行为,在本书中不再严格区分“能力”和“技能”这两个概念,即它们意味着同样的东西。

(二)技能与职业相吻合的原则

技能是职业适应性的首要的和基本的制约因素。人的技能水平及其发展方向是存在差异的,不同的职业对人的技能也有不同的要求。因此,无论是用人单位在招聘人员时,还是个人在择业时,都应考虑到技能与职业的吻合问题,并遵循以下原则:

1. 技能水平要与职业层次基本一致

不同层次的职业或职业类型,由于所承担的责任不同,对人的技能也有不同的要求。因此,应根据自己所达到或可能达到的能力水平确定相吻合的职业层次。

2. 充分发挥优势技能的作用

每个人都具有一个由多种技能组成的技能系统。在这个系统中,各方面技能的发展是不平衡的。职业选择,应主要考虑其最佳技能,选择最能运用其优势技能的职业。

(三)技能的类型与表述方式

对技能的识别和分析,是职业规划的核心。以往人们通常将能力分为一般能力和特殊能力。一般能力是指做所有工作都需要用到的个人素质,比如语言能力、数理能力、空间能力等;特殊能力是指做特定工作所需要的专业素质,比如作曲、绘画、飞机驾驶等。

辛尼迪·法恩(Sidney Fine)和理查德·鲍尔斯(Richard Bolles,全球畅销书《你的降落伞是什么颜色》的作者)将技能分成三个基本的类型:功能性技能、内容性技能和适应性技能。

1. 功能性技能

指那些与某项具体的工作没有必然关联的通用性技能,如日程安排、数据采集、分析和解决问题等能力。功能性技能属于可迁移技能,可以用动词来表达,比如说教学、管理、计算、操作、设计、维修等。

2. 内容性技能

也称作知识性技能,是与工作内容相关的,具体的、专业化的针对某一特定工作的基本技能。内容性技能不太容易迁移,其显著特点是:需要有意识的、特殊的培训,并通过记忆掌握特殊的词汇、程序和学科知识。大学生在学校通过书本所学到的,很多都是内容性技能。内容性技能一般用名词来表示,涉及学科的主题和知识,也可以说是技能所针对的数据、人和事物对象,如外语、乐器、汽车零部件等。

3. 适应性技能

也称作自我管理技能,指的是一些个人的特质,它经常被形容为人格特质或个性特征。适应性技能可以帮助个体更好地适应周围环境,以及在环境中更好地调整自己,如与人相处,对细节的关注,独立自主的精神,等等。适应性技能也可以从非工作生活领域迁移到工作领域。在实际工作中,雇主往往更看重员工的这部分技能,适应性技能通常以形容词(修饰内容性技能)和副词(修饰功能性技能)的形式出现,比如熟练的(地)、勇敢的(地)、敏锐的(地),等等。

一个完整的技能表述方式,应该是以上三种技能的综合表述,如:熟练地装配汽车零部件、优雅地演奏萨克斯管、设计人性化的室内家居,等等。如能将功能性、内容性和适应性技能融合成一种技能,就能够非常具体、清晰地表达个人能力,这对求职是非常有帮助的。

二、确认技能优势

(一)识别能力倾向

能力倾向代表着天生的学习能力。具有某一职业的能力倾向,意味着虽然现在还不具备这项技能,但有掌握它的潜力,只要经过一定的开发、培训和练习,就能具备从事相应活动的技能。

人的能力倾向是客观存在的,并且总是在一定的质和量的界限中表现出来。因而对于人的能力结构和倾向,不仅可以定性分析,而且可以定量分析。由此,大量的心理测验被发展出来,用于测量与工作、职业有关的能力倾向。能力倾向测验,又称性向测验,它可以预测一个人将来在某方面的“可能”成就,挖掘出职业发展的潜能。

最常用的测验有差别能力倾向测验(DAT)和一般能力倾向成套测验(GATB),还有内地报考公务员常用到的行政职业能力倾向测验,另一种鉴别技能的方法被应用于EUREKA,即加利福尼亚职业信息系统。相对而言,后两种测试更适用于受过高等教育或拥有同等学力的人。

(二)界定技能优势

界定自己的技能优势并不是件容易的事情。由于接受教育的方式、观念输入的影响以及其他错误的假设，一般人总是会低估自己的技能。比如说，如果是从小被教导应该保持谦虚态度的人，就不敢放大自己的技能或优势；有的事情做起来得心应手，就会觉得不需要什么特殊技能；有的没有运用到某项技能，就认为自己不具备这种能力，等等。

因此，要求列出个人的技能清单，不少人可能写不出什么。但实际上，很多时候人们已经从生活经历中获得了数以百计的技能，只是还不善于总结、归纳，并运用到职业生涯发展中去。

(1)通过成就经历确认自己的技能。不要低估自己的成就和相关的技能拓展。尽管有些活动没什么值得炫耀的，尽管有些活动很多人可以毫不费力地从事，但并不能说它们就不是成就。因此，应该把那些曾经树立了目标然后实现了目标的经历，都当作成就，哪怕它们微不足道。例如：成功考入大学，学会了一项体育运动，策划了一个同学聚会，完成了一次计划中的旅行，等等。

(2)为本人的职业技能排序。了解了自己具有的技能和能力倾向后，还需要为这些技能排序，从自己最喜欢的开始，排到最不喜欢的。如此，则可以知道自己想要什么，什么对自己最重要，以及如何权衡职业因素，从而更好地判断自己的职业前景。

为职业技能排序时需要注意，这些技能必须符合下列三个条件之一：①自己喜欢使用的；②可以证明自己具有或能够通过培训提升的；③自己能迁移到工作情境中去的。

任务二　21世纪最需要的人才

在21世纪，现代企业与组织最需要的不仅仅是个体上优秀，或只拥有某方面特质的“狭义”的人才，而是能够全面适应新的竞争需要的，在个人素质、学识与经验、合作与交流、创新与决策等方面都拥有足够潜力和修养的“广义”的人才。

李开复先生曾将21世纪需要的人才所具有的鲜明特点，概括如下：

一、融会贯通

仅仅勤奋好学，在今天已经远远不够了。因为好的企业需要的人才都是那些既掌握了丰富的知识，又具备了独立思考和解决问题的能力，善于自学和自修，并可以将学到的知识灵活运用于生活和工作实践，懂得做事与做人道理的人才。

二、创新与实践相结合

从根本上说，价值源于创新，但创新只有与实践相结合才能发挥最大的效力。“为了创新而创新”的倾向是最不可取的。反之，在实践过程中，我们也不能只局限于重复性的工作，而应当时时不忘创新，以创新推动实践，以创新引导实践。只有这样，我们才能不断研发出卓越的产品。

三、跨领域的综合性人才

21世纪是各学科、各产业相互融合、相互促进的世纪。现代社会和现代企业不但要求我们在某个特定专业拥有深厚的造诣，还要求我们了解甚至通晓相关专业、相关领域的知识，并善于将来自多领域的技能结合起来，综合应用于解决具体的问题。

四、三商兼高（IQ + EQ + SQ）

21 世纪的企业强调人才智能的全面与均衡。一个人能否取得成功，不只要看其学习成绩的高低，还要看其在智商（IQ）、情商（EQ）、灵商（SQ）这三个方面是否达到了均衡发展。

智商（IQ，Intelligence Quotient）：智商不但代表着聪明才智，也代表着有创意，善于独立思考和解决问题。

情商（EQ，Emotional Quotient）：情商是认识自我、控制情绪、激励自己以及处理人际关系、参与团队合作等相关个人能力的总称。在高级管理者中，情商的重要性是智商的 9 倍。

灵商（SQ，Spiritual Quotient）：灵商代表是否有正确的价值观，能否分辨是非、甄别真伪。那些没有正确价值观指引，无法分辨是非黑白的人，其他方面的能力越强，对他人的危害也就越大。

五、沟通与合作

沟通与合作能力是新世纪对人才的基本要求。21 世纪需要的是高情商的合作者，而不是孤僻、自傲的“天才”。因为随着全球化、信息化进程的不断发展，几乎没有哪家企业可以在脱离市场、合作伙伴或是产业环境的情况下独自发展。

要想在 21 世纪取得成功，就必须与分布在世界各地的相关企业、社团乃至政府机构开展密切的合作，而这种全球化合作当然离不开出色的交流和沟通能力。

六、从事热爱的工作

在全球化的竞争之下，每一个人都要发挥出自己的特长。而发挥特长的最好方法就是根据自己的兴趣、爱好来选择工作——因为只有做自己热爱的工作，才能真心投入，并在工作中充满激情和欢笑。这样的人才是最幸福的，他们也最容易在事业中取得较大的成功。

七、积极乐观

在机遇稍纵即逝的 21 世纪里，如果不能主动把握机会甚至创造机会，机会也许就再也不会降临到自己的身边，如果不能主动让别人了解自己的能力与才干，也许就会永远与自己心仪的工作无缘。但不是每次机会都一定能成功把握，这时，畏惧失败的人会在失败面前跌倒，并彻底丧失继续尝试的勇气，而乐观向上的人却总能把失败看作自己前进的动力。显然，积极乐观的人更容易适应 21 世纪的竞争环境，更容易在不断提高自己的过程中走向成功。

任务三　职业能力的培养

职业技能是指顺利完成某种职业活动所必备的影响活动效率的个性心理特征，包括一般职业技能和特殊职业技能。所谓一般职业技能，是指与岗位各项任务和各种岗位、各种职业有关的共同能力，诸如自学能力、语言文字表达能力、社交与活动能力、外语和计算机应用能力。所谓特殊职业技能，是指从事某种专业活动所需要的具体能力。

一、能力

（一）能力的内涵

从心理学的角度看，能力是指影响活动效率、使活动顺利完成所必须具备的个性心理特征。如观察的精确性、记忆的准确性和思维的敏捷性是完成许多活动所不可缺少的；节奏感和曲调感对从事音乐的人来说是必须具备的；缺乏充分的想象力，就很难与作家、艺术家结缘。

能力在生涯决策中是很重要的决定因素，个人有哪些能力，决定其可以往哪些方向发展。能力一般可分为两种，一种称为普通能力（general ability），另一种称为特殊能力（special ability）。

当然，要顺利成功地完成某项活动，单靠某一种能力是不够的，需要多种能力的有机结合。特殊能力总是建立在一般能力基础上，经过一般能力的专业性训练发展而来，因而，一般能力必然包含在特殊能力之中。一般能力与特殊能力在发展中相互作用，构成有机整体，保证有效地完成某种活动。对自己的能力，无论是一般能力或特殊能力、现有能力或倾向能力的自我认识和评价，对大学生的职业定向与职业选择往往都起着筛选和定位的作用。

1. 普通能力

普通能力，有人称为智力，是指一种学习、运用符号、抽象思考及解决问题的能力。称之为“普通”能力是指有别于“特殊”能力，它是学习任何事物的基本能力，也就是说，学文学也好，学理工、艺术也好，至少要有相当程度的普通能力作为学习基础。因此，此种能力也是从事任何行业都需要的。普通能力大致包括语文能力、数量能力及空间观念等。

2. 特殊能力

个体除了有普通能力外，多多少少均具有一些特殊能力或性向（aptitude），这些能力也会对我们的个人及职业生活有影响。这种特殊能力可能是天生的，也可能来自后天的学习。特殊能力包括机械、文书、音乐、艺术等。

（1）机械能力。机械能力不光是指单纯与机械有关的能力，它是一个通称，包括很多能力，例如，精确观察、分析的能力，逻辑推理能力，机械器具知识，空间能力，精确动作速度能力等。它是很多职业所需要的能力。在专业工作方面，如工程师、医生、实验人员等；在技术工作方面，如木匠、水电工、漂染工、汽车修护工等；在半技术工作方面，如简单机械之操作工等。你可以借由性向测验了解你的理工能力如何，或是你可以探索你的嗜好，看看你的机械能力是否有被用到，例如你是否会修理车子或电灯，等等。

（2）文书能力。文书能力也和机械能力一样，是通称，由很多能力组成，诸如算术能力及语文能力。优秀的文书人员处理数字及符号又快又准确。有文书能力的人精于修辞用字、迅速地计算、打字、听写及操作事务机。这种能力，可以从特别设计的心理测验得知。另外，如果你修习过商业方面的课程，其成绩也可以反映出你在文书方面的能力如何。

(3)音乐及艺术能力。对音乐能力的测量通常包括调音、节拍、和谐度、音色,等等。音乐性向测验,无法准确地预测谁能从音乐训练中获益,但至少能把没有音乐才能的人淘汰掉。至于艺术能力包括判断力、手工技巧及创造想象力等。

(二)能力与职业选择

在选择职业时,不仅要考虑自己喜欢什么、适合什么,还要看是否有胜任这项工作的潜力和素质。对求职者而言,在选择职业时应考虑以下几个问题:

1. 一般能力与职业相吻合

不同的职业对个人的智力、学习能力、观察能力等要求也不同,但是在专业领域的要求却是一致的。

首先,是与具体工作相关的职业能力,即与自己所在公司的业务发展相关的构架、开发方法和工具。而且,这种职业能力与其所在公司的业务领域直接相关。不同的公司所面对的行业和从事的领域不同,决定了不同的业务主线,从而对具体的职业能力的要求也不同。如科研型职业人员应具备创造性、熟练的基本技能、理论理解和应用,以及把这三者融会贯通、协调结合起来的能力,此外,还应具备独立思考、勤于实践的优良品质,以及不怕挫折的良好心理素质。而事务型职业人员在能力方面则要求具有较高的社交能力、语言表达能力和干练的办事能力等。

其次,知识结构的再整合能力。这种能力主要是为了应对来自信息社会知识更新的各种威胁。信息社会,知识更新极快,尤其对于许多理工科专业的大学生来说更是如此。因此,知识结构的再整合是现代人才必然要面对的问题。而知识结构的再整合是因人而异的。因为,在大学期间,老师教给的各学科知识属于散件,需要每个学生凭借自己的智慧和悟性予以整合,才能获得因人而异的独立思考能力和学习能力。而工作之后的知识结构再整合是对这一能力的进一步运用和提升,而且,此时的再整合是与具体的职业相联系的。因此,知识结构的再整合是现代人才必备的素质。

最后,是建立在每个人各自不同的价值观、创造力基础上的市场运作能力。这一能力的培养需要经过一定时期的市场实战才能历练出来,在学校是无法学到的。像西门子、松下、惠普、微软等企业,面对瞬息万变的市场之所以能够成功,凭借的就是他们对市场的深刻理解力和对未来发展独到的洞察力。但是,分析这些企业走过的路径,我们又会发现,他们成功的路径各不相同。因为,这其中渗透着每一位企业家不同的价值观、激情促发的创造力。因此,只有建立在各自不同的价值观、创造力基础上的市场运作能力,才是一种与众不同的职业能力。

总之,持续发展的职业能力具有丰富的内涵。它是衡量高等人才是否能够真正转型为现代人才的重要标志,也是高等人才是否能够真正进入信息社会,并且能否成功应对来自信息社会各种威胁的必备素质。

2. 特殊能力与职业相吻合

这里所说的特殊能力是指从事一些比较专业的活动所需的能力,如特殊的音乐才华、创新能力和逻辑思维能力等。

根据职业所需的特殊能力类型,可以把特殊能力与职业匹配进行如下划分:

◉擅长与物打交道:如制图、勘测、建筑、机械制造等。
◉擅长与人打交道:如记者、推销员、教师、行政管理人员等。
◉擅长做有规律的工作:如文秘人员、图书管理员等。
◉喜欢从事社会福利和助人的工作:如医生、律师、咨询等。
◉具有领导和组织能力:如行政人员、企业管理人员等。
◉擅长研究人的行为:如心理学家、政治人物、人事管理等。
◉擅长科学技术研究:如科学家、理论家等。
◉擅长抽象、创造性的工作:如经济分析、社会调查等。
◉擅长操作性、技术性的工作:如驾驶员、飞行员、机械制造等。

3. 部分职业与其所需职业能力的标准

部分职业与其所需职业能力的标准如表3－1所示:

表3－1　部分职业与其所需职业能力的标准

职业	一般学习能力	语言能力	算术能力	空间谈判能力	形态知觉	书写能力	运动协调	手指灵活	手的灵巧
建筑师	强	强	强	强	较弱	一般	一般	一般	一般
律师	强	强	一般	较弱	较弱	一般	较弱	较弱	较弱
医生	强	强	较强	强	较强	一般	较强	较强	较强
护士	较强	较强	一般	一般	一般	一般	一般	一般	一般
演员	较强	较强	较弱	一般	较弱	较弱	较弱	较弱	较弱
秘书	一般	一般	一般	较弱	一般	较强	一般	一般	一般
统计员	一般	一般	较弱	较弱	一般	较强	一般	一般	较弱
服务员	一般	一般	较弱	较弱	一般	较强	一般	一般	较弱
驾驶员	一般	一般	较弱	一般	一般	弱	一般	一般	一般
纺织工	较弱	较弱	较弱	较弱	一般	弱	一般	一般	一般
机床工	一般	较弱	较弱	一般	一般	较弱	一般	较弱	一般
裁缝	一般	一般	较弱	一般	一般	较弱	一般	较强	一般

二、职业能力

(一)职业能力的基本要素

职业能力主要包含以下三方面的基本要素:

(1)为了胜任一种具体职业而必须要具备的能力,表现为任职资格。

(2)在步入职场之后表现的职业素质。

(3)开始职业生涯之后具备的职业生涯管理能力。

(二)职业能力构成

在职业能力的研究和开发中,《国家技能振兴战略》为职业能力定义了全新的概念,指出职业能力是由职业待定能力、行业通用能力和职业核心能力组成的。

在每一个人的职业生涯中，职业待定能力（专业能力）的培养是实现就业的基本功，行业通用能力的培养是具备工作能力的必要条件，而职业核心能力的养成是把每一个人培养成现代职业人的保证。

因为职业核心能力在人的发展中是一种最基础和最重要的能力，它在人的能力体系中是处于核心地位的能力，在能力金字塔中位于最关键的核心层次，是职业待定能力和行业通用能力的基石，它承载着职业待定能力和行业通用能力，并能有效地促进它们的发展。

因此，职业核心能力是处于塔基的最稳定、最基础的能力。相比较而言，岗位特殊能力在人的能力体系中犹如显露在能力海平面上的“冰山一角”。

（三）职业核心能力

职业核心能力是在人们工作和生活中除专业岗位能力之外取得成功所必需的基本能力，它泛指专业能力以外的能力，或者说是超出某一具体职业技能和知识范畴的能力。它可以让人自信和成功地展示自己，并根据具体情况选择和应用。它可分为三个部分：

（1）基础核心能力：职业沟通、团队合作、自我管理。

（2）拓展核心能力：解决问题、信息处理、创新创业。

（3）延伸核心能力：领导力、执行力、个人与团队管理、外语应用能力、礼仪训练、心理平衡等。

（四）职业能力与专业知识的关系

也许有人会问：“人们在学校时学了不少专业知识，是不是就具备了职业能力了呢？”答案是否定的。职业能力不等同于专业知识。

首先，专业知识是人类进行各种职业活动的经验总结和概括，在一定的时间内总是表现为静态，是一种相对恒定的东西。而职业能力的发展是动态的，并且比知识的获取要慢。一般来说，专业知识随着年龄的增长而增长，而职业能力并不会伴随着年龄的增长而增长，甚至到了一定年龄，还会出现随着年龄的增长而不断衰退的现象。其次，专业知识和职业能力在职业活动中的地位是不同的。前者是职业活动的基础，后者是完成职业活动的必要条件，不具备职业能力，专业知识就失去了它应有的作用。再次，职业能力的发展与专业知识的掌握是不同步的。专业知识丰富，并不一定就表明职业能力高，反之，职业能力高也不一定就表示个人的专业知识丰富。有的人掌握了大量的专业知识，但是应用能力却很差，也就是人们常说的“高分低能”。

所以说，职业能力和专业知识是不相等同的。但这并不表明专业知识和职业能力是毫不相干的两个概念，它们两者之间存在着密切的联系。一个人的职业能力的高低影响他掌握专业知识的速度和程度，也影响到他对专业知识的应用。反过来，专业知识还能促进职业能力的提高，掌握的专业知识越多，职业能力提升得就越快。

三、职业技能的培养

为了更好地应对职场竞争、实现自身的职业发展目标，高职院校学生要努力培养职业发展所需的各种能力，只有充分做好了准备，才有可能达到企业用人的要求，才有可能实现个人职业生涯的可持续规划与发展。

（一）培养自身专业能力

一个人的专业能力越强，在职业活动中所发挥的作用就越显著。专业知识是职业能力，尤其是专业能力形成的基础。对于高职学生而言，培养自身专业能力包括两个方面，一方面是专业的知识，另一方面是专业的技能。那么大学生应通过怎样的途径和方法来获得专业知识和提升专业能力呢？

首先，要努力学习专业课程。虽然目前在就业时已经淡化了专业的概念，并且在现实中也有很多毕业生从事着与自己的专业不甚相关的职业，但这并不意味着就可以不学习或不努力学习专业知识。相反，专业知识的学习和掌握在就业中仍占有重要的地位。第一，专业成绩的好坏仍是专业型用人单位选择人才的重要标准；第二，当前社会需求的是复合型的人才，毕业生在专业能力的基础上拥有合理的知识结构无疑会在就业市场中赢得更多的就业机会。

其次，要加强自己的理论研究能力。学海无涯，专业理论的学习绝不能停留在课程学习的层面上，纸上谈兵远不能满足飞速发展的社会对毕业生专业理论的要求。职业能力需要在工作和学习中得到体现和提高，只有在在校期间对于理论知识的集中学习的基础上，我们才可以继续学习工作中要求更高的专业知识。

最后，还可以通过社会培训和参加社会实践来培养专业能力。

总之，努力学习专业知识、提高专业能力对于增强自身竞争力和个人发展具有重要的意义。

1. 知识技能

知识技能是指那些需要通过教育或者培训才能获得的特别的知识或能力，也就是个人所学习的科目、所懂得的知识。比如：你是否掌握外语、中国古代历史、电脑编程，或化学元素周期表等。

知识技能不可迁移，也就是说，它们是一些特殊的语汇、程序和学科内容，必须经过有意识的、专门的培训才能掌握。它们常常与我们的专业学习或工作内容直接相关。正因为如此，许多大学生由于不喜欢自己的专业，在找工作时往往陷入两难的境地：一方面，他们认为找工作必须“专业对口”，但是又不喜欢自己的专业，不想将之作为从事一生的职业；另一方面，如果“专业不对口”，自己不是“科班出身”，则担心自己与专业出身的应聘者相比缺乏竞争力，甚至觉得很难跨越专业的鸿沟。

知识技能并非只有通过正式的专业教育才能获得。除了学校课程，课外培训、专业会议、讲座、研讨会、自学、资格认证考试等方式都可以帮助个人获得知识技能。此外，很多公司也为新员工提供相关的上岗培训。例如，某著名的会计师事务所在对新员工的培训中，第一年的主要内容就是针对非专业学生补充财会基础。由此可见，即使是一些专业要求较高的职业如会计师等，其专业技能也可以在就职后的培训中获得。实际上，越是大的公司，越是看重个人的综合素质。

因此，如果想从事本专业之外的工作而又不愿或不能重新选修一个专业的话，仍然有许多途径可以帮助我们获得相关的知识技能，想要学习，任何时候都可以开始。

2. 可迁移技能

可迁移技能就是一个人会做的事，比如教学、组织、说服、设计、安装、帮助、计算、考察、分析、搜索、决策、维修等等。

可迁移技能的特征是它们可以从生活中的方方面面、特别是工作之外得到发展，可以迁移应用于不同的工作之中。比如在宿舍里发生大家争论何时熄灯休息的矛盾时，宿舍长可以组织室友们一起开会讨论，协商如何解决问题。在这里面，就用到了组织、商讨、问题解决、管理等重要的可迁移技能。几乎在所有的工作中，都或多或少地会用到这些技能。因此，可迁移技能也被称为"通用技能"。

可迁移技能在许多工作中都会用到，其重要性不容忽视。索尼技术中心会计部经理曾说："我在聘用一个人时，最为看重的是他的人际沟通能力。这项能力极其重要，因为必须有能力与人交谈才能获得需要的信息。……我把80%的时间用在与索尼其他部门打交道上，我的员工也花费大量时间与本部门之外的人打交道。"

事实上，知识技能的运用都是在可迁移技能基础之上的。举例来说，你的知识技能也许是动物学，但你将怎样运用它呢？是"教授"动物学，还是当宠物医生"治疗"宠物，或是"写作"科普文章宣传爱护野生动物的知识，抑或在流浪小动物协会帮助"照料"小动物？这些加引号的词都是可迁移技能。

随着信息时代的到来、新技术日新月异的发展，知识的更新换代不断加快。这意味着个体需要不断学习新的知识技能才能跟上时代的发展。例如，二三十年前，我们对手机、电脑还几乎闻所未闻，但如今它们却在我们的生活中占据了极其重要的位置，而与它们相关的行业知识也都是近些年来才出现，并且处于飞速发展变化中。因此，当今的时代越来越强调"终身学习"。"学习能力"（可迁移技能）已经比拿到某个专业的硕士学位（知识技能）更为重要。从这个意义上说，如果你并不是"科班"出身，仍然有可能跨专业从事你想从事的职业，尤其是那些对知识技能要求并不是很高而可迁移技能占重要地位的职业。

（二）综合知识和基本能力

随着职业要求的不断提高，单纯的专业能力已经不能够满足工作的发展需要，因此需要从业人员具有广博的综合知识和基本能力，辅助工作顺利开展。通过知识的学习能够培养大学生适应社会的能力、组织管理能力、沟通协调能力、创新能力，等等。

1. 职业沟通能力

(1)沟通从微笑开始

在现实生活中，微笑是融洽人际关系、调节各种矛盾的润滑剂。微笑如同阳光，能给他人带来温暖，能缩短你与他人之间的距离，进而产生心理上的相容性。这里所说的微笑应该是发自内心的真诚的笑，是有分寸、有节制的笑。这里所推崇的微笑应该是乐观心态的真实体现。

(2)学会有效地倾听

说话时，使听众注意力集中，是一门学问。听话时，集中注意力于说话者，更是一门学问。前者是一种才能，后者是一种德行。这种德行包含着尊重、体谅与忍耐。如果能让自己养成积极倾听的习惯,将获得极大的益处。无论走到哪里,都会受到欢迎。积极倾听以及在此基础上的有效提问,正是劝说别人向我们的立场接近或靠拢的最为简便易行的方式。

要通过积极的倾听,鼓励他人畅所欲言。在高速沟通的今天,信息就是力量。鼓励他人畅所欲言,就意味着你能获取更多的信息。如果信息就是力量,那么,倾听就意味着增添力量。尤其在下列场合,你更要注意倾听:

①当我们需要对方提供的信息时。这可能发生在做说服工作的任何阶段。我们提出一个没有明确答案的问题,他人在回答时将向你提供大量的有用信息。

②当某人的谈话对我们非常重要时。在工作中,发布信息的领导者如果总是因为我们不专心听而不得不重复他讲过的每一句话,他必然会觉得受到轻视。

③当可能产生误解的时候。如果所谈的题目很复杂或对我们来说很新,就要认真地倾听。另外,当别人说话有口音时,倾听就显得极为关键。

④当说话者有意无意地带上感情色彩时。对这些声音中的感情,无论是愤怒、失望,还是忧郁、悲伤,都要仔细辨别,并且避免受其消极情绪的影响。

我们越是认真倾听并且响应他人,他人也就越乐于倾诉和响应我们。在倾听的过程中,保持目光接触永远是值得的。当然,这绝不是说瞪视对方,而只是保持一般礼貌性的目光接触。

(3)赞美是沟通强有力的武器

心理学家威廉姆·杰尔士说过这样一句话:“人性最深层次的需求就是渴望别人的欣赏。”在生活和工作中,一句诚意的赞美能使人如沐春风。每个人都需要赞美,都渴望获得掌声和欢呼。

对他人由衷的赞美,不仅是对他人价值的肯定,也会使他人产生成就感,从而促使其更加自信和勇敢。

丘吉尔说过:“你要别人具有怎样的优点,你就要怎样地去赞美别人。真诚的赞美可以使对方按照你的意图去行事。”在赞美他人的过程中,真诚是最重要的。发自内心地赞美别人引以为荣的事,能最大限度地满足别人的自尊。当别人因为你的赞美而感到快乐时,自然也会“投之以桃,报之以李”,对你产生良好的印象。这样一来,当你提出某种要求和意见时,他人也就很容易接受。

那么,怎样才能了解别人引以为荣的事呢?如果是熟人,可以根据平时的接触,了解他最感到自豪的成就或才能。如果是初次见面的陌生人,可以通过交谈来了解。一般人都存在一种不愿“衣锦夜行”的心理,对自己引以为荣的事总会若隐若现地透露出来,以便得到别人的充分肯定。此外,你也可以通过对方的朋友、同事来了解。

(4)说服的技巧

在我们企图说服别人的时候,一定要坚信自己的观点是正确的,并把这种坚定的热情淋漓尽致地表现出来。如果你对自己的主张都不太了解、不敢肯定,是不可能说服他人的。

说服他人可以遵循以下的步骤:

第一,必须先透彻地了解他人。在说服对方之前,要对对方的性格、兴趣、优点、长处、情绪有一个透彻的了解并悉心研究。只有这样,才能有针对性地采取你认为最适合的说服方式。

第二，找到被说服者的需要和动机。林肯曾经说过："当我和别人谈判时，我会用三分之二的时间去考虑对方的主张，以及他可能将要提出来反驳我的理由。剩下的三分之一时间，我才考虑自己的主张。"

第三，让利于对方。这是一个非常关键的步骤，对于成功地说服他人将起到至关重要的作用。任何人都关心自己的利益，即使你拥有很成功的推理及充沛的热情，如果你的主张与他截然不同的话，他还是不会赞同你。掌握好说服的利益原则，将成为我们做好说服工作的起点和归宿。

（5）创造接纳的沟通气氛

福特汽车公司北美市场部处长理查·芬斯特梅契常对同人说："我办公室的房门永远是开着的。如果你经过时看到我在座位上，即使你只想打个招呼，我也随时欢迎你进来。如果你想告诉我一个点子，我更欢迎你！千万不要以为你必须通过经理才能跟我说话。"由此可见，创造接纳的沟通气氛，将为沟通建立理想的平台。

一般人的沟通都有一种普遍现象，那就是：人们不见得会说出自己所想的，也很难全盘接受对方所说的，除非两者之间已建立起互信、存在共同的利益关系。沟通与虚伪不共戴天。那么，怎样才能避免给人造成虚伪的印象呢？你必须态度诚恳，发自内心地喜欢别人，更需要适时表现出来让对方知晓。何不试试雷登的建议："放下身段，保持谦虚的态度是很关键的。我对人一视同仁，不论你是大公司的高层领导，还是普通的销售人员，那些只是职务的不同，人性是一样的。"其实，所谓创造接纳的沟通气氛，说穿了就是能让人放轻松。

2. 职业团队合作能力

职业团队合作能力的重要性是不言而喻的。那么，大学生该如何训练这种能力呢？方法很多，但必须遵循以下五个基本原则：

（1）平等友善

团队合作的第一步就是平等待人，友好相处。在这方面，很多大学生的主要问题其实不是能力问题，而是思维方式问题。由于很多大学生是独生子女，一向以自我为中心，缺乏与兄弟姐妹友好相处的经历，因而在进入大学以至进入社会之后，仍然不能平等地看待他人、对待他人。这种思维方式直接导致自高自大或者自卑自怯。总之，就是不能平等地与人相处。解决了思维上的问题之后，还要注意一言一行都要谨慎，避免因为自己的疏忽，而让他人产生误会、与他人产生矛盾。

（2）善于交流

现代社会是信息社会，时时、处处都离不开沟通交流。从某种意义上说，要想办成一件事，往往需要与不同的人进行交流。无论是表明观点、展示诚意，还是说服对方、争取帮助，都离不开高质量的交流。正所谓"一个人心一个天"，人与人之间的差异是客观存在的，集中体现在思维方式、行为方式和语言表达方式上。个性化极为突出的人与人之间要想成功地合作，就必须顺畅地交流。至于具体的交流能力的训练和提升，可以借助很多途径：阅读一些相关书籍或网络资料，认清交流的价值，领悟交流的原理，掌握交流的技巧；请教老师、同学、父母、朋友，或者随时注意观察和借鉴他们行之有效的做法；私底下进行有针对性的训练，不断揣摩，逐步提高；在日常生活、学习和工作中，将与人打交道视为珍贵的实训良机。

(3)谦虚谨慎

在任何一个团队中，那些傲慢无礼、狂妄自大的人都是很难被他人接纳的，往往会成为团队的不和谐因素。法国哲学家罗西法古说过：“如果你要得到仇人，就要表现得比你的仇人更优越；如果你要得到朋友，就要让你的朋友表现得比你更优越。”对此，卡耐基也有一番妙论：“你有什么可以值得炫耀的吗？你知道是什么原因使你成为白痴吗？其实，并不是什么了不起的东西，只不过是你甲状腺中的碘而已，价值并不高，才五分钱。在药房中，五分钱就可以买到这些碘，这就是使你没有住在疯人院的东西——价值五分钱的东西，有什么好谈的呢？”

(4)化解矛盾

一般而言，与团队其他成员产生一些小摩擦、小隔阂、小冲突，几乎是不可避免的。关键在于如何去化解，这才是对团队协作能力的严峻考验。要始终抱着化解矛盾的态度，去想方设法地为对方着想。要从维护团队大局的角度出发，去分析问题、解决问题。千万不要因为顾及脸面，而一味指责对方，失去化解矛盾的良机。

(5)接受批评

没有人从来不犯错误，如果有人对你的错误大加抨击，不论是否带有偏见，也不论是否符合事实，你都要抱着“有则改之，无则加勉”的宽容心态，认真听取他人的批评意见。即使对方误解了你、冤枉了你，也大可不必与之争吵。可以让以后的事实来为你证明。或者，坦诚地摆事实、讲道理，以便消除他人的偏见，但必须注意维护他人的自尊。从实际效果来看，当场证明自己的绝对正确，就意味着讽刺别人的彻底错误，而这往往是多数人根本就无法接受的。所以，有时就会出现这样的情况：你费了很多口舌，面红耳赤地与人争辩，赢取了微弱的辩论优势，可别人尽管无言以对，却再也不会把你当成朋友，甚至不会把你视为合作伙伴。这样一来，他们就会成为你的敌人，甚至有可能因为你当众丢了他们的面子，而使他们时刻寻找机会来对付你。这是一种人际交往中的恶性循环，是团队合作的大忌。

3. 创新素质和能力

(1)创新素质的构成

作为一个人整体素质中的重要组成部分，创新素质由多种心理因素构成，主要包括创新意识、创新个性和创新能力(也有学者将前两个要素统称为创新精神)。这三个要素在创新素质的形成和发展中具有不同的地位和作用。

①创新意识。创新意识是创新活动的动力系统，是指人脑在不断运动变化中的客观事物的刺激下，自觉产生的强烈的改变客观事物现状的创新欲望，也就是有推崇创新、追求创新的观念和意识。

②创新个性。又叫创新人格或创新品质，是指有利于创新活动的气质、性格等方面的个性心理特征。它对创新素质的形成有重要的影响。每个人都具有创新的潜能，但只有具备良好创新个性的人才能让创新潜力得以释放光芒。创新个性通常包括独立性强、富有幽默感、敢于冒险、有恒心、一丝不苟等珍贵品质。

③创新能力。创新能力是创新素质的核心，是衡量一个人创新素质高低的重要标志。

它是指人们在学习和继承前人知识、经验的基础上，提出新观点、新概念、新方法、新设计、新技术以及进行创造发明的能力。创新能力主要是由创造性的观察能力、思维能力和实践能力组成的。其中，创造性思维能力是创新能力的核心，它的主要特点是思维的流畅性、变通性和独创性。

（2）提升大学生创新素质与能力的途径

创新的过程不可复制，创新能力也无法被传授，只能通过培养拥有这项素质。从理论上说，可以通过以下途径来培养、提升自己的创新素质与能力：

①不畏常规，敢于超越，增强创新意识。创新能力的提高应该从增强创新意识开始。

②培养各种能力，做到知识与能力并重。创新不是一种简单的“包装”，它体现的是一种更高层次的能力，需要各种基础能力作为保障，尤其是观察力、分析问题和解决问题的能力、独立思考的能力和学习的能力。这些基础能力要靠不断地思考与学习来获得，此外，必不可少的一个环节是脚踏实地地学好专业知识，在此基础上融会贯通，构建健全合理的知识体系。

③加强创新思维训练，厚积薄发。创新需要想象力，需要异于常人和普通逻辑的思维。创新思维是创新能力的核心要素，创新思维也需要方法和技巧。大学生可以在平时有意识地加强如发挥想象力、发散思维、逆向思维、求异思维等创新思维方面的训练，达到启发思维、锻炼思维的目的。

④积极参与社会实践，学以致用。创新的灵感大部分来源于现实生活，现实生活也是创新最好的材料。因此，参与社会实践对大学生创新能力的培养作用不可低估。大学生特别要主动参与一些科技创新活动，从而增强自己的竞争意识和创新意识。

二、职业技能的综合测评

很多企业在以往的招聘过程中，仅仅通过两至三轮面试，并未采取其他辅助手段，便断定这些人是否适合企业的工作岗位。招聘人员的这种不当行为，给企业带来的损失是相当大的。因此，如能在应聘人员面试之前进行一项专业技能测试并提供一份专业测评报告，就能帮助企业更好地选择最适合的应聘人选。

为了更加精准地考核应聘者的职业技能，一些地方开始推出职业技能测评，采用专业心理学测试仪器，具有较高的信度、效度，能为企业甄选合格人才起到重要的参考作用。这些职业技能的综合测评主要包括以下项目：手指灵活性测试；敲击速度测试；手臂稳定性测试；手臂灵活性测定；双臂协调能力测试；瞄准准确性测试；反应能力测试；双手协调能力测试；注意力集中能力测试；颜色细微辨别能力测试；注意分配能力测试；新概念形成能力测试；职业适应能力测试；速度知觉测试；大小常性测试；面积估计测试；重量感觉测试；短时记忆能力测试。

企业可以根据自己的需求，选择其中全部或部分项目进行测试。大学生本人也应该根据自身的实际和用人单位的需求，进行有针对性的训练。

实训模拟

1. 有专家指出，大学生最缺乏的五大职业技能是“职业规划”“有效沟通”“快速学习”“抗压抗挫”“自信热情”。请按照这个思路，对自身的职业技能现状进行客观的剖析，并设计相应的改善方案。

2. 不同类型的职业往往需要具备两方面的素质：一是常规性、普适性的综合素质；二是专业化、行业化的特定素质。假设你要依次从事科研型职业、管理型职业、事务型职业、工程型职业、文化型职业、社会型职业，请系统分析这些职业所需要的专业化、行业化的特定素质，并以此衡量自身现有的素质的缺陷与不足，寻找解决的方案。请向小组或全班介绍自己的分析过程与明确的结论。

项目四　甄选职业路径

自学导读

所谓职业发展路径，亦即生涯策略，是指为了达成职业发展目标所选择的道路。职业方向的确立，可能只表明我们将来希望从事的职业范围，但在这个范围里面做什么、做到什么样的地步，还需要进一步明确。比如，自己确定了将来要从事IT行业，但是是做纯技术类（如软件开发）的，还是销售类的，抑或是管理类的？又要通过什么渠道和方式取得什么样的具体成就？不同的路径有不同的实施计划和行动方案。

故事导航

稳扎稳打才有真正的前途

周晓华是一家企业的人事主管。在与一些大学生座谈时，她针对大学生未来职业发展的问题，明确地发表了自己的意见："我不赞成在一个行业不到3年就换行业。35岁以前，我们的生存资本主要靠打拼。35岁以后，我们的生存资本主要靠积累，这种积累包括人际关系、经验、人脉、口碑……所以，如果经常更换行业，就意味着几年的积累付之东流，一切又从头开始。如果你换了两次行业，35岁时大概只有5年以下的积累。这时候，你与一个没有换过行业的至少有10年积累的人竞争，谁会更占优势是显而易见的事。工作两三年，很多人会觉得工作不顺利，或者心情不舒畅。于是，他们就会闷闷不乐，就想辞职，甚至想换一个行业。他们有一种错觉，以为这样一来就能抛弃一切烦恼，自己也能获得新生。其实，这样做得不偿失。你终究会发现，还是会出现和原来行业一样的困难。要知道，每个人都会经历这样一个过程，职业生涯中都会碰到几个瓶颈。有些人咬咬牙，熬过去了，迎来柳暗花明的新境界。有些人没有坚持住，采取躲避的方式，换了一个行业，结果重复自己原来走过的路。实际上，一份工作到两三年的时候，大部分人都会变成熟手，这就是你的优势。这时候，可能会陷入心理疲劳，但一定要挺住。要想消除这种厌倦感，不一定要换行业。事实上，换行业也根本解决不了这个问题。如果你足够聪明，就会发现：这个时候正是你进一步提升自我的绝佳良机。打个比方，就像练字的人到一定时候会觉得自己越练越难看。其实，这未必是你真的越练越难看，很可能是你的眼光提高了，所以才得出这样的结论。因此，遇到这个瓶颈期，不要畏惧，不要烦躁，也不要慌张。这正是你提高自我、完善自我的重要时刻。处理妥当，就能在事业上更上层楼；处理失当，就会在事业上一落千丈。这个时候还是要拿出最初工作时的干劲来，稳扎稳打才有真正的前途。"

理论阐释

任务一　职业发展路径的选择

所谓职业发展路径，亦即生涯策略，是指为了达成职业发展目标所选择的道路。职业方向的确立，可能只表明我们将来希望从事的职业范围，但在这个范围内做什么、做到什么样的地步，还需要进一步明确。比如，自己确定了将来要从事 IT 行业，但是是做纯技术类（如软件开发）的，还是销售类的，抑或是管理类的？又要通过什么渠道和方式取得什么样的具体成就？不同的路径有不同的实施计划和行动方案。

一、生涯路径的选择

职业生涯路线的选择取决于以下三个要素：想、能、可以。这三个要素的基本含义是：我想往哪个路线发展？我能往哪个路线发展？我可以往哪个路线发展？

第一个要素：想，是通过对自己兴趣、价值观、理想、成就动机等因素的分析，确定自己的目标取向，这是一个人的兴趣问题，即自己的志向是在哪个方面，自己非常希望走哪一条路线；第二个要素：能，是通过对自己的性格、特长、智能、技能、情商、学识和经历等因素的分析，确定自己的能力取向，这是一个人的特质问题，即自己能向哪一条路线发展；第三个要素：可以，是通过对当前及未来的组织环境和社会环境等、微宏观因素的分析，确定自己的机会取向，这是环境条件问题，即内外部环境是否允许自己走这一条路线，是否有发展机会。

以上三个要素是相互联系、缺一不可的。因此，在确定自己的职业生涯路线时，必须综合分析和考虑这三个要素。

实际上，许多人生涯路径不是一成不变的，同样一项工作，刚入职的时候很新鲜，过了几年后，往往觉得单调乏味甚至令人厌恶，所以，选择生涯路径不是一蹴而就，而是不断变化的。

通常来说，基本的职业发展路线有以下几条：

（一）向上发展：在企业内向上晋升

如果你对于管理有意向的话，可以进行更加全面的观察了解，总结上司工作需要什么样的工作技能，然后找出自己与上司的差距。明确自己需要在什么地方提升，是管理的理念，还是实战经验，然后对此建立一个系统的学习提升计划，各个击破。

（二）向内发展：成为更专业的人

如果你希望以专业为日后的发展路径，那么就要向业内顶尖人士看齐，平时花更多的时间去钻研技术方面的学问，和同行业的人切磋交流，不断提升自己的技术水平。

如果有机会，并且经济宽裕的情况下，可以报一些专业课程去学习，多参加线下交流会，分享自己的想法，认识一批志同道合的朋友，帮助自己在专家这条路上走的更远。

（三）左右发展：向其他职能岗位转换

也可以选择转换自己的岗位，如：程序员或许不能开发他的其他潜能，比如换成销售工程师、IT 培训或者技术服务类的工作。转换职位的关键就是可以继续沿用之前的技能。比如销售工程师，他做过程序类的编写工作，在销售的时候可以入木三分的向客户介绍公司的产品。再比如 IT 培训师，在他原本专业技能的基础上，学习一些培训师的基本技能，做到比较好的融合，也能很快上手。

（四）向外发展：寻求职业外的发展

不把重心全部放在工作上，可以发展职业外的兴趣，就像现在很多人在工作之余，兼职做微商或代购一样。在把本职工作做好的前提下，拓展自己感兴趣的领域，发展成兼职，既可以愉悦身心，也可以获得额外的收入，两全其美。

二、职业生涯策略

在确定了职业生涯发展目标和职业生涯发展路线之后，为了达到目标，就需要制定职业生涯发展策略的行动规划。职业生涯策略是指为了实现职业生涯目标而采取的各种行动和个人资源配置措施。制定职业生涯策略既要决定“应该做什么和怎么做”，也要决定“不能做什么”，还要包括个人资源的配置计划。一般，个人要根据现实情况和自身情况，选择有效的策略，大致可以分为三类：一类是一步到位型。即针对在现有条件下可以达成的生涯目标，动用现有资源很快实现。例如通过竞争上岗竞聘领导职务岗位。一类是多步趋近型。即对于那些目前无法实现的目标，先选择一个与目标相对接近的职业，然后逐步趋近，以达成自己的理想目标。例如想考省级以上公务员，必须要求有基层工作经验，因此就先到基层锻炼。一类是从业期待型。即在自己无法实现理想目标，也没有相近的职业可以选择的情况下，先选择一个职业投入工作，等待机会，以实现自己的理想目标。

（一）职业生涯策略的内容

具体来讲，职业生涯策略包括以下内容：

1. 工作策略

即为达到工作目标，计划采取哪些措施提高工作效率，通过这些努力实现个人在工作中的良好表现与业绩。

2. 学习与培训策略

即在业务素质方面，计划采取哪些措施提高业务能力；在潜能开发方面，计划采取哪些措施开发潜能等；超出现实学习或工作之外的一些前瞻性准备，如参加业余时间的课程学习或有针对性的教育与培训，掌握一些额外的技能与专业知识（如进修第二外语，参加职业资格证书考试等）。

3. 人际关系策略

即如何在职业领域构建人际关系网络，为未来的发展寻找更广泛的支持与合作空间。

（二）职业生涯策略细化

职业生涯策略可以细化为具体计划和措施，同时还要明确每项计划的起讫时间和考核指标。

（1）具体计划。列出详细的工作和学习计划，每年学什么（要列出具体的科目），每年干什么(要列出具体的任务)。

(2)具体措施。列出具体的计划后,还要列出实现每项计划的具体措施,并且措施要切实可行。

(3)起讫时间。即每项计划什么时间开始,什么时间结束,这是约束自己按计划行动的重要手段。

(4)考核指标。用来检查或衡量计划完成的指标。

职业生涯目标是职业生涯规划的关键,职业生涯策略和具体的计划与措施是实现职业生涯目标的保证,但是,仅仅设定目标、制定策略和计划,如果不去实施、行动,那么再好的目标也是空想,再好的策略和计划也是一纸空文。因此,要实现自己的职业生涯目标,就必须将策略和具体的计划转化成实际的行动。在生涯策略的具体实施中,一定要排除一切干扰目标实现的因素,坚持不懈地为实现自己的生涯目标而努力。

三、职业发展阶梯

在进行自我探索和环境探索的基础上,确定了生涯目标和职业发展路径以后,就必须制定相应的战略规划并以实际行动予以落实。职业生涯的发展通常需要循序渐进,由低至高拾级而上。比如,要做到一个大型公司的财务总监(长期目标),它的实现路径可以是:毕业后直接就业→中小企业财会人员(短期目标)→主管会计师(中期目标)→大型企业财务部经理→财务总监。因此,阶段性的职业发展路径也可用职业发展阶梯来展现。

职业发展阶梯与职业发展路线有关联,但不尽相同。如果说,发展路线好比确定乘坐什么交通工具去目的地的话,那么发展阶梯就好比乘坐该交通工具到达目的地前要经过什么地方,得到什么样的收获。

当然,发展阶梯想要实施,必须要有具体的方案和措施,分阶段进行,并根据每个阶段的特点和任务,进行有效的管理调控。这里,我们将大学生入职以后的整个生涯规划划分为早期阶段、中期阶段和后期阶段。不同阶段的行动与措施各不相同。

(一)个人职业生涯规划早期管理

所谓职业生涯早期,即由学校进入组织,从学生角色转变为员工角色,并为组织所接纳的过程。在这一阶段,个人融入组织以及被组织接纳是个人和组织共同面临的、重要的职业生涯管理任务。

1. 融入组织

融入组织就是指大学生求职应聘接受雇用并进入组织后,由一个大学生向员工角色转化的过程,我们称这时候的员工为新员工。在融入组织的过程中,组织会对新员工进行培训,主要目的是使新员工了解并掌握其部门所期望的主要态度、规范、价值观和行为模式。融入组织的途径就是组织创造条件和氛围,使新员工学会在该组织中如何工作,而新员工则要学习如何与他人相处,如何扮演好个人在组织中的角色,接受组织文化并逐渐成为符合组织要求一员。在这一过程中,应该注意解决好解决以下几个问题。

(1)理想与现实的落差

在职业生涯的最初时期,新员工对组织抱有很高的期望,希望能够发挥自己在学校所学到的新知识、新技术，证明自己的能力以及获得提升的机会。然而事实是，在任职后必须面对具体的工作内容，如行政人员，必须去做处理文件、接传真，甚至是打电话的具体工作。具体的工作事务与新员工的期望可能形成落差。

(2)人际关系与人际冲突

除了理想与现实的落差，人际冲突也会使新员工倍加烦恼。新员工最关心的是如何做好工作，但不得不在一个复杂的人际关系中周旋。由于新、老员工的经历与社会背景均不同，老员工可能对新员工产生偏见或者嫉妒，一些老员工甚至把新员工看成威胁。

新员工可能受到两种待遇，第一种是不被大家接受，如吃饭的时候没人招呼、下班的时候没有同伴；另一种遭遇是被持有不同政见两派中的一方拉入其中，糊里糊涂卷入“政治斗争”中。在这种冲突和“政治斗争”中，新员工的利益会受到极大的损害，如被委派到一个并不重要的低风险工作岗位上；新员工也许还会遇到一位使人感到沮丧的上司。这个时候，挫折与沮丧是不可避免的。

在这一时期，要想解决这些令人烦恼的问题，必须建立自信，学会与上级以及同事们相处，学会接受责任；最重要的是要对自己的才能、需要以及价值观是否与最初的职业目标相吻合进行审视和判断，以便使自己早日融入现实的工作环境中。

2. 等待机会

新员工工作之初可能难以得到上司的信任和重用，只能等待机会。当新员工刚刚进入组织时，对组织可能缺乏足够的了解，而组织也要观察新员工的工作能力、业务水平和团队精神。因此员工很难得到较有挑战性的工作机会，而是从事较为容易或者很乏味的具体工作。如果一个新员工在数月、一年甚至更长时间都得不到理想的工作，其工作积极性就会受到很大的影响，甚至直接影响到员工未来的职业生涯发展。在这种情况下，个人应该尽快去熟悉组织的企业文化以及工作的具体要求和流程，虚心地向老员工学习，树立良好的形象，以踏实的工作作风和出色的工作成绩获得上司的认可。

3. 与组织配合搞好职业生涯规划

新员工进入组织，组织会为员工制定个人职业发展规划，对个人的职业生涯进行管理。这一阶段，新员工需要配合组织做好以下几项工作。

(1)提供资料

新员工应当及时地向组织提供关于自己的真实资料，使组织能够全面而真实地了解自己。通过这些资料，使组织了解自己，这样在进行工作分配时就可以充分发挥个人特长，这样做也有利于组织资源的充分利用和组织目标的实现。

(2)充分沟通

工作之初，新员工应该主动与上司和同事进行沟通，从那里获得有关自我优势及不足的信息反馈。职业生涯早期是个人和组织相互适应和接纳的一个过程，新员工常常因为缺乏相应的工作经验和技能而不能在工作中立即胜任。这就需要新员工主动从上司和同事那儿了解关于自我的信息，充分利用自身的优势，及时改正不足和缺陷，提高自己的职业潜能。

(3)争取晋升

新员工在组织中争取各种晋升机会可以更好地锻炼自己，提高自己的管理能力，并有助于更好地实现个人职业目标。

(4)参与职业

管理新员工应该参与职业生涯发展管理与开发活动,在上级的帮助下根据个人的潜能和组织的内外环境制定可行的个人职业生涯发展方案。

(5)努力工作

努力做好第一份工作,不断地积累工作经验,提高自己的工作能力,以良好的工作业绩来实现自己的职业生涯规划和目标。

(6)拓宽业务面

加强与组织内外不同工作群体员工间的接触,如行业协会、项目小组等,拓宽自己的知识面和交际范围,让他人了解自己的才华,以促进个人职业潜能的提升。

(二)个人职业生涯中期的管理

通常,我们将30~50岁划成职业生涯中期。职业生涯中期是职业生涯发展中的黄金时期。在这一时期,一方面个体在职业生涯中处于快速发展和提升时期,专业技术更加成熟,不少人拥有了有利于职业生涯发展的人际关系网,因而可以得到更多的就业与合作机会,逐步达到事业的顶峰。另一方面,个体的生理、心理和家庭特征都发生了很大的变化,职业生涯中期的个体人到中年,面临着孩子独立、父母变老的状况,生物周期则由精力旺盛到逐步衰弱。在事业上可能面临被新人取代的残酷事实。这一时期的关键是完成好角色的转变,从中心淡出。

在这一阶段,职业生涯中的危机主要表现为缺乏组织认同和个人职业认同。在职业生涯中期,职业发展机会逐渐减少,而个人的发展愿望却没有得到满足。中期危机往往会使员工心灰意冷,情绪郁闷,丧失信心和工作热情。一些人会感到无奈而决定平平庸庸地走完自己的职业生命周期。因为其成功主要依赖于组织,取决于组织的奖酬及给予的机会,所以他们多数都已被锁住,即被锁进了一种不能放弃的成功模式。

创造型和自主型锚的人在遇到个人理想与现实的矛盾时,一般都会重新定义自己的职业目标,并且很容易转移到其他新的职业追求上。一些人则会采取跳槽、辞职另干的方式,利用自己的专长与人脉独立开拓新的领域。技术型职业锚的员工面对职业中期发生的问题,适应性较强,能够进行多样性选择。他们既可以继续在组织中干下去,也可以从事咨询、教育等其他工作。

职业发展中期不仅风雨飘摇,而且员工的工作绩效也逐渐下降。在职业生涯中期,特别是人到中年之后,每个人都不可避免地要承担伴随沉重的生命周期运行而来的繁重任务。

这一阶段又可以分为以下两个时期。

1. 尝试与自疑期

这一个阶段大约处在第7~20年。自此时期开始,不同个体的职业发展线表现出差异性。一般而言,许多这一年龄段的人通过审视和自我评估,明确职业目标,确定了自己的长期贡献区,积累了丰富的职业工作经验,逐步走向职业发展的顶峰。然而这一阶段也是家庭任务和负担最沉重的时期,因此,三个生命周期即生物社会生命周期、家庭生命周期、职业生涯生命周期之间的矛盾冲突也最多。通常最容易发生的是三个生命周期在时间分割上的矛盾。时间是一定的，投入自我发展和工作的时间越多，相对地给予家庭的时间就越少，甚至为了工作，不得不牺牲个人和家庭的利益。如果牺牲家庭利益超过一定限度，家庭生命周期运行就会制约和阻碍生物生命社会周期及职业生涯生命周期的运行。尤其那些工作接近20年的人，会意识到职业机会随年龄增长越来越受到限制，从而产生职业危机感。因此，这是一个充满矛盾的复杂阶段，尤其需要加强对个体生涯的管理。

2. 宁和与保守期

这一时期约处在第21～30年。随着年龄的增长，许多人经历了职业危机之后开始平静下来，能较轻松地完成工作，也更有自信心。在工作中，人际关系上开始趋于宁静平和，角色期望也开始发生变化，维护职业、家庭生活和自我发展三者之间的平衡。长期积累的经验逐渐使个人形成某些认定有效的“铁律”，不愿意再作出大的调整和更新，也不愿意“冒险”尝试一些确定性较差的新做法，趋于保守，处在这个阶段的职场人士，有一部分已经担任了领导职务，即使那些在名分上不享有行政职位的人，也会担当起言传身教的责任。另外，当步入中年遇到朋友、同事、父母或者配偶甚至子女的去世时，个人才真正认识到了死亡的可能性和生命的有限性，并会重新考虑自己的理想与目标，思考在自己的职业和一生中是否能完成预计要做的事情。当意识到个人学习能力下降，感到力不从心，已没有时间、精力和机会去完成各种梦寐以求的事情时，常常会出现抑郁、忧虑心理，从而产生心理负担。

（三）生涯后期阶段的规划与管理

这个阶段的年龄跨度一般是从50岁至退休。此阶段的特点是员工的工作经验更加丰富，但体能逐渐下降，承认竞争力和进取心的下降，对进一步发展自己的动力降低，对工作的期望是求稳，有人称为“55岁现象”。随着责任和中心地位的下降，这个阶段的后期（女性50岁、男性55岁以后），退休问题将必然被提上议事日程。退休将对员工的职业感受、经济收入、心理状态等产生一系列不利影响，对工作也会产生影响。因此，对于这个阶段的员工来说，如果能够重新唤起专业兴趣与热情，更投入地对待自己的工作，对身心健康都有益处。

从以上职业生涯发展的阶段来看，个人职业生涯的发展是有阶段性的，全部职业生涯是一个大周期，呈现着“上升态—高平态—缓降态”的发展趋势。其中，从发展速度看，大概30岁上下是个至高点，这与人的生理、智力高峰期直接相关；从发展水平看，大概40岁上下是个至高点，这时期知识与能力、理性与经验都达到了最佳结合；从实现水平看，大概50岁时是个至高点。

任务二　找准最适合的职业发展路径

一、剖析不同发展路径的利与弊

在职业选择上，很多大学生最头疼的莫过于不清楚自己想做什么、能做什么、该做什么，这就是典型的“职业迷茫”。很多人频繁跳槽，不断转行，结果是年龄一天天增长，困惑也一天天增长。最后，只好听天由命地过日子，一辈子闷闷不乐。那么，大学生在择业求职方面该怎样走出这种困惑的尴尬局面呢？这就要求大学生努力找准职业发展路径。只有对各种职业发展路径的利与弊具有清醒的认识,才能据此作出合情合理的抉择。

一是确定适合自己的职业目标。确定职业目标是设计职业规划的前提和重点,其正确与否、清晰与否将直接关系到未来事业的成败。要想寻找到适合自己的职业目标,就应该从四个方面予以考虑:自身性格与职业的匹配度;兴趣爱好与职业的匹配度;自身特长与职业的匹配度;所选职业的发展趋势。

二是选择职业发展的路径。职业目标的不同往往决定了发展路径的不同。

二、对职业发展路径进行优化

大学生面对的职业问题既有相似之处,也有不同之处。有的大学生的问题是无路可走,只要给他提供一条现成的路,他就会立刻走下去。但有的大学生的问题是面临十字路口,不愁无路可走,却不知应该选择哪一条更适合自己。实际上,后一种情况更值得我们去探讨。如何对自己的职业发展路径进行优化呢?不妨问问自己能干什么,以了解自己的长处;不妨问问自己想干什么,以了解自己的兴趣;不妨问问自己为什么而干,知道自己为什么干的人才能对自己的工作负全责。作为用人单位来讲,总是希望将最合适的人放在最合适的岗位上,达到"事尽其人、人尽其才、才尽其用、用当其时"的效果。给自己一个明确的职业定位,正是用人单位明确定位我们的基本前提。

大学生择业求职上的路径优化问题,是一个典型的系统工程,需要各方转变观念,通力合作,切实行动。特别是大学生本人,一定要有主见。当然,既不能盲从,也不能固执己见。

从某种意义上说,职业的选择本质上就是生活方式的选择。因为路径依赖的缘故,第一份工作的选择往往会长期影响一个人未来的职业发展。所以,正确选择第一份工作就变得至关重要。

事实上,很多人就是因为第一份工作没有谨慎决策,从而在接下来的很长一段时间里陷入职业发展的困境。于是,迷茫、价值感低下、缺乏竞争力、频繁跳槽等情况才会长期困扰他们中的大多数人。

很多走上工作岗位几年的大学生感慨:如果能重回大学,一定会重新设计职业规划,结果也肯定不是现在这样!

做好最初的职业选择至关重要。越到后面,要想摆脱原已熟悉的职业路径就越困难,成本越高,风险也越大。不妨从最感兴趣、较为符合自己个性及能力的专业学习做起,为自己量身定制一个既具挑战性,又不失客观、实际的职业生涯发展规划。这样将有利于职业发展的良性循环。

对于大学生来说,如果能尽快认识到自己真正的兴趣和能力所在,并明确适合自己的最佳职业路径之后,再进行一系列有效的求职,就是理智和成熟的表现。如果能顺利得到自己喜爱的工作,当然最好。如果暂时无法一步到位,就不妨立足于当前的职业机会。我们可以而且必须优先考虑生存的问题,但心中必须始终清楚你的选择是什么。要利用各种机会和途径,寻找工作契机,积累知识和能量,为今后的顺利就业铺路垫石。

所谓选择,意味着从两个或两个以上的答案中选出一个。任何选择都必然有代价,正所谓有得必有失。一旦作出了自己认为最合适的选择,就要坚定不移地执行下去。当你犹豫不决时,可以听取身边朋友的意见,也可以向专业的职业规划咨询机构求助。事实上,犹豫不前只会耽误时间。职业规划,让你的职场之路走得更顺。

三、大学时期的“职业试婚”

很多大学生在一二年级并没有标准的职业意识,更谈不上职业实践了。可一旦到了三年级,又往往在短时间内产生强烈的焦虑感。在金融危机乃至经济危机的大背景下,这种现象显得尤为突出。仔细观察,就不难发现,很多人的大学生活分为前后两个截然不同的状态:前面的时光悠哉乐哉,后面的日子又过分紧张。

进一步分析,在大学阶段,前期承担职业选择责任的主体主要是学生与学校,此时学生家长的影响已大大淡化了。到了大学生涯的后期,职业选择的路径优化责任开始集中在学生个人身上。因此,有专家提倡大学生开展“职业试婚”。这里所说的“职业试婚”,是指利用各种机会,进行职业实践。事实证明,“职业试婚”将有助于大学生迅速发现自身职业技能的弱点,并采取有针对性的举措。在大学生的职业选择上,这应该算是一种行之有效的捷径。在目前的中国教育体制下,这也是必然的选择。

究其原因,主要是大学生对于“工作”缺乏深入的了解。对于大学生来说,“工作”至少意味着两个方面的含义:一是服务他人的意识与行为;二是创造价值的意识与行为。对此,很多大学生是非常陌生的。事实上,从一直接受别人的服务转变到服务别人,从一直消耗各种物品的价值到自己创造价值,这是一个 180 度的大转弯。如果没有一个客观的渐进转变的过程,大学生是很难真正适应的。相当一部分大学生在走上工作岗位后,仍然未能圆满解决这个问题。

具体来说,“职业试婚”的方法主要包括:一是在进入大学的初期,就尝试“跨界”交往,即不要把自己的交往对象局限于同学院甚至于同专业,而要有意识地发展学科跨度很大的异专业、异地域、异学校与异性别的朋友,为将来真正跨入社会进行人脉方面的早期准备。二是积极尝试不同性质、不同类别的实习机会,实习内容要超越正在学习的专业,实习次数应包括较长时间的实习 3 次、零零碎碎的实习 N 次。如果在第一学年的实习中接触的正是目前所学的专业,你就会发现,原本觉得很不错的专业其实一般。如果出现这种情况,你应该感到庆幸。你就可以在第二年及时调整所学的专业,重新校正未来的职业发展方向。即使是到了第三年才有新的发现,你还是有机会集中研究某些对你未来求职至关重要的问题。这个时候也许很难再考取某种证书了,但你完全可以借助学校图书、师资的优势,突击弥补某些实用的知识与技能。

四、大学时期的“全程探索”

所谓“全程探索”,主要是针对大学生个人而言的。这首先要确立相应的意识,其次要有实际的行动。一般说来,“全程探索”应包括以下重要内容:

关注校内比较活跃的社团组织。具有公益性与盈利性的组织在锻炼职业人格方面的作用往往更大一些,而那些个人爱好类的社团所起的作用就要逊色一些。选定这些社团组织后,要学会在社团内部与外部开展活动。但要注意,不能进行纯粹学生式的交往。根据一些大学生的切身经验,可以为这些社团组织中的个人设定一个阶段性的"绩效目标",并提供相应的奖惩措施。其实,很多成功人士当初在大学阶段往往做过这类事情。

善于整合自己的学习行为与未来的职业行为,形成一种合力,从而达到事半功倍的效果。其中,最为关键的一环,就是把毕业论文的内容与将来的职业选择紧密结合起来。这样一来,撰写毕业论文就不是应付差事,而是一件真正对你有价值的事情。因此,你也会更有潜心钻研的动力。可想而知,这样撰写出来的毕业论文肯定会比那些胡乱应付的毕业论文层次要高。更重要的是,这样一篇毕业论文实际上就是在引导你认真研究未来职业发展的宏观大局与微观细节。有一个女大学生将房地产行业中的"公共关系"作为毕业论文的主题,还特别研究了与政府之间的关系。由于这一研究非常契合中国目前房地产行业的现状,尽管竞争异常激烈,她还是很快就被一家著名的港资背景的房产企业录取,待遇非常可观。与此相反,一些大学生却为了省事,而习惯于选取一些与自己的未来职业发展风马牛不相及的看似"容易过关"的毕业论文的命题。结果,浪费大量的时间与精力不说,而且毫无价值。这些大学生往往在各种应聘面试之前才开始"临阵磨枪",其成功率之低是可想而知的。

在应聘面试时必须拥有足够有效的"样本数量"。换句话说,要有不同的企业类型可供自己选择。不少大学生往往存在强烈的选择偏向,在投递简历与参加面试时往往只选择一种类型的企业。其实,这样做并不明智,极有可能漏掉良机。

在大学生走出大学校门的两三年中,可称之为"后大学时代"。这一阶段的毕业生已经离开了大学校园,但在情感上和交往上还常常与母校有着千丝万缕的联系。有的在同一城市工作,就会隔一段时间回到学校,参加各种同学聚会。事实上,这个"后大学阶段"对于大多数人来说,是一个"职业试水"阶段。这个阶段之后,就必须形成一个清晰的阶梯型的职业目标,开始全新的"职业人"的生涯阶段。

五、进入职场的"职业试水"

从严格的意义上讲,"职业试水"阶段是从参加正式实习的时候开始的。对于大部分大学生来说,就是从大四的"签约"开始的。对于这一阶段的大学生来说,不妨听听有关专家的诚恳建议。

尽可能与用人单位签订"短期合约"。一般说来,此时的年限以 1 年为佳。当然,这往往需要你去努力争取。原因非常简单,这家单位可能并非你想象中那么好。当你置身其外时,极有可能被其外表所迷惑。一旦真正置身其中,你就会发现很多你原先忽视的致命弱点。这时候,在谨慎分析之后选择离开是很自然的事情。一位女生酷爱文化艺术,通过多方努力,终于进了上海一家著名报业集团。毫无疑问,父母、同学和朋友都非常羡慕她,她自己也很满意。但是,当她工作一段时间后,才发现这个报业集团已是夕阳西下,沉疴难返。于是,唯一明智的选择就是离开。但由于受到当初签约年限的限制,面临巨额赔偿,她总是举棋不定。这个教训是非常深刻的。

每一次跳槽尽量选择与上一份工作性质稍有不同的工作,而不要把重点只放在工资待遇上。这样做,最大的好处就是能够发现最适合自己的工作类型。有的人会说,这样选择很难让自己职业生涯的经历持续增值。这种担心是有道理的,但增值必须建立在已经选对职业方向的基础之上。从现实来看，一出校门就选对方向的人只是极少数。在学校里，你的选择往往与实际脱节，只是程度各有不同罢了。一旦真正进入职场，你才有可能实打实地感受到最真实的职场氛围，进而作出更有针对性的选择。一般说来，转换工作的频率不宜太高。有的专家认为，在工作初期，为了更准确地了解自己的真实情况，每次跳槽之间的间隔以6个月为宜。这有几个好处：一是6个月足够让你对一份工作作出全面、深入的判断；二是你的违约损失不会很大；三是在将来的求职简历上不至于太刺眼。在这两三年后，你已经拥有4~5份不同的工作经历，你就更容易把握自己能干什么和不能干什么了。当然，这是指一开始没有找准职业发展方向的情形。如果一开始就能确定的话，那自然另当别论。

实训模拟

1. 在教师的组织下，参与以下社会实践：

一是企业调查。走访三家企业，最好和本专业相关，获取企业信息（如概况、联系方式）、了解企业用工情况（主要岗位需求层次）、今后两三年岗位需求情况。

二是校友调查。采访两位具有一定成就的校友（经理及以上职务或技术骨干），了解企业对高职院校毕业生的要求及其本人的成功经历，撰写相关采访报告。

三是专业相关职业、岗位调查。通过调查，了解学院专业设置的特点，了解历届毕业生目前在岗情况及在目前就业大环境中的适应程度。

四是现场观摩。参加各县、市、区的招聘会，初步了解求职的过程、市场供需情况，感受现场气氛，寻找自身差距。观摩之后，提交一篇体会文章。

2. 很多大学生毕业之后依然受到求学思维的惯性影响，导致很多原本适应学校环境的做法与社会环境格格不入。那么，如何将求学思维更新为求职思维？大学毕业生求职能否成功，取决于很多因素，其中之一就是如何定位自己。但显而易见，未来的职业发展又具有很大的变数。如何看待这种定位与变数的内在冲突？请向小组或全班阐述自己对以上两个问题的具体看法，要求言之有物、言之有序、言之有理。

项目五 完善职业规划

自学导读

美国学者海尔说过，职业规划是一门选择与形成个人自身的职业与生活模式的技术。中国职业规划咨询专家曾说过，职业规划关注的中心是探索人在职业生涯发展方面以及生存方式方面的种种问题。很显然，职业生涯规划是一门关系我们每一个人的职场生存与发展、实操性很强的学问。你可以选择忽视它，甚至否定它，从而被“命运”所摆布；你也可以选择学习它、掌握它，从而掌握“命运”。

故事导航

职业规划的意义

某年，一群意气风发的天之骄子从美国哈佛大学毕业了，他们的智力、学历、环境条件都相差无几。临出校门前，哈佛大学对他们进行了一次关于人生目标的调查，结果是：27%的人没有目标，60%的人目标模糊，10%的人有着清晰但比较短期的目标，其余3%的人有着清晰而长远的目标。

25年后，哈佛大学再次对这群学生进行了跟踪调查，此次调查结果是：3%有长远目标的人25年间朝着一个方向不懈努力，几乎都成为社会各界的成功人士，其中不乏行业领袖、社会精英；10%有清晰短期目标的人不断地实现短期目标，成为各个领域中的专业人士；60%目标模糊的人安稳地生活与工作，但都没有取得什么特别成绩；剩下27%没有目标的人生活没有目标，过得很不如意，并且常常抱怨他人、抱怨社会、抱怨这个“不肯给他们机会”的世界，当然也抱怨他们自己。

（资料来源：哈佛学子的不同命运[EB/OL].(2017-10-17)[2021-03-14]. https://xiangyata12345.com/blog/? p=12340.）

理论阐释

任务一　职业生涯规划的步骤

职业生涯规划及生涯发展的全过程，呈现出循环往复的形态，一份完整的职业生涯规划，主要包括发展问题、认识自己、了解环境、找出可能的选择、收集信息、作出决定、执行决定和反馈评估八个环节，如图 5－1 所示。从图中我们可以分析出职业生涯规划的五个核心流程：自我分析、环境分析、目标确立、策略实施和评估修正形成了职业生涯规划的基本操作步骤，如图 5－2 所示。

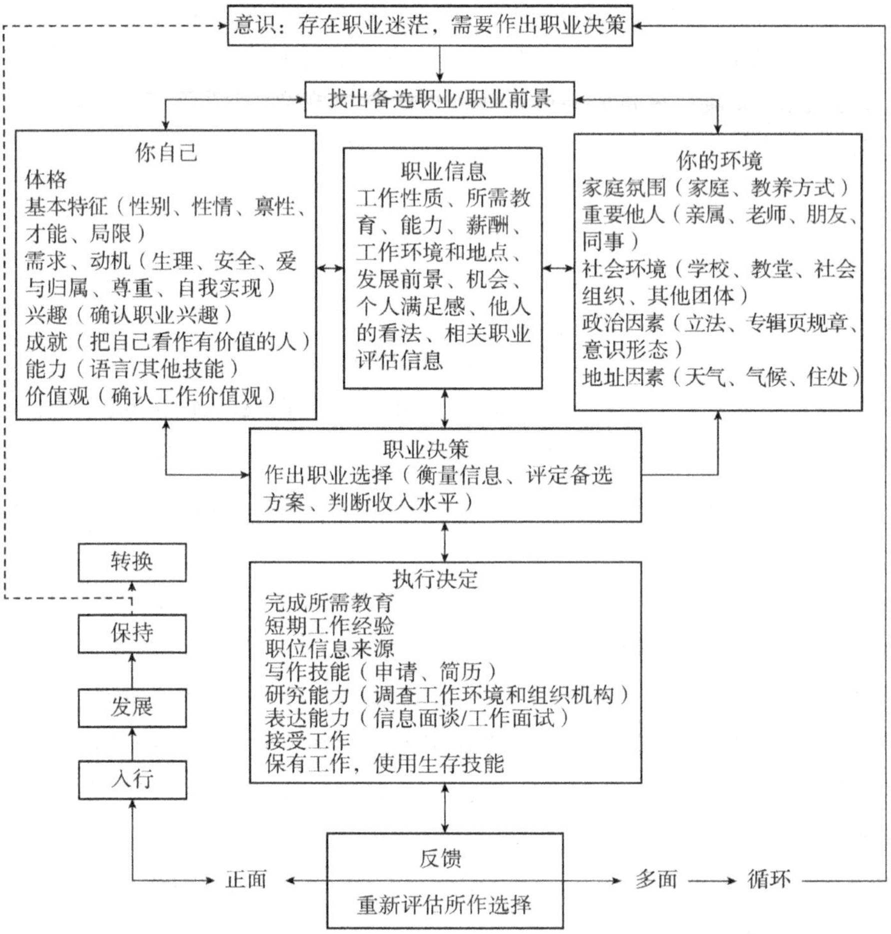

图 5－1　职业生涯规划的基本操作流程图

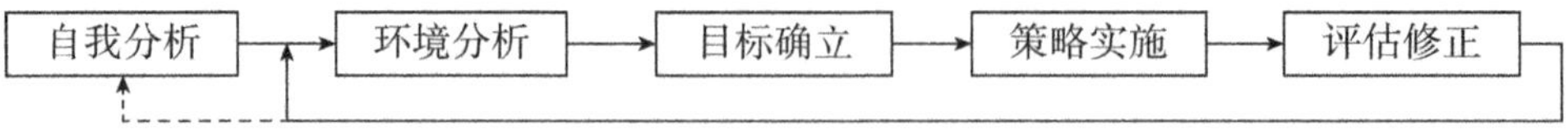

图 5－2　职业生涯规划的核心操作流程图

在生涯发展模型下，为了让其更具可行性和操作性，可以分为以下七个基本步骤，俗称“七步成诗法”，分别是：生涯志向确立、自我探索、环境探索、生涯目标确立、生涯路径的选择、制定行动方案与策略、生涯评估（如图 5－3）。

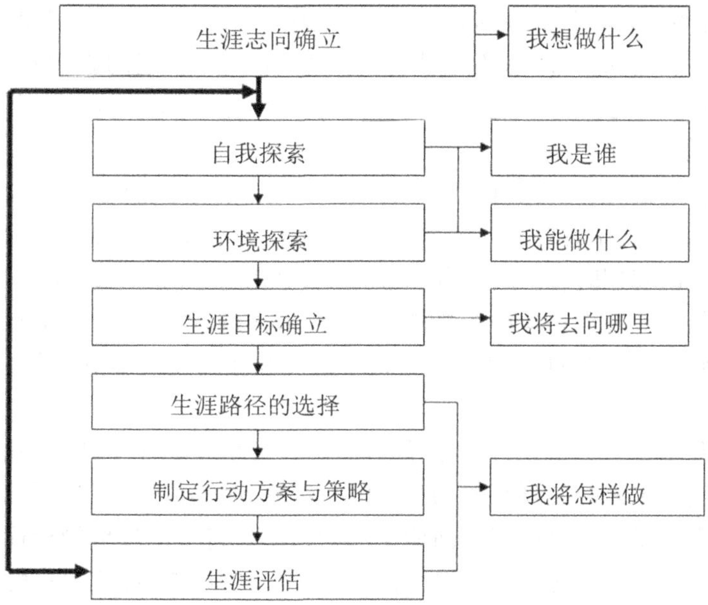

图 5－3　职业生涯规划的基本步骤

第一步：生涯志向的确立

在未来的 3～5 年，你认为自己应该做什么事情？想要成为什么样的人？要开动脑筋，借助发散思维，排除思想顾虑，写下 5～10 条自己要完成的事情或想实现的目标。需要强调的是，美国心理学家亚伯拉罕·马斯洛于 1943 年在《人类激励理论》中提出的生理需求、安全需求、社交需求、尊重需求和自我实现需求的理论，值得大学生借鉴。当然，你完全可以采用自己的方式去进行表达。

第二步：自我评估

自我评估是个体通过各种信息来确定自己的兴趣、个性、能力、价值观和行为取向的一个认识自我和了解自我的过程，其目的在于通过对自己进行全面分析而对自己进行准确的定位。

自我评估是进行职业生涯规划的第一步，也是职业生涯规划中的一个重要环节。充分地认识自我是成功地进行职业生涯规划的前提和基础。

自我评估的内容主要包括四个方面：一是生理自我，即自己的相貌、身材和穿着打扮等；二是心理自我，即自己的个性、兴趣、能力、价值观等；三是理性自我，即自己的思维方式、思维方法、道德水准、情商等；四是社会自我，即自己在社会中所扮演的角色，自己在社会中的责任、权利、义务和名誉，他人对自己的看法及自己对他人的看法等。

这四个方面涉及的因素很多，其中重点要分析的是自己的价值观、兴趣和个性心理特征，而个性心理特征又包括性格、能力和气质。

第三步:环境评估(生涯机会评估)

生涯机会评估主要是指分析内外环境因素对自己职业生涯发展的影响。进行生涯机会评估的要求是:要充分了解外部环境特点和环境的变化情况、个人与环境的关系及个人在环境中的地位,分析环境对职业发展的要求、影响及作用,衡量环境对个人提出的要求及环境中对自己有利与不利的因素,评估环境因素对自己职业生涯发展的影响并做出反应,以便更好地进行职业选择和职业生涯规划。只有充分地了解这些环境因素,认识到职业生涯发展的可能与局限,才能做到在复杂的环境中趋利避害。

就职业生涯规划而言,所要分析的宏观因素可以具体划分为以下几个因素:社会各行业对人才的需求情况、社会中各种人才的供给状况、社会和法律政策、社会价值观的变化。

在进行职业生涯规划时,需要特别注意的是职业环境分析。对职业环境进行分析,就是认清自己所选择的职业在大环境中的发展状况、技术含量、社会地位和未来发展趋势等。需要考虑的主要问题有:当前的热点职业有哪些;这些职业的发展前景如何;社会的发展对该职业会产生怎样的影响;等等。

除了对外部环境进行分析以外,对组织环境进行分析是职业生涯规划的核心问题,因为你要选择的组织与你未来的发展是密切相关的。组织环境分析主要包括行业环境分析和企业环境分析。行业环境分析是指对目前所从事的行业或将来想从事的行业的环境分析。其内容主要包括行业的发展状况、国内外环境对行业发展的影响、行业存在的优势和劣势及未来的发展趋势等。分析行业的时候,一定要结合大环境的发展趋势,要尽量选择有前景、有发展前途的行业。企业环境分析包括企业在本行业中的地位、现状和发展前景,具体包括以下几个方面的内容:企业的发展战略;企业实力;企业领导人;企业的人力资源状况;企业文化和企业制度。需要注意的是,无论你选择什么样的企业,都要考虑到自己在企业中的发展空间、企业的发展潜力,以及自己的目标能否在企业中得以实现。

第四步:确定职业发展目标

俗话说:“志不立,天下无可成之事。”立志是人生的起跑点,反映着一个人的理想、胸怀、情趣和价值观。在准确地对自己和环境做出了评估之后,可以确定适合自己、有实现可能的职业发展目标。在确定职业发展的目标时,要注意自己的性格、兴趣、特长与选定职业的匹配度,更重要的是,要考查自己所处的内外环境与职业目标是否相适应,不能妄自菲薄,也不能好高骛远。合理、可行的职业生涯目标的确立决定了职业发展中的行为和结果,是制订职业生涯规划的关键。在大学生职业生涯规划过程中,要善于抓住外部环境的最新变化而制定出适当的策略,使自己的职业规划与现实相结合。

第五步:选择职业生涯发展路线

在职业目标确定后,向哪一系路线发展,如是走技术路线,还是走管理路线,或是走技术管理路线,即或是先走技术路线、再走管理路线。由于发展路线不同,对职业发展的要求也不同。因此,在职业生涯规划中,必须对发展路线做出抉择,以便及时调整自己的学习、工作及各种行动措施,使其沿着预定的方向前进。

第六步:制定职业生涯行动计划与措施

在确定了职业生涯的终极目标并选定职业发展的路线后,行动便成了关键的环节。这里所指的行动,是指落实目标的具体措施,主要包括工作、培训、教育、轮岗等。职业生涯中的措施主要指为达到既定目标,在提高工作效率、学习知识、掌握技能、开发潜能等方面选用的方法。行动计划要对应相应的措施,要层层分解、具体落实。细致的计划与措施能便于进行定时检查和及时调整。

第七步:评估与修正

影响职业生涯规划的因素很多,有的变化因素是可以预测的,而有的变化因素难以预测。在此状态下,要使职业生涯规划行之有效,就必须不断地对职业生涯规划的执行情况进行评估。首先,要对年度目标的执行情况进行总结,确定哪些目标已按计划完成,哪些目标未完成。然后,对未完成目标进行分析,找出未完成原因及发展障碍,制定相应的解决障碍的对策及方法。最后,依据评估结果对第二年的计划进行修订与完善。如果有必要,也可考虑对职业目标和路线进行修正,但一定要谨慎。

综上所述,大学毕业生不管是选择就业还是选择创业,在跨入高校门槛的那一天,就应该开始思索自己的人生需求,认真分析自己的优势、劣势,做好职业生涯规划,确立短期目标和长期目标,列出明确的行动计划,将自己逐步打造成一专多能的复合型人才。不管竞争如何激烈,都可游刃有余、脱颖而出,从而顺畅地成就人生大业。

任务二　撰写职业生涯规划书

职业规划书是指在全面了解自身素质和职业志向的基础上,运用职业规划的相关理论,通过对未来职业前景的描述,制定出的具体的职业发展规划。写一份职业规划书,为实现职业规划提供一个清晰的时间表和路线图。它既是一份职业可行性报告,又是实施职业生涯规划的行动指南。

一、职业生涯规划书的基本内容

一个完整有效的职业生涯规划书应包括以下八项内容。

(一)标题

标题应包括姓名、规划年限、年龄跨度、起止时间等。

(二)目标描述

目标描述是指明确职业方向、各阶段目标和总体目标。职业方向即从业方向,是对职业的选择;阶段目标是职业规划中每个时间段的目标;总体目标即当前可预见到的最长远目标,也是规划的终极目标。

(三)个人分析结果

个人分析结果包括个人性格、兴趣、价值观、能力分析,以及对未来的展望。

(四)社会环境分析结果

社会环境分析结果包括政治、经济、文化等社会外部环境对职业目标的影响。

（五）组织（企业）分析结果

组织（企业）分析结果是对行业、职业与用人单位的分析，包括对组织制度背景、文化、产品或服务、发展预期等的分析。

（六）目标分解与组合

目标分解是根据观念、知识、能力、心理素质等方面的差距，将职业生涯中的远大目标分解为有一定时间规定的阶段性分目标，循序渐进；目标组合是将若干阶段性目标按照内在的相互关系组合起来，达到更为有利的可操作目标。

（七）实施方案

首先找出自身观念、知识、能力、心理素质等方面与实现目标要求之间的差距，然后制定具体方案，逐步缩小差距，以实现各阶段目标。

（八）评估与修正

设定目标实现或规划成功的衡量标准，如果在实施过程中无法达到预定的目标或要求，应当如何修正和调整。

需要注意的是，规划书内容的顺序与规划的步骤不是完全一致的。职业生涯规划的第一步就是要进行自我评估，其次是进行外部环境分析，然后才是职业目标的确立；而规划书内容的顺序是先写出职业方向和总体目标，然后再写出自我分析和外部环境分析的结果。其实，这并不矛盾，因为规划书的形成是建立在按照正常步骤进行规划的基础之上的。将职业方向与目标提前，是为了阅读上的方便，突出核心主题——规划的目标，并有利于与实施方案进行对照、检查和修订。

二、职业生涯规划书撰写的注意事项

（1）职业生涯规划不能完全脱离现实，要认清自己的兴趣与能力，而能力与社会需求又存在差异，我们要在这诸多因素中找一个结合点，将自己的经历、专业技能、兴趣特长等有机地结合起来，这样的职业生涯目标才会有生命力。

（2）个人测评是了解自我的理论根据之一。有的同学在撰写报告书时，对自我的分析仅凭自我认知和他人评价是远远不够的，缺乏足够的理论依据。正确的做法是将个人认识、他人评价和个人测评的结果有机结合，形成一个全面的自我认知。

（3）措施要有可行性。针对职业目标制定的措施一定要具有可行性，这是评价报告书的一个重要部分。最好制定出长期、中期、短期计划，并拟定详细的时效执行方案。高年级的同学可将重点放在毕业后的三至五年内的职业规划；低年级的同学可将重点放在大学学业规划上，但都应突出为职业发展所做的准备工作。

（4）报告书应有自己的风格和特色。无论是行文的风格、叙述的方式、文案的设计，还是职业目标的选择、职业路线的设计等，都应该融入自己的见解，彰显个性与特色。

（5）撰写报告书还有几忌：忌大，忌空，忌条理不清，忌记流水账，忌文法不通，忌过于煽情，忌死气沉沉，更不要文法不通、错别字连篇。

（6）突出条理性与逻辑性。在内容完整的基础上，要注意各项分析、描述之间的内在关联，保证结构合理、结论分明、思路清晰、逻辑严谨、环环相扣。

(7)抛开“模板”的束缚。职业生涯规划是非常个人化的体验。网站、学校提供的职业规划书模板，是为了帮助大学生更好地了解规划的内容和步骤，过度地模仿或抄袭模板，则失去了职业生涯规划的原本意义。大学生应该本着对自己负责的态度，认真写下个人对未来美好生涯的憧憬，以及为此所需要付出的努力。

实训模拟

1. 写一份规范的职业规划，要求既符合自身实际，又具备包括以下内容：对个人基本情况的介绍；对个人优势与劣势的分析；对外部环境的机会与威胁的分析；对所在具体地区或城市情况的分析；对所上学校及所学专业的分析；对行业变化、企业发展及岗位情况的分析；职业目标的定位和行动计划的制订。

2. 从全班同学所写的职业规划中随意抽出一份，仔细研读。采用书面形式，客观分析该份职业规划中值得自己学习、借鉴的地方，以及规划存在的某些不足。然后，在全班进行分享交流。如果时间允许，可以和被自己抽中的那份规划的主人进行直接对话，具体探讨各种细节问题。

第二部分

求职篇

项目六 就业心理准备及调试

自学导读

面对就业,大学生的心理是复杂多变的。通过几年大学生活,同学们在知识、能力与人格方面有了积极的显著发展,有着强烈的就业意愿和积极的就业动机,为能尽快实现自己的人生价值而感到由衷的欢欣;而就业岗位和就业方式的多样化也为大学生就业提供了更多的机遇和更大的自由度,许多大学生都摩拳擦掌、跃跃欲试,准备在所学专业领域一展身手。但是在就业过程中,又难免出现种种心理矛盾、心理误区和心理障碍。就业本身就是认识和适应社会的一个过程,在求职过程中遇到困难是正常的;在就业中遇到许多心理冲突、困惑,产生一些不良情绪也是正常的。毕业生要学会调节自己的心态,从容、冷静地面对这一人生重大课题。

故事导航

案例1:曲线发展更显智慧

梁琴是某重点大学传媒系的学生,她的目标是进入网络媒体。但是,她觉得目前的就业形势不太好,就决定先到传统纸媒待一两年。就这样,梁琴进入了某杂志社。她的想法很现实:"在今后一两年内,自己可以得到相应的培训机会,并在人力市场逐渐发展。我不在乎钱,看重的是进入这个行业的机会。等到IT回暖,我的人脉也就积累得差不多了,就可以开始做自己的事情了。"现在,梁琴已经如愿以偿地来到自己心仪的网络媒体,做得很开心。在新的就业环境下,如果你能丢开一步到位的直线思维,转而采取曲线思维,把你的第一份工作作为积累经验、提升能力、建立人脉、进入社会的平台,先选择一些相对稳定的行业,就会让你在职场上发展得更快捷、更稳健。

案例2:求职,拥有好心态很重要

程啸大学毕业后,在亲戚所在的公司干过几个月。由于是小公司,干的都是一些杂事。他觉得根本学不到什么技能和经验,就打算自己找工作。在以后几个月的面试中,他居然一次面试也没通过。实际上,他离开亲戚所在的那家公司的决定是可以理解的,他的举动也是争取自我长足发展的积极表现。但问题在于,长达几个月的面试怎么会一次都没有通过呢?根源究竟在哪里?原来,程啸失败的根本原因是缺乏自信心,存在一种为工作而找工作的不良心态,既失去了具体的求职方向,又不能为相关的面试作好有针对性的准备,失败也就在情理之中了。

面对日益激烈的竞争，许多大学生求职者信心不足的现象十分普遍。信心不足的原因有很多，诸如生理的、环境的、家庭的，但归根结底还是心理因素造成的。在求职中，总是畏首畏尾，犹豫不决。试想，用人单位怎么敢用这样一些缺乏自信的人呢？

拥有良好的求职心态，就等于成功了一半。反过来说，消除不良的求职心态，也就成为许多大学生的当务之急。只有以健康积极的身心状态去迎接就业市场的各种考验，才有可能寻找到真正适合自己的理想职业。

理论阐释

任务一　毕业生的心理准备

一、积极参与竞争的意识

近几年，大学生就业形势愈发严峻，竞争压力越来越大。因此，大学生必须增强竞争意识，破除“等、靠、要”心理，积极主动地参与到求职竞争中。现实社会对大学生强化竞争意识提出了迫切要求，也提供了客观环境。迎接新的挑战、强化竞争意识是大学生在择业前最基本的心理准备。

二、正确认识求职的困难

大学生的生理与心理发展存在不同步性。尽管应届毕业生生理上已经发育成熟，但从心理上而言，还不是非常成熟，心理和生理的发展不同步。大学生毕业时一般在 21 周岁左右，处在这个时期的青年，多幻想、好冲动、接受事物快、自我意识强，一部分学生心理发展还不成熟、不稳定，再加上知识结构不完善、生活体验有差别等因素，因而其个性心理特征有较大差异，在求职择业中表现出心理活动的复杂性和矛盾性。所以每个毕业生都要正确认识自己当前的心理状态。

三、要有“先就业后择业”的心理准备

目前我国人事制度正在进行着较大的改革，人才流动的机会将越来越多。首次择业未成功或未能如愿的毕业生，还可以有第二次、第三次甚至更多的择业机会。越来越开放的人事流动制度，将为毕业生提供更为广阔的就业前景。因此少数学生寄希望于一次找到满意工作的想法需要调整，有这样的机遇固然好，但也要作好“先就业后择业”的心理准备。

四、尊重个人选择和尊重社会需求

大学生在择业时既要根据自己的职业兴趣、专业特长、实际能力、性格气质、家庭情况等去确定职业选择，同时，也要认真了解社会对所学专业的需求情况，要以自己所长，择社会所需，以实现职业理想。对自己的择业要求作调整，可以按自己对职业位置期望的主次分成不同的层次，首先满足主要的需求，然后根据实际情况依次进行必要的调整，直到个人意愿与

社会需求两者相吻合。在求职择业时“一厢情愿”的心态是要不得的。

五、重发展、重锻炼的心理准备

一个刚离开校门的毕业生应该十分珍惜锻炼的机会，只有在工作实践中，能力才能得到提升。单位是一个发展的舞台，因此如果你想实现自己更大的价值，应该把这个舞台是否有利于你发展作为就业择业考量的重要标准。

六、根据市场行情，提高认知水平

大学生要正确地评价自己，客观地认识用人单位。一个人的求职目标应和本人具备的实力相当或接近，要正确客观地从各个方面认识评价自己，不要过高估量自己，也不要过于贬低自己。要仔细分析用人单位的实际情况，尤其是其对人才要求方面的情况，掌握用人单位的用人原则，做到知己知彼。

七、提高情商水平，培养稳定情绪

情商是人在情绪、情感、意志、耐受挫折等方面的品质。心理学家普遍认为，情商水平的高低对一个人能否取得成功至关重要，有时其作用甚至超过智力水平。

美国心理学家认为，情商应当包括如下几个方面的内容：认识自身的情绪，因为只有认识自己，才能成为自己生活的主宰；能妥善管理自己的情绪，即能调控自己；自我激励，它能使人走出生命中的低潮，重新出发；认知他人的情绪，这是与他人正常交往、实现顺利沟通的基础；人际关系的管理，即领导和管理能力。

心理学家们还认为，情商水平高的人具有如下特点：社交能力强，外向而愉快，不易陷入恐惧和伤感；对事业较投入；为人正直，富有同情心；情感生活较为丰富，但不逾矩；无论是独处还是群处，都能怡然自得。

任务二　心理异常及调节方式

一、毕业生常见的心理异常

大学生步入社会就业择业是人生中的一个重要转折点，由于种种原因，难免出现一些不正常的心理状态，如果不注意及时调整这些心态，很可能会影响就业择业，如果能够正确对待，就能避免挫折，少走弯路。

1. 过分紧张、焦虑心理

一个人适度的紧张、焦虑情绪是有益于个体的，它能促使个体提高和完善自我，从而顺利地应对就业挑战。但若焦虑过度，则过犹不及，不仅会给个体带来生理上的危害，如寝食不安，而且会造成心理上的损害，严重者易形成心理障碍甚至诱发心理疾病。毕业生要克服过分焦虑心理，首先，要树立市场竞争意识，客观地分析自己，结合社会需求合理设计求职目标；其次，事前作好充分的思想准备（包括失败的心理准备），要认识到，任何人在遇到诸如求职、面试这种情况的时候都会觉得紧张、焦虑；最后，我们还可以采取模拟练习减少自己的焦虑，更好地面对求职。例如，在面试的前一天做角色扮演的模拟练习、实战演练让自己进入角色，也可以咨询学校的就业指导老师，得到他们的帮助。

2. 盲目攀比、盲目求高心理

应届毕业生选择就业岗位时，通常以身边同学的择业标准来定位自己的就业标准。在这种心理的作用下，即使某单位非常适合自身发展，但因某方面比不上同学选择的就业岗位就彷徨放弃。比较是正常的，有比较才能有鉴别，有比较才能有进步，但盲目比较是不可取的，实事求是精神是克服盲目攀比的良药。

部分同学认为自己在择业中具备种种优势，在面试中容易露出一副咄咄逼人、非我莫属的模样。结果往往自己的优势是用人单位所不需要的，而用人单位需要的工作经验等要求又不具备。故而不能盲目求高，应有充分而客观的认知。

3. 自卑、羞怯心理

自卑心理产生的原因很多，有生理的、环境的、家庭的或社会的等原因，但主要还是自己的主观因素造成的。有的同学顺利地毕业了，通过自己的努力，也确实具备了一定的实力和优势，面对激烈的竞争，梦寐以求的企业对自己的简历一点儿回音都没有，就开始不敢面对机遇、不敢迎接挑战；有的同学学习不太理想，自卑心理使得自己缺乏竞争勇气、缺乏自信心，走进就业市场就心里发怵，参加招聘面试心里就忐忑不安，在求职中自己总是拿不定主意，过分退缩。

羞怯心理主要表现为：面对招聘考官时心里忐忑不安、说话结结巴巴、面红耳赤。具有羞怯心理的毕业生平时要努力多加训练，从主观上锻炼自己克服羞怯的能力。

4. 依赖心理

一些大学生缺乏独立意识，应聘时总要拉父母、同学相伴，或一帮学友共同应聘同一单位，希望日后相互照应。大学生应努力摒除这种依赖心理，学会自主自立。

5. 从众心理

很多大学生缺乏独立见解，不是从自己的实际情况出发，作出切合实际的选择，而是人云亦云，见别人往哪里跑就跟随着往哪里凑热闹。以这种心态求职，往往会使自己陷入异常被动的境地。

6. 患得患失心理

职业的选择往往是对机遇的一种把握，错过机遇，就会与成功失之交臂。优柔寡断、患得患失、这山望着那山高，这正是许多大学生陷入择业误区的原因。

二、常见的几种心理调节方式

心理调节方式，是指个体运用心理学的原理和方法，根据自身发展和环境的需要对心理进行控制调节，促使自己的心理和行为获得积极改变，从而最大限度地发挥人的潜力，维护心理平衡，消除心理障碍的过程。大学生在择业就业过程中，可根据自己的心态有选择地加以使用。下面简要介绍几种常见的方法。

1. 自我静思法

冷静与理智是一个人成熟的重要标志之一。自我静思法也叫自我反省法。遇到困难和挫折时要冷静对待,控制心境,切莫冲动和急躁;然后摆脱干扰,仔细分析是自身原因还是用人单位的原因,是自己努力不够,还是用人单位条件太苛刻。冷静思考,有利于稳定情绪,找出原因,有针对性地解决问题。

2.转化法

有些时候,不良情绪是不易控制的,这时可以采取转化的办法,把自己的情感和精力转移到其他活动中去,如一门心思学习、参加有兴趣的活动、进行适当的体育运动等,让自己没有时间和精力沉浸在不良情绪中,以求得心理平衡,保持自己的稳定情绪。

3.适度宣泄法

因挫折造成焦虑和紧张时,消除不良情绪最简单的方法莫过于宣泄。切忌把不良心情埋藏于心底,忧虑隐藏得越久,受到的伤害就越大,较妥善的办法是向同学、朋友、老师倾诉,一吐为快,求得安慰、疏导、同情,甚至可以向亲友痛哭一场。虽然古语说“男儿有泪不轻弹”,但必要时男儿弹泪也无可厚非,不要强压心底。也可以去打球、爬山、参加运动量大的活动。但是,一定要注意场合、身份、气氛等,同时,任何活动都要注意适度而止。

4.松弛法

松弛法也叫放松训练,是一种通过练习学会在心理上和躯体上放松的方法。放松训练可帮助人们减轻或消除各种不良的身心反应,如焦虑、恐惧、紧张、心理冲突、入睡困难、血压增高、头痛等症状,且见效迅速。大学生择业时如遇类似心理反应,可在有关人员指导下尝试进行放松练习,也可以参照相关的指导语做一些简单的放松练习。比如,紧握拳头然后放开,把注意力放在这个动作上,心情自然就放松了。

5.沟通法

当你对择业产生迷茫、担心和焦虑时,最好不要自己独自承担,你可以找家人、老师和同学进行沟通,听一听局外人对于这个情况的建议和看法,这样能够缓解自己的压力,让自己放下包袱,进行理性选择。

6.自我暗示法

在应聘过程中,可进行积极的自我暗示,自己给自己“打气”、壮胆,如面试前暗示自己“不要紧张”“放松”“我会发挥得很好”“我一定能成功”等。

7.理性情绪法

理性情绪法认为,人有理性与非理性两种观念,这些观念指导下的认知方式会左右人的情绪。人的不良情绪的产生根源来自人的非理性观念,反之亦然。要消除人的不良情绪,就要设法将人的非理性观念转化为理性观念。例如,有的学生择业中受了挫折便消沉苦闷或怨天尤人,其原因在于他原本认为“大学生就业应当是顺利的”“我的择业应该很理想”“我过去事事顺利,这次也不应例外”等。正是这些观念作怪,才导致或加剧了他的不良情绪。如果将这些想法加以纠正,则不良情绪一定能得到克服。大学生在运用理性情绪法时,应首先分析自己有哪些消极情绪,从中分析、综合、抽象、概括出相应的非理性观念,并对其进行挑战、质疑和论辩,同时对比两种观念状态下个人的内心感受,鼓励自己向理性观念方面转化,从而排除不良情绪。

心理调节的方法还有很多,如自我重塑法、环境调节法、广交朋友法、幽默疗法等。毕业生在面对就业的巨大压力时，要学会应用一些简单的心理调节方法让自己的心灵得到放松，让自己更好地面对毕业阶段这一特殊的人生时期。

任务三　大学生就业心理障碍的预防

在求职择业时，为避免大学生出现这些不良的心理状态，应帮助他们作好择业心理障碍的预防。

第一，应培养积极主动的职业意向。不少学生对专业的选择带有盲目性，因此对所学的专业及将要从事的职业有种朦胧感。直到临近毕业时，这种朦胧的职业意识才趋向清晰和现实，而这种转变又往往是被动、消极的。大学生要使自己跟上社会的发展变化，顺应市场经济对人才结构的需求，就应培养积极主动的职业意向和较强的职业适应性，要积极主动地了解所学专业的发展趋势、培养目标及使用方向，注意搜集社会各方面的用人信息，并不断调整职业意向。

第二，应调整好就业期望值。大学生在择业时尽量以自己所长择社会所需，以实现自己的职业理想，一旦发现理想和现实的职业相去甚远，应及时采取分步达标的办法调整期望值，使职业意向和社会需求相吻合，以减少不必要的心理压力，避免出现择业心理障碍。

第三，应培养自信心。自信心来源于对自己正确而全面的认识和评价。当一个人清楚地了解自己的兴趣、个性、能力、价值观以及潜能的发展方向，那么对于未来就会充满信心，对于自己的发展也会充满自信。这种建立在正确评价自己的基础上的自信心能够消除大学生的自卑和自负心理，挖掘自身的优势和潜能，扬长避短，在竞争中占据主动。

第四，应培养竞争意识。参与竞争需要极大的勇气，因为面临竞争就可能面临失败的打击。很多时候，大学生白白错过良好的择业机会就是因为在竞争面前犹豫了、退缩了，当你充分了解自我、拥有自信后，参加竞争就不是一件难事了。

第五，应培养变通与适应的能力。变通与适应的能力也是现代人优良的心理品质，如果大学生拥有这些品质就能够减轻许多择业心理压力。比如，当你在一次激烈的竞争中失败了，你可以通过变通的能力合理调整自己的择业目标，将坏事通过良性转换变成对自己有利的生活经历。如果一个人缺乏变通和适应的能力，一味强调个人的职业意愿，那么他很有可能因为固执和狭隘而错失其他机会。

第六，应培养决策能力。择业不良心理的产生（焦虑、急躁、盲目从众等）很多时候是由于大学生决策能力水平低引起的。加强决策能力的锻炼是消除这些不良心理的有效途径。大学生无论面对什么选择，都要时刻紧扣自己的现实状况，不要人云亦云，更不要急于做决定。在抉择的关键时刻不能手软，机会一旦溜走就不知道什么时候会回来，因此遇事冷静分析、果断决策，将是你事业蒸蒸日上的开始。

实训模拟

1. 假设遇到以下情境，你如何及时调整心态，对不利局面进行因势利导？

情境一：在面试过程中，面试官怀疑你心浮气躁、眼高手低。

情境二：入职第一天就出现工作失误，并被几个老员工嘲讽。

情境三：上司将你自觉加班的努力视为好表现，当面批评你。

2. 从某一种自己青睐的职业的要求角度，分析自己存在哪些消极的心理。要说明每一种消极心理的本质、表现、特点、危害及化解的对策。在小组或全班范围内进行交流，交流中要包含互动问答环节。交流结束，要采用书面形式，说明自己得到的感受、提出的建议和未解的疑惑。

项目七　设计职场形象

自学导读

在这个时代，自己的外在包装已经是每个职场人必备的职场技能了。自己的个人形象不仅仅包括自己简单的外在化妆打扮，还包括自己的仪容、仪表和仪态。个人的形象应该注重细节，这些最直接的展现可以让自己在职场上塑造自己在别人面前的第一印象。

故事导航

形象创造的奇迹

曾任美国总统的老布什，能够坐上总统宝座，成为美国“第一公民”，与他的仪态表现分不开。

在1988年的总统选举中，老布什的对手杜卡基斯，猛烈抨击老布什是里根的影子，没有独立的政见。而当时老布什在选民中的形象也的确不佳，在民意测验中一度落后于杜卡基斯10多个百分点。不料两个月以后，老布什以光彩照人的形象扭转了劣势，反而领先10多个百分点，创造了奇迹。原来老布什有个毛病，他的演讲不太好，嗓音又尖又细，手势及手臂动作总显得很死板。后来老布什接受了专家的指导，纠正了尖细的嗓音、生硬的手势和不够灵活的摆动手臂的动作，并且在以后的竞选中，老布什竭力表现出强烈的自我意识，而且为了吸引选民，经化妆师设计，老布什还常穿着浅色调的西服，配以卡其布蓝条厚衬衫，以显示“平民化”，改变了原来人们对他的评价，终于获得了最后的胜利。

理论阐释

任务一　靓丽的名牌——衣着配饰

一、服饰

（一）衣着

一个人在不同的场合，着装要得体。公务场合要端庄大方，不能强调个性、过于时髦，最好穿深色套装、套裙或制服，不允许穿夹克衫、牛仔装、运动装、健美裤、背心、短裤、旅游鞋和凉鞋，衣服不能肮脏、褶皱、残破、暴露、透视、过大、过小或紧身。社交场合主要是指宴会、舞会等应酬交际场合，在这样的场合，着装应突出时尚个性，可穿时装、礼服或民族服装，最好不要穿制服或便装。在休闲场合，穿着应舒适自然。在正式场合，接待人员的穿着要正规得体，衣扣要扣平，不能挽起袖管或裤脚，衣袋或裤兜里不宜装过多的东西，衣服上的商标要拆除。

1. 男士穿西装的讲究

在正式场合穿西装，最好内着白色衬衣，穿深色袜子，着黑色皮鞋，系皮带，打领带，不穿或少穿羊毛衫，全身上下衣着的颜色应保持在三种之内。职场男士穿西装要在西装的选择、穿法、搭配三个方面严守礼仪规范。职场男士要挑选一身有模有样、适用于商务交往穿着的西装，要关注其面料、色彩、图案、款式、造型、尺寸、做工等方面的主要细节。

其一，要关注其面料。在一般情况下，毛料应为西装首选的面料。具体而言，纯毛、纯羊绒的面料以及高比例含毛的毛涤混纺面料，皆可作为西装的面料，而不透气、不散热、发光发亮的各类化纤面料，则尽量不要用以制作西装。目前，以高档毛料制作的西装，大多具有轻、薄、软、挺四个方面的特点。

其二，要关注其色彩。职场男士在穿西装时，往往将其视为自己在公务活动中所穿的制服。因此，西装的颜色必须显得庄重、正统，不应过于轻浮和随便。根据此项要求，适合于男士在公务交往中所穿的西装的颜色，理当首推藏蓝色。在世界各地，藏蓝色的西装是每一位商界男士必备的。除此之外，还可以选择灰色或棕色的西装。黑色的西装也可考虑，不过它更适于在庄严而肃穆的礼仪性活动中穿着。要是平日上班时穿黑色的西装，未免有些小题大做。按照惯例，职场男士在正式场合不宜穿色彩过于鲜艳或发光发亮的西装。越是正规的场合，越讲究穿单色的西装，因而带有两种以上色彩的“杂色”西装在大多数情况下是不适宜商界男士穿着的。

其三，要关注其图案。职场男士推崇的是成熟、稳重，其西装以无图案为好。不要选择绘有花、鸟、虫、鱼、人等图案的西装，更不要自行在西装上绘制或刺绣图案、标志、字母、符号。在通常情况下，上乘的西装的特征之一便是没有任何图案。唯一的例外是，商界男士可选择以“牙签呢”缝制的竖条纹的西装。竖条纹的西装，以条纹细密者为佳、以条纹粗疏者为劣。在着装异常考究的欧洲国家，商界男士最体面的西装往往是深灰色的、条纹细密的竖条纹西装。用“格子呢”缝制的西装，一般是难登大雅之堂的。只有在非正式场合里，商界男士才会选用这种面料的西装。

其四，要关注其款式。与其他任何服装一样，西装也有不同款式。当前，区别西装的具体款式，主要有两种最常见的方法。方法之一是按照西装的件数来划分。根据此项标准，西装有单件与套装之分。依照惯例，单件西装，即一件与裤子不配套的西装上衣，仅适用于非正式场合。商界男士在正式的商务交往中所穿的西装，必须是西装套装。有时，男士在商务交往中所穿的西装套装，索性被人们称为商务套装。所谓西装套装，指的是上衣与裤子成套，其面料、色彩、款式一致，风格上相互呼应的多件西装。西装套装有两件套与三件套之分。两件套西装套装包括一衣和一裤。三件套西装套装则包括一衣、一裤和一件背心。按照传统看法，三件套西装比起两件套西装来，要显得更加正规一些。所谓最正宗、最经典的商务套装，自然也非它莫属。商界男士在参与高层次的商务活动时，以穿三件套的西装套装为好。方法之二是按照西装上衣纽扣数量来划分。根据这一标准，西装上衣有单排扣与双排扣之别。一般认为，单排扣的西装上衣比较传统，而双排扣的西装上衣则较为时尚。具体而言，单排扣西装上衣与双排扣西装上衣纽扣的数目有所不同，因而又使其各自呈现不同的风格。单排扣的西装上衣，最常见的有一粒纽扣、两粒纽扣、三粒纽扣三种款式。一粒纽扣、三粒纽扣这两种单排扣西装上衣穿起来比较时髦，而两粒纽扣的单排扣西装上衣则显得更为正统一些。双排扣的西装上衣，最常见的有两粒纽扣、四粒纽扣、六粒纽扣三种款式。两粒纽扣、六粒纽扣这两种款式的双排扣西装上衣属于流行的款式，而四粒纽扣的双排扣西装上衣则具有传统风格。

其五，要关注其造型。西装的造型又称西装的版型，指的是西装的外观。目前，世界上的西装主要有欧式、英式、美式、日式四种造型。欧式西装的主要特征是：上衣呈倒梯形，多为双排两粒扣式或双排六粒扣式，而且纽扣的位置较低。它的衣领较宽，强调肩部与后摆，不甚重视腰部，垫肩与袖笼较高，腰身中等，后摆无开衩。英式西装的主要特征是：不刻意强调肩宽，而讲究穿在身上自然、贴身。它多为单排扣式，衣领是“V”形并且较窄。腰部略收，垫肩较薄，后摆两侧开衩。美式西装的主要特征是：外观上方方正正，宽松舒适，较欧式西装稍短一些。肩部不加衬垫，因而被称为“肩部自然”式西装。其领形为宽度适中的“V”形，腰部宽大，后摆中间开衩，多为单排扣式。日式西装的主要特征是：上衣的外形呈现为“H”形，即不过分强调肩部与腰部。垫肩不高，领子较短、较窄，不过分地收腰，后摆也不开衩，多为单排扣式。上述四种造型的西装各有特色：欧式西装洒脱大气，英式西装剪裁得体，美式西装宽大飘逸，日式西装贴身凝重。

其六，要关注其尺寸。穿着西装，务必要令其大小合身、宽松适度。

其七，要关注其做工。选择西装尽量要求做工精细，质量上乘。在交际场合，男士的着装大致可分为便服和礼服。各式夹克、衬衣、T 恤衫与各式西装都可作为便服穿着。出入正式、隆重、严肃的场合应穿礼服或深色西装。

2. 男士穿西装的注意事项

面料要根据季节和场合来选择。在隆重的场合穿西装要系扣。西装袖子的长度以到手腕为宜。

在正式场合穿西装必须系领带，如使用领带夹，领带夹应在第四和第五粒纽扣之间。穿羊毛衫时，领带应放在羊毛衫内。衬衫的领子要挺括、系扣，下摆要束在裤内，衬衫内一般不穿棉毛衫。穿西装一定要穿擦亮的黑色或棕色皮鞋。穿西装可以扣上第一粒纽扣，也可以敞开，但不能两粒纽扣全扣上，穿西装口袋里不宜放太多的东西。穿西装不打领带时，衬衫的第一粒纽扣不要扣上。男士穿西服时佩一条合适的领带，有画龙点睛之妙。穿西装时特别是穿西装套装时，不打领带往往会使西装黯然失色。但在平时穿着其他服装，如大衣、风衣、夹克、猎装、毛衣、短袖衬衫而不穿西装时，大可不必煞有介事地打领带。鉴于领带在男士着装中所起的至关重要的装饰、美化、点缀的作用，更应对其规范化，不可在此关键之处出问题。即便是小的闪失，也要尽量避免。要打好领带，先要选好领带。选择领带，重要的问题大体涉及其面料、色彩、图案、款式。制作领带的最高档、最正宗的面料是真丝。除真丝之外，尼龙亦可制作领带，但其档次较低。以其他面料，如棉布、麻料、羊毛、皮革、塑料、纸张、珍珠等制作的领带,大多不适合在正式场合使用。

从色彩上讲,领带有单色、多色之分。单色领带适用于公务活动和隆重的社交场合,并以蓝色、灰色、黑色、棕色、白色、紫红色最受欢迎。多色领带一般不应超过三种颜色,可用于各类场合。色彩过于艳丽的领带用途并不广泛,只有在非正式的社交、休闲场合使用它才不会被人非议。

用于正式场合的领带,其图案应规则、传统,最常见的有斜条、横条、竖条、圆点、方格以及规则的碎花,它们多有一定的寓意。印有人物、动物、植物、花卉、房屋、景观、怪异神秘图案的领带,仅适用于非正式的场合。印有广告、团体标志、家庭徽记的领带,不要随意采用。

领带的款式,即其形状外观。一般来说,它有宽窄之分,这主要受时尚流行左右。选择时,应注意最好使领带的宽度与身体的宽度成正比,而不要反差过大。领带还有箭头与平头之别。前者下端为倒三角形,适用于各种场合,比较传统。后者下端为平头,比较时髦,多适用于非正式场合。

穿西装应配好衬衫,选择衬衫应考虑以下几个方面:

第一,面料方面。正装衬衫主要以精纺的纯棉、纯毛制品为主。以棉、毛为主要成分的混纺衬衫可酌情选择。不宜选择以条绒布、水洗布、化纤布制作的衬衫。不宜选择用真丝、纯麻做成的衬衫。

第二,色彩方面。正装衬衫必须为单一色彩。在正规的商务应酬中,白色衬衫是商界男士的唯一选择。除此之外,蓝色、灰色、绿色、黑色有时亦可加以考虑。杂色衬衫,或红色、粉色、紫色、绿色、黄色、橙色等穿起来有失庄重之感的衬衫不可取。

第三,图案方面。在一般性的商务活动中,可以穿纹路较细的竖条衬衫,但不应同时穿着竖条纹的西装。印花衬衫、格子衬衫以及带着人物、动物、植物、文字、建筑物等图案的衬衫均非正装衬衫。

第四,衬衫的衣领。正装衬衫的领形多为方领、短领和长领。选择衬衫衣领时,应与个人的脸形、脖子及将打的领带结的大小结合,不能使它们相互之间反差太大。有时,可选用扣领的衬衫。立领、翼领和异色领的衬衫不适合同正装西装相配。

第五,衬衫的衣袖。正装衬衫必须为长袖衬衫。正确使用单层袖口和双层袖口。双层袖口的衬衫又称法国式衬衫,主要作用是佩戴装饰性袖扣(又叫链扣、袖链)。双层袖口可为自己平添高贵而优雅的风度,在国外是商界男士在正式场合佩戴的重要饰物。但若将其别在单层袖口的衬衫上,就不伦不类了。

第六,衬衫的衣袋。正装衬衫以无胸袋为佳。如穿着有胸袋的衬衫要尽量少往胸袋内放东西。

第七,正装衬衫与西装搭配的技巧。穿西装时,衬衫的所有纽扣,不管是衣扣、领扣还是袖扣,都要一一系好。穿西装时,衬衫的袖长要适度。最美观的做法是令衬衫的袖口恰好露出1厘米左右。穿长袖衬衫时,不论是否穿外衣,都必须将其下摆均匀而认真地掖进裤腰之内,不能让它在与裤腰的交界处皱皱巴巴,或上下错位、左右扭曲,特别不能使其部分或全部露在裤腰之外。衬衫大小要合身,尤其衣领、胸围要松紧适度。

3. 女性服饰的注意事项

第一,安全的着装是职业套装。可以选择合身的短外套,既可以搭配裙子穿,也可以搭配长裤来穿。衬衫则应选择与外套和谐自然的，不要太夸张。

第二，要提醒大家的是，只有在穿长裤子的情况下才可以穿短丝袜。很多女性不注意这一点，喜欢穿裙子或短裤配短丝袜，这样的搭配是很不雅观的。

第三，织衫也是办公室女性不错的选择，用来搭配合身的长裤或裙子。

第四，冬天羽绒服下厚重的毛衣固然舒适温馨，但不适合在办公室穿，因为看起来有家居的味道，显得人不太精神。

第五，鞋子最好是高跟或者中高跟的皮鞋，因为有跟的皮鞋更能令女性体态优美。

第六，夏天最好不要穿露趾的凉鞋，更不适合在办公室穿凉拖。

第七，如果秋冬选择穿靴子的话，靴子不能太长。

第八，着装色彩不宜太夸张花哨。黑色是比较合适的一种颜色，但如果运用不好，很容易给人沉闷死板的感觉。黑色一定要与其他色彩巧妙组合，呈现既庄重又时髦的效果。

第九，年轻女性还可以选择具有色彩的衣服，如果有图案，则力求简单。

第十，要善于利用丝巾或羊绒巾，这可以使你的着装更加时尚。优秀的职业女性在认真投入工作的同时，更不应忽略良好的职业形象，美好的形象永远能为你的工作能力加分。

4. 在一些特定场合应遵守的礼仪常规

第一，办公时的着装。职业人员要整齐、稳重、大方，上班时不能穿短裤、运动服，在办公室不得着超短裙。

第二，宴会、记者招待会时的着装。出席这类较为隆重、正规的社交场合，着装应讲究。男性可穿颜色深一点的西装，配上白色的衬衣和领带。女性可穿套裙或旗袍，颜色以高雅为宜。

第三，会见、访问时的着装。这时，气氛较为活跃，可着套装，也可着色彩、图案活泼一些的服装，如花格呢、粗条纹、淡色的服装。

（二）配饰

配饰的选择一定要与自身的体貌和服装相匹配、相协调。

1. 帽子

帽子要根据人的性别、年龄、职业等加以选择，特别是要同脸形相配。长瘦脸戴鸭舌帽会显得脸部上大下小，胖圆脸戴鸭舌帽就比较合适。

2. 手套

手套不仅御寒，而且是衣服的重要饰件。手套的颜色要与衣服的颜色相一致。穿深色大衣，适合戴黑手套。女士在穿西服套装或时装时，可以挑选薄纱手套、网眼手套。女士在舞会上戴长手套时，不要把戒指、手镯、手表戴在手套外。女士在穿短袖或无袖上衣参加舞会时，一定不要戴短手套。

3. 围巾

围巾的装饰作用越来越突出。可以根据场合、服装和当天的化妆、发型来选配围巾的色彩和款式。

4. 皮包

手提包通常适用于职业妇女，常用于社交场合。手提包的颜色要与季节、服装、场合、气氛相协调。正规场合应用羊皮、鼠皮、鳄鱼皮等凸显贵重的手提包。

5. 首饰

色彩鲜艳的服装可配单纯而含蓄的饰品。色彩单调沉稳的服装宜选择鲜明而多变的饰品,如棕色套裙配透明的琥珀手镯和胸针;白色西装套裙配镶嵌黑亮珠饰的项链和耳饰。

戒指一般只戴在左手,而且最好仅戴一枚,至多戴两枚。戴两枚戒指时,可戴在左手两个相连的手指上。戒指的佩戴可以说是在表达一种沉默的语言,往往暗示佩戴者的婚姻和择偶状况。戒指戴在无名指上,表示已订婚或已结婚;戴在小手指上,则暗示自己是一位独身者;把戒指戴在食指上,表示无偶或求婚。

对男士来说,也要根据西装的颜色选择适宜的领带夹。男人的首饰只限于结婚戒指、图章戒指及手表。图章戒指应戴在左手小指上,结婚戒指应戴在右手无名指上。耳环是女性的主要首饰,其使用率仅次于戒指,佩戴时应根据脸形特点来选配耳环。如圆脸形不宜佩戴圆形耳环,因为耳环的小圆形与脸的大圆形组合在一起,会加强"圆"的信号;方脸形也不宜佩戴圆形和方形耳环,因为圆形和方形并置,在对比之下,方形更方、圆形更圆。

项链也是受到女性青睐的主要首饰。它的种类很多,大致可分为金属项链和珠宝项链两大系列。佩戴项链应和自己的年龄及体形协调,如脖子细长的女士佩戴仿丝链,更显玲珑娇美;马鞭链粗实且成熟,适合年龄较大的女性选用。佩戴项链也应和服装相呼应。例如,身着柔软、飘逸的丝绸衣衫裙时,宜佩戴精致、细巧的项链,显得妩媚动人;穿单色或素色服装时,宜佩戴色泽鲜明的项链。这样一来,在首饰的点缀下,服装色彩可显得丰富活跃。

二、化妆

化妆是通过使用一些美容用品来修饰自己的仪容,美化自身形象的行为。适当得体的化妆既是对交往对象的尊重,也是对自我美好形象的展示。化妆应遵循如下原则:第一,既要给人以美好深刻的印象,又不能显得脂粉气太浓,要体现清丽、简约、轻柔、素雅的风格,切忌浓妆艳抹;第二,要避免过量使用浓香型化妆品;第三,不能在工作时化妆和探讨化妆问题,也不能当众化妆或补妆。

美发是指对人的头发进行护理与修饰。在一般情况下,对人的观察往往"从头开始"。所以,一个人应使头发保持健康、秀美、干净、清爽和整齐。要真正达到以上要求,就必须在头发的洗涤、梳理、养护等方面下功夫。洗涤头发的目的,一是为了去除灰垢;二是为了清除头屑;三是为了防止异味;四是为了使头发条理分明;五是有助于保养头发。经过修饰的头发,必须以庄重、简约、典雅、大方为主导风格。不管为自己选定何种发型,切忌花哨奇异,在工作岗位上绝对不允许在头发上滥加装饰之物。在一般情况下,不宜使用彩色发膏。男士不宜使用任何发饰。女士在有必要使用发卡、发绳、发带或发箍时,应使其朴实无华,其色彩宜为蓝、灰、黑,并且不带任何花饰。绝不要在工作岗位上佩戴彩色、艳色或带有卡通、动物、花卉图案的发饰。若非与制服配套,在工作岗位上是不允许戴帽子的。各种意在装饰的帽子,如贝雷帽、公主帽、学士帽、棒球帽、发卡帽,或是装饰的裹头巾,戴在正在上班的人士头上,是很不协调、很不相称的。男士要勤修指甲,不蓄胡须,不能文身,不剃光头。

任务二 神奇的魔法——言语神情

一、言谈

（一）交谈的态度

1. 表现出兴趣

对方讲话时，要注意倾听，不能漫不经心，眼神不能飘忽不定、左顾右盼。

2. 表现出友善

无论你对对方的谈话内容是兴趣盎然还是索然无味，都要表现出友善的态度，不能对别人流露出冷淡、鄙视、刻薄的神情。

3. 表现出幽默

真诚、轻松、幽默的谈吐往往会给对方以快乐温暖的感觉。

4. 表现出谦逊

谦虚有礼是对对方的关心与尊重，要虚心地听取别人的意见，耐心地留意别人的感受。

（二）交谈的形体动作

两人交谈时，最好将目光保持在同一水平上，表明相互尊重。说话时不要东张西望，也不要目不转睛地盯着对方或冷漠地看着对方，这些都会引起对方的不快。谈话时，也可以适当运用一些手势来加强语气、强调内容。但手势不能太多，也不能幅度过大，切忌用手指点对方。

（三）交谈的语言风格

交谈时，要注意语速和音量，要吐字清晰、语速适中、音量适中，以对方能够听清及不妨碍他人交谈为宜。要以委婉、含蓄、艺术的语言表达自己的想法，要以幽默、诙谐、风趣的语言展示自己的言语技能，要以真诚、坦率、朴素的话语感染对方的情绪。

（四）交谈的语言技巧

1. 注意谈话的对象

交谈时，一定要考虑对方的民族、地域、性别、年龄、职业、文化修养、阅历、性格等。

2. 注意谈话的场合

俗话说，到什么山头唱什么歌。和人交谈可以轻松随和，演讲辩论可以口若悬河，会议发言可以言简意赅，出席婚礼可以祝贺、颂扬，探望病人可以安慰、祝愿。

3. 注意谈话的规范

言辞表达虽然是随心所欲的，但也应符合语言的规范。一方面，应逻辑清晰，不能混淆概念、游离主题、自相矛盾、含糊其辞、模棱两可。另一方面，应讲究语法规范，不能语音含混、错漏百出、词不达意、语句不通。

二、神情

在人际交往中，最能打动人、给人留下深刻印象的是神情。正如古人所言："人身之有面，犹室之有门，人未入室，先见大门。"表情应随环境、心境的变化而变化，而眼神最能表现一个人的表情。喜、怒、哀、乐等心理和情感都能从眼神的微妙变化中反映出来。在与人交谈时，目光应注视对方，充满热情。应避免使用那种冷漠、轻蔑、阴沉、惊慌、敌视、斜视、左顾右盼的目光。社交中运用真诚而热情的眼神能够拉近双方的心理距离。

微笑表示相互敬重、相互友好，是一种文明、礼貌的举止，也是一种传递信息的无声表情语言。一个善于通过目光和笑容表达美好情感的人，既可以显示涵养，使自身增添魅力，也可以给人以好感和美感。

任务三　优雅的演技——举止神态

一、站姿

站立姿势应该是自然、放松、优美的。不论站立时摆何种姿势，只有脚的姿势及角度在变，而身体一定保持绝对的挺直。标准的站立姿势要求挺胸收腹，两肩平齐，双臂自然下垂，双腿靠拢，脚尖张开约60°，或双脚与肩同宽。站累时，脚可以撤半步，但上体仍须保持垂直，身体重心在两腿正中，精神饱满、表情自然。不能低头哈腰、挺腹弯曲，不要斜倚在家具、墙门等物体上，更不要半靠半坐在桌凳上。

与外宾说话时，应面向对方站立，保持一定距离，太远或太近都是不礼貌的。站立姿势要正，可以稍弯腰，切忌身体歪斜、两腿分开距离过大，或倚墙靠柱、手扶椅背等不雅与失礼的姿态。站着与人交谈时，双手或下垂或叠放在腹部，右手放在左手上，不可双臂交叉，更不能两手叉腰或将手插在裤袋或下意识地做小动作。

二、坐姿

坐姿总的要求是舒适自然、大方端庄。在国际交往中，对入座和落座都有一定要求。入座时，动作要轻盈和缓，自然从容。落座要轻，不能猛地坐下，不能发出响声，起座要端庄稳重。

（一）正确的坐姿

上身自然挺直，两臂弯曲放在双膝上，或双手半握放在膝上，手心都要向下。有长辈在座，年少者应上身稍微前倾，以示尊敬。说话时可以侧坐，侧坐时上体与腿同时向一侧，要把双膝靠拢，脚跟靠紧。坐着时，不要有摆弄手指、拉衣角、整理头发等动作。两腿既不能过于前伸，也不能过于后展，更不能腿脚摇晃。

（二）不雅的坐姿

不雅的坐姿如两膝分开，两脚呈八字形，两脚尖朝内，脚跟朝外，在椅子上前俯后仰或把腿架在椅子、沙发扶手、茶几上。两腿交叠而坐时,悬空的脚尖不能向上,更不能上下抖动或摆动。与人谈话时,勿将上身往前倾或以手支撑下巴。一般来讲,沙发椅较宽大,不要坐得太靠里,可以将左腿跷在右腿上,显得高贵大方,但不宜翘得过高。女士尤其应注意,不能露出衬裙,否则有损美观与风度。在公众场所不要趴在桌子上,不要躺在沙发上,不要半坐在桌子或椅背上。坐时两膝不要摇晃,两腿不要抖动,两脚尖不要拍打地面,一般以不跷腿为佳,偶尔在适当的场合可以跷起二郎腿,但腿也不宜摆动。

三、行姿

行走的姿势极为重要,因为人行走总比站立的时候多,而且一般在公共场所进行,人与人自然构成了审美对象。行走时,步态应该自然轻盈,目视前方,身体挺直,双肩自然下垂,两臂摆动协调,膝关节与脚尖正对前进方向。行走的步子应大小适中,自然稳健,节奏与着地的重力一致。男女同行时,男士的步子应当与女士保持一致,习惯上要男左女右并肩行走,即男士走在女士的左边。

在西方国家,为了表示对妇女尊重和谦让,人们时时事事遵循"女士优先"的原则。若不遵从这一原则,会被视为行为粗鲁和缺乏教养。对女性表示谦恭礼貌,是西方人引以为豪的传统。遇上弹簧门,男士应先行一步,而后扶着门把手,再请女士进出;若遇上旋转门,当门在旋转时,男士应请女士先行,当门未旋转时,男士应先行一步,以便控制旋转速度,再请女士进出。上下电梯时,男士应让女士先上先下。坐电梯人多时,男士应先上先下为女士开道。上楼梯时,男士应让女士走在前面;下楼梯时,男士应让女士走在后面,以防止跌倒摔跤等意外发生。如果女士需要帮忙,男士应主动帮忙拿东西或上前搀扶。在社交场合,女士走进房间时,男士要起立。

走路时,应自然地摆动双臂,幅度不可太大,只能小摆,前后摆动的幅度约45°,切忌左右摆动。应保持身体的挺直,切忌摇头晃肩。膝盖和脚踝都应轻松自如,以免浑身僵硬,切忌走"外八字"或"内八字"。多人一起行走时,不要排成横队,不要勾肩搭背。遇事可加快步伐,但不可慌张奔跑。

四、手势

手势是人们在交往中不可缺少的、最有表现力的一种"体态语言",是一种动态美。手势得体适度,会在交际中起到锦上添花的作用。适当地运用手势,可以增强感性的表达。与客人谈话时,手势不宜过多,动作不宜过大,要给人一种优雅含蓄而彬彬有礼的感觉。一般认为,掌心向上的手势有一种诚恳、尊重他人的含义;掌心向下的手势意味着不够坦率、缺乏诚意。握紧拳头暗示进攻和自卫,也表示愤怒。伸出手指来指点,是要引起他人的注意,含有教训人的意味。因此,在引路、指示方向等时,应注意手指自然并拢,掌心向上,切忌伸出食指来指点。当然,单靠手势而神态麻木或漫不经心是不行的,还要靠面部的表情和身体各部分的配合,才能让人感觉到这是一种真诚交往。在体态语中,手势语最为丰富。

手指指点。谈话时,伸出食指向对方指指点点是一种不礼貌的举动,这表示对对方的轻蔑与瞧不起。如若手腕举高些,直接指向某人的脸,问题就更严重了。西方人似乎比东方人更忌讳别人指点自己。

挥手招呼人。如果一个人远远地要另一个人过去,怎样向他发出召唤的手势呢?手心朝上还是手心朝下?手心朝上,并拢的四指向内侧摆动,这种唤人的架势太容易给人颐指气使的感觉。正确而有礼貌的做法是:高抬手臂,使手臂与身体之间的角度不小于90°,手心朝下,轻挥手腕。

捻指。捻指就是用手的拇指与食指弹出“叭叭”的声响,它表示的意义比较复杂:有时是表示高兴;有时是表示对对方所说的话语感兴趣或完全赞同;有时则暗含轻浮的意味,如对某个异性“叭叭”地大打响指。在陌生的场合或不熟悉的人面前,轻易地打捻指会使人觉得太没教养。即使在与熟人打招呼时使用捻指,也会使人觉得很不舒服。

在日常生活中,人们往往借助手势来表达某些思想,说话时也常用手势来加强语气。由于各种风俗习惯迥异,相同手势表示的意思不仅有所出入而且有可能大相径庭。如使用不当,轻则造成笑话或误解,重则惹人恼怒,甚至反目成仇。

五、动作

上下楼梯。头要正,背要伸直,胸要微挺,臀部要收,膝要弯曲。

上下卧车。上卧车时,要侧着身体进入车内,绝不要头先进去。下卧车时,也应侧着身体,移动靠近车门,然后伸出一只脚踏在地面上,眼睛看前方,再以手的支撑力移动另一只脚,头部自然伸出,起身立稳后,再缓步离开。

取低处物品。拿取低处的物品或拾起落在地上的东西时,不要弯上身、翘臀部,要用蹲和屈膝的动作。具体做法是脚稍分开,站在要拿或要捡的东西旁边,蹲下屈膝去拿,要慢慢地把腰部压低。

鞠躬。鞠躬时,头自然下垂,腰弯至45°。在走廊上碰面,或在人前通过时,15°的低头招呼就够了。

打招呼。无论是点头示意还是眼神交流,都应看着对方的脸,露出笑容。打招呼的动作幅度要小,如点头只要轻轻一点即可。

递物。递物的要领是:物品用双手拿在胸前递出,物的尖端不可指向对方。一只手拿着东西,直接往对方手里放也缺少风度。

实训模拟

1. 从心理学的角度来讲,在人际交往中,最初的“第一印象”和之后的“第二印象”不一定完全一致,但都极为重要。模拟以下两种情境,进行演示:

在面试现场,刚一开始,面试官就对应聘者产生了消极印象。两人一组,分别扮演面试官和应聘者。应聘者应尝试借助积极的“第二印象”来替代消极的“第一印象”,而面试官则以挑剔或疑虑的面貌出现。

在某企业,原先一同应聘的两名大学生成了同事。在应聘过程中,两人曾是竞争对手,彼此之间还存在误会。两人一组,分别扮演这两名同事,通过不卑不亢的真诚努力来改善彼此之间的紧张关系。

2. 将自己和同学的学校形象与本章阐述的正规的职场形象进行全面的对比，既要注意两者在宏观上的本质差异，又要注意两者在微观上的细微差别。将自己的思考结果写成书面文字，在全班进行分享交流。在分享交流中，涉及其他同学的不当习惯应尽量虚指，不要指名道姓。考虑到有些同学比较敏感，为了避免不必要的尴尬和意料之外的影响，最好以自己的不当习惯为例，加以说明。

项目八　制作与投递简历

自学导读

个人简历是求职信的重要补充说明，总是和自荐信以及其他材料或附件一起呈送给用人单位。个人简历是介绍个人身份、学业、经历及特长等的材料，是求职者为自己撰写的“产品说明书”，是求职者向用人单位展示自己的第一次机会，它直接影响到求职能否成功。

故事导航

陈思文是广东某高校国际经济与贸易学院的应届毕业生。她平时在班上非常活跃，能歌善舞，是系里学生会的副主席，此外还在学院的志愿者协会担任执行秘书，在系里也算是红人。大家都说她是教师的宠儿，毕业后找工作应该毫无问题。她自己也是这样想的。

这天，系主任亲自通知她，有一家世界五百强的大企业到学院招聘，无论是专业要求、岗位要求等都很合适她，要她中午做好准备，下午就开始面试了。可是，这时陈思文的简历还没有准备好。

她匆匆忙忙地把学院统一发的《毕业生就业推荐表》复印了一份，又把曾经获奖的证书、英语等级证书、专业技能证书等复印并附加上去。由于时间仓促，她的推荐表上的公章都是复印的，黑色的。找不到照片，她就把借书证上的黑白照片撕下来贴在推荐表上。

陈思文想，这份工作既然是系主任介绍的，那么简历也是走走过场，关键是面试时候的表现。所以，她精心准备了自己的着装，把本来就很漂亮的自己收拾得更加光彩照人。

下午，面试室前排着长龙。陈思文把简历递交上去后，就跟着大家一起等着叫号了。可是，随着时间的推移，被挑选到的同学进去了，面试都结束了，也不见叫她的名字。陈思文有点慌了，恰好这时候系主任来了，她赶紧请系主任去询问。过了一会儿，系主任皱着眉头出来了，摇着头说：“哎呀，思文啊，你是怎么搞的？平时你做事都很认真、很仔细的，为什么在自己的事情上这么大意、这么糊涂呢？简历就这么几张纸，还都是复印件，毫无特色。人家大公司没办法面试那么多人的，都是先看简历，然后挑一些他们认为优秀的来面试，你看你……”

陈思文后悔得眼泪都差点流出来了。还好，系主任告诉她，赶紧再准备一份简历，在复试的时候，再由系里推荐上去。

这一回，陈思文不敢再大意了。她上网借鉴了别人的做法，又参考了其他同学的简历。

她花了许多心思在自己的简历上:别人的简历都是A4的,可她的是B5的,比别人的小一号;挑选了一部分自己在各种活动和比赛中的精彩照片,集合成一张彩图,做成了简历封面;然后结合这家大公司的背景和岗位要求,写了一封针对性很强的求职信,信中把自己的特长结合该岗位发展的需要做了进一步的介绍。

可以想象得到,本来就挺优秀,再通过系里的推荐,参加了复试的陈思文一举获得了成功。该公司的人事主管对陈思文的简历赞不绝口。参加面试的陈思文思维敏捷,口齿伶俐,表现十分突出。这份工作,自然而然地成了她的囊中之物。

看起来,一份小简历,还真的不简单。

几乎所有的人力资源部门负责人均表示:“我们确实不欢迎‘万金油’式的简历。”切勿小看简历的作用,特别是平时表现突出的同学。提前做好各项准备,是一个习惯,更是一种态度。

理论阐释

任务一　简历涵盖的内容

简历是概括介绍个人情况,如出生年月、学习和成长经历等需要说明的文字材料,是对求职者的技能、成就、经验、教育程度、求职意向作一个简洁概述的文本。简历的直接目的是为求职者获得面试机会,是求职过程中一个非常重要的工具。简历要“简”,更要有“力”。那么,什么样的求职简历才是合适的、正确的,才能得到用人单位的青睐呢?

一、个人简历的形式

个人简历一般有两种:表格式和条目式。表格式简历通过表格的形式展示求职者的基本情况,简明清晰,易于阅读。这一格式比较适用于应届大学生。条目式简历不受表格限制,容量较大,可以根据实际情况展示求职者的资料,因此,比较适合有一定工作经历的求职者,也适合需要展示较多资料的应届生。到底采用何种形式,求职者需根据实际情况决定。

二、个人简历的内容

个人简历一般应该包括以下几项内容:

(一)个人资料

包括姓名、联系地址(包括邮编)、联系电话(最好是手机号码)、E-mail(不要用滑稽昵称)、性别、出生年月、年龄、籍贯、民族、身高、政治面貌等。

(二)学历

学历指求职者接受教育的经历,内容包括何时、何地、在何类学校学习,所学专业,本科院校毕业生还必须说明获得过何种学位。学历的编排顺序应由后往前,由高至低,即最近学历先写,最高学历先写。高职学生一般写到高中即可。

（三）所学专业的主干课程及成绩

包括专业基础课和专业课，并且如实报告成绩，如果有专业以外的自学课程及成绩，也可以反映。这是用人单位了解求职者知识结构和水平、决定是否录用求职者的重要信息。

（四）实践活动

这是高职学生应该特别要重视的内容，包括实训实习、社会实践、志愿者工作、学生会工作、团委工作、社团等活动。实训实习是高职学生的特色所在，一定要认真展示，包括实训实习的名称、时间、取得的成绩，绝不能疏漏，这是用人单位非常关注的内容，从中可以看出你的技能水平。社会实践活动是学校生活的一个重要组成部分，也是对课堂学习内容的一个重要补充。积极参加各类课外活动，表明求职者希望增长自己的才干，提高自己的人际交往能力，扩展自己的社会阅历与经验。简历上列出求职者参加过的课外活动和取得的各种荣誉与奖励，有助于说明其人格修养、交际能力、组织能力、成熟程度、健康状况以及心理素质与发展潜力。

（五）技能与特长

一般技能水平：外语、计算机水平。

专业技能：就是指在学习期间专业能力达到的水平，包括专业技能证书、参加专业技能比赛的成绩。

特长：专业以外的特别能力，这可能是胜出别人的重要筹码，如体育方面的特长、艺术方面的优势或者所学专业以外的其他专业能力等。

（六）奖励和荣誉

包括大学期间获得的奖学金情况、获得的荣誉称号，如优秀学生干部、三好学生等。可以按照时间顺序排列，注意这部分内容应该有相关证书的复印件作为佐证，如果由于一些原因没有证书，必须作特别说明，否则用人单位会对此质疑。

（七）求职意向

一般来说就是一句话，我希望从事××工作或我想应聘××职位，或者直接写“求职意向：××”。

求职简历上一定要注明应聘的职位，以便于用人单位了解你的志向追求，从而作出正确的选择。每份简历都要根据你所申请的职位来设计，突出你在这方面的优势，切忌把自己说成是一个全才，任何职位都适合。

（八）自我评价

自我评价是对自我的一个完整的客观认识，即精练的个人总结。在进行自我描述时注意语言简练、实事求是，用不超过两句话的内容来表现出自己的“闪光点”。

（九）联系方式与备注

同上面所要突出的内容一样，一定要清楚地表明怎样才能联系到你，如长途电话区号、电话号码、E-mail 地址、邮政编码、传真号码等。固定电话可以将宿舍、家庭、学校老师办公室的号码等一并列出。

三、求职简历范例

求职简历范例

姓名:×××	性别:女	相片
民族:汉族	籍贯:广东广州	
出生年月:1994年11月	身高:158cm	
政治面貌:中共党员	学历:本科基本信息	

专　业:行政管理

联系方式:××××××××××

移动电话:×××××××××××

电子邮件:zhangxxxx@126.com

地址:广东省广州市天河明辉华筑A1栋309房(510000)

求职意向:金融行业,银行的大堂、柜台岗位

教育背景

2011.9—2015.7　广东省××学院政治法律系行政管理专业

2009.9—2011.5　深圳××××中学

主要社会实践经历

2011.9—2012.7　××学院学生团委办公室副主任

2012.9—2014.7　××学院政治法律系11行政管理(1)班团支书

2014.3—2015.6　中国农业银行××市岗顶支行大堂引导员、柜员实习

知识结构

在校期间系统地学习了行政管理专业系统知识,包括管理学原理、行政管理学、行政法学、人事行政学、人力资源管理、公共关系学原理、现代秘书学与秘书实务、公共组织学、公共经济学、公共关系学、领导学、公共管理学等相关课程,有较好的理论基础。

在农业银行实习,先后从事大堂引导员和柜台业务工作,积极加强对基金、保险、证券等金融知识的学习,对银行相关业务有一定了解。

所获奖励

××学院2011—2012年度五四表彰"优秀学生干部"

××学院2014年毕业生实习"优秀实习生"

××学院2015届"优秀毕业生"

能力与资格证书

具备良好的组织沟通协调能力、公文写作能力、档案管理能力;

熟悉办公设备、办公软件操作;

英语:具有日常听、说读写能力,获得CET-4证书

计算机:广东省一级

任务二　应聘简历的制作技巧

虽然简历的组成大同小异，但要做好还要有一定的技巧。好的简历应该是：简洁明了，语言精练，表达专业，结构安排合理，内容真实，富有个性；没有拼写错误和打印错误，与谋求进入的行业协调一致。应聘简历的制作原则主要包括以下七个：

一、十秒钟原则

所谓十秒钟原则，即一份简历通读下来要在十秒钟之内。在一般情况下，现在求职毕业生简历的长度以一张 A4 纸为限（即制作单张简历），简历越长，被用人单位认真阅读的可能性越小。高级人才在某些时候可以准备两页以上的简历，但也需要在简历的开头部分有简洁清楚的资历概述，以方便用人单位在较短时间内掌握基本情况，产生进一步阅读的愿望。所以，当你的简历写完以后，请权衡一下，是不是能够在十秒钟内看完所有你认为重要的内容呢？

二、清晰原则

清晰的目的就是要便于阅读。制作简历时就像制作平面广告作品一样，排版时也需要综合考虑字体的大小、行和段的间距、重点内容的突出等因素。一份好的简历，版面设计也是一个非常重要的因素，是真正的“第一印象”。我们制作的简历要条理清楚，标志明显，段落不要过长，字体大小适中，排版端庄美观，疏密得当。既不要为了节省纸张，密集而局促，令用人单位阅读时感到吃力；也不要出现某一页纸只有上面几行字，留下大片空白的情况。还要注意版面不要太花哨，要有类似公文的风格，这也能体现出求职者的基本职业素养。另外，毕业生在求职的过程中，通常使用计算机打印的文稿。如果某名毕业生的字写得不错，也不妨手写一篇工整漂亮、简短的简历，肯定会别出心裁，吸引用人单位的眼球。

三、针对性原则

现在，在校园附近的打印店经常可以看到这样一种现象，许多毕业生都在打印店里大批量地打印求职简历。这其实就说明他们在接下来的求职过程中，面对任何行业、任何职位都将会使用并投递这份同样内容的简历。这样的简历欠缺的就是针对性。试想一下，如果一个女孩子收到一封她感觉好像跟自己没有太大关系的情书，你认为她还会认真考虑吗？答案显然是否定的。

如何在制作简历时体现出针对性原则呢？如果公司要求你具备相关行业的经验和良好的销售业绩，我们就要在简历中清楚地陈述有关经历和事实并把它们放在突出的位置。如果公司要求你具备良好的英语口语能力，你在简历中则应提到自己曾在外国西餐厅打工、在学校获得过英语演讲比赛一等奖。

不仅仅是简历，在写求职信以及面试后感谢信的时候，针对性原则都是十分重要的原则。

四、客观具体性原则

“我是个工作严谨而且认真负责的人。在过去的工作经历中，我有着十分出色的工作表现。”现在翻开大家制作的简历，就会发现很多毕业生的简历中会出现这样大而空的话。所谓“大而空的话”，就是简历中只有体现丰功伟绩的话而没有切实佐证的话。或许你说得没有错，但理智的人事经理没有理由无故相信你的主观表白。所以，在制作简历时，应该要想办法提供客观的可以证明或者佐证你的资历、能力的事实和数据。比如，在你的实习经历中，你曾经因“年销售业绩排名第一而获得公司嘉奖”，或者“因为在某某促销活动中表现出良好的协调组织能力而获得主管经理的赞扬”。后一个例子虽然客观性也有欠缺，但毕竟是获得了别人的赞扬和认可。制作简历时写上去，还是比较恰当的。如何进一步去把握并实际遵循客观具体性原则呢？在简历中，通常会涉及对自己的评价。这时，应当力求客观公正，包括行文中表现出的语气，记得要做到八个字，即“诚恳、谦虚、自信、礼貌”。这样会令用人单位对你的人品和素质留下良好的印象。事实上，比起重视技能和学历，现在也已经有越来越多的企业更加重视一个人的品行、开拓与合作精神。总的来说，在制作简历的时候，既不能妄自尊大，也不能妄自菲薄，分寸的把握非常重要。要特别注意避免夸夸其谈，也许适当坦陈自己经验等方面的某些不足，反而更能赢得好感。在描述工作实习经历时，千万不要只列出过去的种种职责，而应该强调你如何做出成果，如如何拉到新的生意、如何节省开支、如何创新引进新理念等。

另外，要做到客观具体性原则，在简历中使用精准的事实和精确的数据把成就写清楚，效果会比较好。举例来说，要说明通过你的努力和交际能力，公司销量得到提高，用“销量比以前提高了20%”这样精确的数据远比在简历中写“大大提高了销量”效果要好得多，也更易使人信服。

五、准确性原则

在制作简历的时候，千万不要使用拗口的语句和生僻的字词，更不要有病句、错别字。英文简历要特别注意不要出现拼写和语法错误，一般招聘人员考察应聘者的外语能力就是从一份简历开始的。如果在英文简历中出现了错误的单词和语法，这很可能意味着你马上就要被“PASS”掉了。除此之外，简历的行文也要注意准确、规范。在大多数情况下，简历作为实用型文体，句式要以简明的短句为好，文风要平实、沉稳、严肃，要以叙述、说明为主，动辄引经据典、抒情议论是不可取的。有的毕业生在写简历的时候，喜欢使用许多文学性的修饰语，“大学毕业，我毅然走上了工作岗位”“几年来勇挑重担，为了我们单位的发展大计披星戴月，周末一直加班到深夜，常常还能看到办公室明亮的灯光。终于功夫不负有心人……”“虽然说有则改之，无则加勉，但领导无中生有的指责日甚一日，令我愤懑不已，心灰意冷，终挂印而去”，结尾还忘不了加上一句“我热切期待着一个大展宏图、共创辉煌未来的良机”之类的口号。这类简历，华丽有余，准确不足。如果有一天你走上人事经理的岗位后，看到这样的简历，你是否会一笑置之呢？

六、真实性原则

现在,有很多用人单位的人事经理都曾这样抱怨,怎么一天收到几千封简历里,就有几百个人同时是学生会主席、团委书记,有的还是同一所学校?所以,在制作求职简历的时候,尽量不要试图编造虚假的工作经历或者成绩,谎言不会让你走得太远。多数的谎言在面试过程中就会被识破,更何况许多大公司在提供职位前都会根据简历和相关资料进行背景调查。简历最首要、最基本的要求就是真实。诚实地记录和描述,能够使阅读者首先对你产生信任感,而企业对于求职应聘者最基本的要求就是诚实,而诚实的品格对于刚刚走上社会的应届毕业生尤其重要。用人单位阅历丰富的人事经理对简历有着敏锐的分析能力,遮遮掩掩或夸大其词终究会露出破绽,何况还有面试的考验。其实,任何一个有经验的招聘人员只要仔细阅读分析,鉴别简历的真实性并不难。过分渲染、天花乱坠的描述更令人反感。所以,与其费尽心机,不如老老实实。只要有真才实学,总会寻找到属于自己的机会。

七、重点性原则

简历中需要强调的部分采用粗体字,比如自己独有的经历,如读的名校、参加过财富论坛、与某位知名人士的接触等。但是,也不用太多花哨的字体或斜体字,这样反而会分散对方对于重点信息的注意力,能够突出整篇简历的重点即可。

任务三 求职简历制作的注意事项

简历的服务对象是求职者和招聘者,所以,在制作过程中一定要考虑到双方的利益。由于简历的制作者是求职者,主动权在求职者手中,因此,简历的水准直接反映其水平。在形形色色的简历中脱颖而出,是一种水平,更是一种可以习得的技巧。在个人信息资源有限的情况下,如何作出最有效的展示,则需要发挥求职者最大的主观能动性。

一、研究招聘广告,有针对性地制作简历

招聘是有针对性的,应聘者要"对症下药",用到妙处,自然产生"回春之力"。所以说,一份较高水平简历与招聘广告中体现出来的信息应该是匹配的,简历中的个人技能与岗位要求应该是吻合的。

二、掌握写作技巧,灵活调整简历结构

针对性越强的简历越容易得到用人单位的关注和认可,这给求职者带来了难题:到底要写多少份简历才能解决"针对性"这个问题呢?大家可以采用"多模块法",即修改不同模板以匹配职位需求,步骤如下:

- 准备各大类职位的简历模板(管理/技术)。
- 针对具体用人单位的职位进行修改。
- 分析自己的优劣势,对各类职位有所侧重。

- 针对不同用人单位的同类职位进行修改。
- 了解不同用人单位的业务范围、所服务的客户、企业文化等。
- 进一步分析职位描述，着重修改工作/实习经验。

三、把握合适性原则，适度表现个人能力

一定要记住用人单位是在找最合适的人，而非最优秀的人。因此，在简历中一定要注意“投其所好”，扬长避短，有针对性地筛选出各种有效信息。

四、创新符合需要，慎用“个性简历”

近年的招聘会上，出现了打破传统套路的“个性简历”，如视频简历、网页简历、高科技简历、艺术（写真）简历等，成为求职的新亮点。但是，使用“个性简历”要注意自己的求职意向，创新是为了“双赢”而不是标新立异，否则会弄巧成拙。例如，某师范大学的毕业生将自己的简历用动漫连环画的形式表现出来，结果被一所大城市的幼儿学校高薪聘用，但如果她应聘的是企业主管助理等较为庄重严肃的职位，满纸涂鸦的卡通简历很可能导致自断前程。

五、其他注意事项

除了以上内容，还要注意以下事项：

1. 用项目符号标示，使你的简历易于阅读；
2. 最好只用一页 A4 纸，一定不要超过两页；
3. 制作简历时不要用文本块，它们在句子之间只留下很小的空间；
4. 不要撒谎，提供真实的信息；
5. 尽可能多地列出联系信息——让用人单位能轻松地联系到你；
6. 要突出重点，可以直接陈述目标，让用人单位一眼就看出你想做什么、擅长什么；
7. 用“总之”或“综述”来突出重点；
8. 功能性简历围绕职能性技能组织，在列出三四种技能后，要表明你如何证明这些技能；
9. 不要用人称代词“我”“我的”；
10. 按对读者的重要性顺序列出工作经验，在列出工作时，最重要的是你的职位或头衔，应按职位或头衔、公司名称、城市、省、日期的顺序排列；
11. 不要忽略你过去工作的地点（城市、省），这些资料是读者希望看到的，但许多求职者却忽略了；
12. 按逆年代顺序列出你的工作；
13. 在描述工作时，不要将名词和动词短语混用，最好始终使用具体的行为动词；
14. 避免用“工作”这个动词，一般用“合作”更好；
15. 要强调可转换的技能，特别是你没有多少经验或考虑换工作时；
16. 在可能的情况下要定量，用数字告诉用人单位你管多少人，你增加销售的百分比，你开发了多少产品；

17. 教育部分也要按“学位名称（如××学士）、专业名称、大学名称、城市、毕业时间”“辅修和学习成绩”的顺序排列；

18. 不要列出高中以下的学习经历；

19. 不要包括爱好或其他无关信息，在大多数情况下，它们被看成是多余的、无价值的；

20. 要列出体育特长；

21. 不要在简历上列出证明人，证明人属于找工作的后期阶段，要将证明人列在另一张纸上；

22. 认真校对，拼写错误和打印错误都是不可原谅的。

任务四　求职简历的质量评估

简历写完后，如何进行有效评价并作出合理改进，这非常重要。一份简历的质量，主要可以从五个方面来评价：

一、求职目标是否明确

明确求职目标首先是对应聘单位的尊重，表明求职者是针对该单位该职位去的，不是漫无目地撒网；其次也应告诉应聘单位求职者的个人发展计划和目标是什么，是否与应聘职位一致。

二、用语是否简洁准确

通常招聘人员在一份简历上投入目光的时间不会超过 14 秒钟，在这么短的时间内一定要用足够有效的信息来抓住招聘人员的眼球，所以一般来说篇幅不要超过一张 A4 纸，应多用数字和行为动词来证明细节。

三、层次是否清晰直观

一般简历可按照时间顺序、经历的重要程度顺序或者按照简历主体内容的顺序进行布局。个人基本信息不要占用过多篇幅，教育背景、在校工作经历、获奖情况等要归类整理好。

四、版面是否美观

制作好简历后要进行精心的排版。一般来说，为珍惜版面，正文可用五号宋体，行间距 1.5 倍；要使用 80 克左右的白色或奶白色纸张黑白打印简历；可以使用不同字体和字号来表达重要信息，只要不影响阅读即可；杜绝低级错误，严禁出现错别字和病句，避免滥用标点符号。

五、个人亮点是否突出

需将自身素质与应聘职位的匹配点完整而醒目地体现出来，特别是对于自己相对于他人更具竞争力的优势，要通过措辞和层次布局等技巧表现出来。

实训模拟

1. 先撰写一份常规简历，再按照用人单位的不同要求，进行相应的修改，突出其针对性。请根据以下提示，分别设计六份各具特色的应聘简历：

第一组

A. 用人单位特别注重细节

B. 用人单位提倡不拘小节

第二组

A. 用人单位看重学历与培训背景

B. 用人单位看重能力与实际经验

第三组

A. 用人单位欣赏稳重、内敛的应聘者

B. 用人单位欣赏激进、外向的应聘者

2. 研究各种大学毕业生的应聘简历，重点分析那些不合规范的地方。在小组内进行汇总，然后提交到全班进行介绍。在此基础上，每人提出两个自己仍然心存疑惑的细节问题，由老师汇总后进行集体解答。

项目九　通晓面试技巧

自学导读

现代社会在对每个人提出了种种挑战的同时，也提供了各种各样难得的机遇，如何在竞争激烈的人才市场中力挫群雄，一举应聘成功呢？实践证明：在具备良好的专业素养的前提下，掌握必要的惯例与技巧也不容忽视。本章将重点讲解和面试相关的内容，希望对毕业生的求职过程起到积极作用。

故事导航

说错一句话，失掉一份工

小刘学的是会计专业，一次接到了一家知名高薪企业的面试通知。这让她既兴奋又紧张，因为她还没有面试的实际经验。于是，除了请教同学，小刘还接连几天专门去图书馆，反复研究《面试轻松过关》《面试宝典》之类的书。

到了面试那一天，小刘发现一同面试的还有其他五个男生。服务员拿来六杯水，其他男生拿起就喝，小刘则很有礼貌地把杯子递给离她最近的面试官。

“还是女孩子心细。”一位面试官说。正在喝水的男生们听了，面面相觑。小刘暗自得意，对面试官们露出一丝微笑。接下来，似乎一切顺利。几个男生显得比较拘谨，小刘则和面试官谈笑自如。

面试结束后，面试官们单独把小刘叫了进去：“根据你的特点，我们准备录用你。不过，户口问题可能一时解决不了。”

小刘愣住了，着急地反问道：“你们不是答应可以解决吗？怎么能这样？要不，我跟爸爸妈妈商量一下。”

面试官也愣了一下，接着便微笑着说：“好吧。不过，以后参加面试，不要说‘跟爸爸妈妈商量’的话，因为这样会显得你没有主见。”

小刘明白自己说错话了，这个眼看已经到手的机会也彻底失去了。

理论阐释

任务一　做好面试的准备工作

面试是求职过程中关键的环节，其结果直接决定招聘单位是否录用求职者。对于即将毕业的大学生来说，面试是比较陌生的。对于求职过程中既重要又陌生的面试，我们应该认真准备，未雨绸缪。

一、信息的准备

（一）对用人单位情况及面试过程进行调查研究

要对面试进行准备，你首先应该对用人单位和要对你进行面试的人的情况，以及面试过程做一些调查研究。某单位一旦约定与你见面，你就应该马上进行准备。询问面试的确切地点、第一次面试的具体时间及面试的方式等有关情况。

（二）使你自己的能力与用人单位工作岗位的要求相符合

认真阅读你所收集到的所有信息并牢记它们，尽量使你自己的能力与工作要求相适应。参加面试时，通过显示你对专业知识的理解来表达你希望进入这一行业工作的愿望。

（三）准备相关问题，适当时向面试者请教

所谓准备就是指对组织面试的各机构情况进行了解，也指对你不太熟悉的情况或求职机会进行了解。你可以询问用人单位有关提供的职业学习、技能提高以及深造机会等问题。

（四）对可能遇到的问题进行准备

准备得越充分，你就越有可能圆满地回答问题。应随时准备回答一些难题，如："请做一下自我介绍""你对我们这一行业的情况有多深的了解""你认为自己的优势在哪里"等。

（五）其他的准备内容

(1)你至少应在面试开始前10分钟到达，尽量使自己看上去老练些，穿着要大方得体，不要太随便。

(2)你也应该把所有的证明材料带上，如推荐信、毕业证书、荣誉证书、技能证书等。许多主管人员都希望在面试时了解一下求职人在这方面的情况。

(3)与面试者打招呼时应正式而有涵养，与他们握手要有力，并表现自然，在面试期间，你要尽量放松，要充满自信。

二、心理准备

求职者一旦具备了良好心态，就会在面试时精神饱满、意气风发、充满自信，讲起话来语意肯定、语气恳切，操纵言辞得心应手，从而为成功应聘打下良好的基础。

（一）积极进取的心态

有积极进取心态的求职者，总是把每个面试机会看成是千载难逢的好机遇，可遇而不可

求，是新的成功在向你招手。于是，能在面试前认真作准备，打电话，查资料去摸底，对每一个可能要问的问题的细节都仔细思考一番，在面试时就有望正常或超常发挥。有这种积极心态的人，不怕负面消息的干扰，比如“你还是多考虑一下吧！这工作不见得适合你”，再比如“你这不是大材小用了吗”，还有“再等等吧，也许还有更好的职位呢”等。

（二）双向选择的心态

你去求职应聘参加面试，不是命运掌握在对方手里，命运还是在自己手上。的确，从用人单位来看，你是在接受审查，看你的条件是否符合招聘的要求。不过，换个角度来看，用人单位和主试人同时也在被你审查，看看他们给的条件能不能吸引你。有了这种心态，你在精神上就占了上风（但不可趾高气扬），以沉着、稳健的气势面对主考官的问题，自然能表现出一种不卑不亢的态度。

（三）输得起的心态

面试时如果有了不怕挫折、不怕失败、输得起的心态，就会大大增强面试的信心，讲起话来有板有眼、理直气壮地介绍自己，就是遇到比自己强的竞争者，你也不会自惭形秽，而是抱着一种“一山还比一山高”“我也要成为他那样的人”的积极心态来对待。总之，经不起挫折、输不起的人才是真正的失败者。有了这种输得起的思想准备，你就会一试再试，终会找到比较称心的工作。

任务二 面试的内容

面试有没有捷径可走呢？实际上，求职者应对面试的技能是一种可迁移技能，在短期内，通过系统、科学的培训，也可以迅速得到提升。但是要想掌握面试的技巧，首先要知道面试的基本内容，然后有的放矢地努力。

一、仪表风度

面试是比较正式的场合，需要给自己进行适当的形象设计。大学毕业生穿着不能太随便但也不必太讲究，穿着应符合毕业生的身份，整洁、大方、得体即可，不必为了面试而去投资购买名牌套装。

在面试时，用人单位通常在面试开始的几分钟就对应聘者作出了判断。通常，考官会根据应聘者的申请表和个人仪表打出第一印象分。这个印象分至关重要，会直接影响到之后的整个面试过程和最终的面试结果。更多关于着装和仪表方面的建议会在之后的内容中详细讲解。

二、专业知识和实践经验

面试时，用人单位的考官通常会与应聘者面对面地谈论应聘者的学习背景，具体问题涉及应聘者所在学校、所学习的专业以及参加过的培训次数及种类，借以考查应聘者的学习技能和专业知识。一般有经验的考官更多关注的是应聘者的学习和工作经历，对于没有工作经历的应届毕业生，考官则关注他们的社会实践经历。

三、表达能力

良好的表达不仅是一门学问，也是一门艺术。不懂得这门艺术，即使有再强的能力，也可是会因为表达欠佳而最终落选。

对于应聘者来说，要想谋得一份理想的职业，第一关就是如何在考官面前展现自我。应聘者能否通过高超的表达技巧充分展现自我能力，需要作一些必要的准备。首先，尽可能全面地了解所应聘的用人单位的情况，并且最好能结合自己所具有的专业知识，对该单位的相关情况作出适度的评价。这样不仅能传达出应聘者对该单位的重视和好感，同时，也有利于缩短应聘者和考官的心理距离。其次，对考官可能提出的问题及自己希望在面试交谈过程中了解的问题也要做到心中有数，以便届时能有条不紊地传递给对方，避免心理紧张而发挥失常。

四、决策和逻辑分析能力

决策能力是衡量应聘者综合能力非常重要的指标之一。当今社会，如果不确定应聘者是否具有材料收集、数据分析和逻辑推理能力的话，企业是不会聘用他的。因为在实际工作中，每个人不仅需要有团队合作精神，同时更需要有独立完成自己工作的能力。有经验的面试官在面试过程中，都会提出一些开放式的问题，用以考查应聘者这方面的能力。例如，你觉得你在解决问题时凭逻辑推理还是仅凭个人感觉？请根据你的经历来谈谈你的体会；举一个过去的例子说明，在作出决定时，必须进行认真分析、周密考虑。请说说你作决定的过程；如果我们让你做这个工作的话，你怎样决定是否接受这个工作呢？这些问题均是考查应聘者的逻辑能力和决策能力。所以在回答这些问题时，面试官的个人价值取向会对应聘者的回答情况作出一些主观的影响，但是如果能以严密的逻辑分析能力和自信的态度作出回答，一定会给面试官留下较为深刻的印象。

五、灵活性、适应能力和应变能力

一般情况下，灵活性高、适应能力和应变能力强的员工都具有高超的交际沟通能力。他们在维持个人和公司利益的同时，知道如何随时调整办事方式和技巧。同时，众所周知，人和人之间是有很大区别的。为了把日常工作做好，管理者必须针对不同人的性格和能力特点，使用不同的方法来让下属们各自发挥自己的特长，以此相互配合协助，高效率地完成工作任务。

六、人际交往能力

如今企业越来越重视团队意识和团队协作能力。在企业工作中，任何一位员工都不可能独自一个人完成一项工作，更多的是依靠团队中各个成员的相互团结协作。团队工作需要很强的人际交往能力和交际常识来实现，因此，在对应聘者的面试考查中，人际交往能力常常是考查重点。

七、工作态度

工作是否有主动性也是考查应聘者的非常重要的事项之一。工作积极主动的人往往具有不断探索新办法来解决问题的精神，在追求不断进步的过程中，他们会尽心尽力地追求富有创新性的新项目。这类员工还会给企业和员工带来崭新的思维和方法，同时也能解决企业存在的难题，为企业的长远发展作出贡献。

八、个性和职业兴趣

人与人之间的差异性体现在每个人所具有的不同个性上。不同个性的人有不同的职业适应范围，不同的职业对应聘者的个性也有不同的要求。当一个人从事的职业与其个性相吻合时，更容易有所成就；反之，可能导致其原有才能和天赋的浪费，或者必须付出更大的努力才能成功。然而，在现实社会中，并非人人都能如愿做着自己喜欢、感兴趣的工作。个性与岗位的匹配和事业的成功没有绝对的对等公式，所以许多人在自己不喜欢的职业领域中平凡地工作，但仍然可以通过坚定不移的努力和耕耘做出一番事业来。当你发现你的个性与所承担的岗位职责的匹配度不高时，可以通过个人努力来弥补自身的不足。但值得强调的是，兴趣和个性特点等是一个人在择业时首先要考虑的问题，同时，也是用人单位考查的项目之一。

九、求职动机

分析应聘者的求职动机目的就是要从个体行为动机的角度判断个体的事业心、敬业精神等。求职动机影响着应聘者未来的工作态度以及在企业工作的时间长短，求职动机也会表现出应聘者在世界观、价值观、人生观及心态等方面的认知情况。所以在面试中，洞察求职者的目的和动机，对于考官下最终结论有着极其重要的参考价值。

十、综合分析能力

在面试中，应试者能否对考官提出的问题经过分析抓住本质，并且说理透彻、分析全面、条理清晰，这是综合能力的集中体现。

任务三　如何应对面试中的问题

在各类招聘面试中，有许多问题是常见的，甚至是必不可少的，熟悉这些问题，就可以有备无患了。正所谓：“路熟才能车轻。”

一、个人经历类

（一）请你简单作一下自我介绍

这是面试开始时经常被提到的问题，回答时应在“简单”上下功夫，开门见山，神情自然。自我介绍时应注意以下几点：第一，清晰地介绍自己的姓名、出生年月、家庭住址和联系电话;第二,说明何时毕业于哪所院校、学什么专业、获得什么证书;第三,谈谈自己曾经做过什么工作,有过什么业绩;第四,对自己的性格特征作一简单叙述;第五,自我介绍的时间最好控制在3分钟以内,介绍完毕,可以问问主考是否还需了解其他情况。

(二)你有什么长处

对这种问题的回答,不用太谦虚,卑躬屈膝地说自己还处于学习阶段,没什么长处。因为企业要聘用一位优秀人才,如果你连自己的特长都不知道,或没有信心,又怎能让别人对你有信心呢?当然,也不能无中生有,信口胡吹,说得自己这里好那里好,反而会使人对你所说的事实生疑。最恰当的方式是先把自己的优点整理一下,有条理地列出,然后用比较巧妙的方式自然地说出。如可以借亲朋好友之口谈论自己的优点"我的同学都说我这个人善于……""我的朋友也说我为人真诚……";也可以用典型事例来表述自己的优点:"去年公司为职工安排年度联欢会,我是这样操办的……"。

(三)能否谈谈你的缺点

通常被问到缺点时都难以启齿,但对方问这个问题有自己的目的,他要看看你是否诚实,会不会为这个问题忽然变得局促不安起来。当然,你不想让他知道你的短处,但也不能大言不惭地说自己没有短处,应尽量避重就轻,不要把自己的缺点与寻找的工作相联系。在谈到自己缺点的同时,还要补充说出已有自知之明,争取努力把缺点改为优点。

(四)以前受过什么处罚?得过什么奖励

主考人询问这个问题的目的是想了解应聘者在生活作风、职业道德和职业技能方面是否有良好的记录,只要你不是受过重大刑事处罚,一般工作上偶尔失误所受的各类处分,可以避而不谈或轻描淡写地一笔带过。对何时得过何种奖励可以谈得尽量详细一些,尤其是与职业相关的技术发明和职业技能竞赛方面的奖励,可以一一介绍,以便让主考人全面了解自己的个人品质和业务能力。

(五)你一般喜欢读哪方面的书?最近读了什么书

这类问题对于初次应聘的大中专毕业生来说尤其值得注意,它主要在于了解面试者的思想倾向和知识面,在当今"读书热"降温的大环境下,读上一两本有意义的书可给主考留下好印象。因此,你最好事先准备好几本书,把自己的感想加以整理,以便能够顺利回答。切忌临时随口乱答,尤其是武侠小说、言情小说、各种迷信书等,一般不应提及,以免给人留下知识贫乏的感觉;对于某些带有过激思想、涉及敏感问题的政治书籍,交谈时一定要慎之又慎,不可出现丝毫差错,否则可能前功尽弃。

二、应聘动机类

(一)你为什么选择到本公司来应聘

这实质上是要你回答前来应聘的动机。你应该清楚地表明你想进入该公司的理由,具体说出公司对你的吸引力,并且最好将本人的特长与公司的用人需要结合起来,表示自己希望到一个既能够发挥特长又有发展前途的单位工作,而该公司正是这样一个符合自己理想的单位。这样的回答可以给主考留下一个有事业心、有追求、积极进取的优秀青年的印象。

(二)你是否参加过其他单位的招聘

回答这个问题应该特别慎重,既不可一口否认,因为没有一家公司会相信你只向一个单位谋职;也不可坦白承认,让人感觉到你可能被其他单位聘用,到这里来只是为了探探口风,留条后路。可以据实告诉主考你的经历和兴趣,说明过去虽应聘过几家公司,但均非十分满意,最感兴趣的还是该公司。

(三)你能保证录用后5年内不结婚(或不怀孕)吗

在许多"三资"企业和乡镇企业的招聘中,一般都会提出这一问题,其目的是既想长期雇用廉价的劳动力,又不愿承担法律规定应赋予工人的权利和义务。如果你年龄尚小,不妨一口答应下来;如果你年龄已到婚配或怀孕阶段,回答则要尽量策略一些,可以说,"一切以工作为重,绝不会因婚姻影响工作""我尚未有在短时期内结婚的打算"等,语言可以模糊一点。

(四)你有过打工经历或兼过职吗

多数企业喜欢招聘有过工作经历的熟练工人,你如果有这方面的经历,可以一一道出,特别是与谋职的专业相关的,要尽量谈得详细些。如果你是刚毕业的学生,没有这方面的经历,也不要马上否认,尽量想想是否在寒暑假兼过家庭教师、临时编辑或帮忙散发过广告之类,向主考表明自己并非完全没有工作经验。

(五)对你来说,赚钱与干事业,哪一个更重要

初出茅庐的谋职者一般会脱口而出:"钱,大把的票子!"因为这是他们所一直期待的,但这种回答一定会令主考失望。对于每一个谋职者来说,事业总是第一位的,只要勤奋、努力地工作,就一定会获得满意的收入,自己也会在工作中找到无穷的乐趣。如果凡事先看报酬多少,那么,他在工作中就不可能太投入,招聘者聘人也就会三思而行了。

(六)你希望公司为你做点什么

这也许是你将被录取的信号,但此时你切不可提过高的要求,尤其是涉及个人实际困难的住房、交通、配偶调动等一时难以解决的问题,以免让人感到你是个胃口大的人。如果你自我感觉良好,认为招聘单位急需你这样的人才,也可以说说自己的困难,提出一些自己工作需要的实验室设备、电脑之类的东西,请招聘单位予以考虑。

(七)你觉得我们为什么应该选择你

提出这个问题,说明主考还在举棋不定,这时候你绝不能轻易放弃表现自己的机会,应充分展示自己的口才和能力,使他相信,如果选择了你,你定会给他们带来良好的经济效益。你还可以把能够展示自己才华的成果、奖励及其他材料拿出来供主考人员参考,如果你身怀绝技,也可当场演示,使大家认为该职位非你莫属。

三、知识能力类

(一)你的外语水平如何

一般来说,应聘管理人员都需要相应的外语知识,而公关、导游、高级饭店职员则更需要外语，主考提出这个问题是想确切了解每个应聘人员外语水平究竟达到了什么程度，而不应一般泛泛地回答："还可以""不错"。因此，你最好回答得详细些，如"英语通过四级（或六级）考试""通过托福（或英语水平）考试""能听懂专业用语，进行日常对话""可翻译专业书刊"等。

（二）你觉得什么人最难以相处？假设你和这样的人在一起工作，该怎么办

这是招聘者想了解你驾驭人际关系的能力如何，你是否有足够的忍耐性与合作性，是否会感情用事？你可以坦率告知主考你的性格、喜好，不愿同哪种类型的人相处，但如果工作需要必须与这样的人一起工作，一定会服从公司安排，以事业为重，妥善处理，努力维护双方的合作关系，即使发生冲突，也要采取先说理、后忍耐、忍无可忍再汇报的方式，向上司陈述，绝不会感情用事，一气之下影响工作。

（三）在这个职位上，你觉得什么样的人最合适

回答这个问题，不可开口就气壮如牛地说"只有我这样的人最合适"，给人留下不自量力、自命不凡的感觉。可以先客观陈述对这个职位的看法，具体列出该职位对应聘者的素质要求，然后指出一个人完全具备这些素质是不太可能的，只要具备了大部分要素，就能胜任这个职位。最后把自己的素质特征作简要的介绍，说明自己是比较合适的人选。

（四）你觉得自己能够竞争得过别人吗

这是考查你自信心的一个关键问题，回答应该是充满自信的："能，我有信心。"然后，可结合整个面试的情况，从年龄、学历、经验、水平等各个方面与他人进行比较，扬己之长，避己之短，得出自己是最有力竞争者的结论，使主考人员心悦诚服。

（五）你认为成功的决定性因素是什么

成功的因素是多种多样的，如机遇、个人才能、人际关系等，一般都可以谈。但谋职者应根据面试的特殊情况，抓住个人才能这个重点来谈，可以回答："周边环境固然重要，但成功的一个关键还在于自己，在于勤奋、智慧以及对自己奋斗目标的不懈追求。"

四、兴趣爱好、社会交往类

（一）你有什么业余爱好

主考人表面上是了解你的业余爱好，实则考查你的爱好是否会影响到你的正常工作，回答时应尽量避免说："我除了工作，没有什么爱好。"这意味着你可能性格孤僻，也可能你是在说假话；也要避免随意回答："我天天下舞厅跳舞、唱卡拉 OK、看球赛。"这使人立即想到你是个"舞迷""歌迷"和"球迷"，会影响白天的工作。最好是回答有时会读读书、听听音乐、养养花、练练书法和参加体育活动等。

（二）你会喝酒吗

回答这个问题，一定要根据自己应聘的职位和主考询问的意图酌情回答，不可根据常识强调自己滴酒不沾。因为喝酒常常是必要的社交手段，如应聘办公室主任、公关、购销人员等职位，完全不沾酒是难以胜任的。

（三）你认为生活中最重要的事是什么

这个问题意在考查你的积极性，你只需回答“家庭和睦，事业有成”或“积极努力，不断进取”即可。

（四）谈谈你对社会某些热门话题的看法

这个问题主要是考查你对社会的关心程度，热门话题很多，诸如炒股、婚外恋、通货膨胀、反腐败、住房改革、两极分化等，你可选择一两个目前大家最关心的问题，从个人的立场加以评述，但应注意考虑多数人的意见，尽量避免标新立异，更不要就此问题与主考发生争辩。

任务四　求职礼仪

一、着装要求

在面试过程中，着装是求职者最大限度发挥自身优势的环节。考官对求职者的初始印象非常重要，着装和打扮往往是第一印象的关键，会直接影响求职者的面试成绩。求职者的着装最好适合用人单位的组织文化、岗位特征。

二、准时

面试必须守时。面试前应了解面试地点所处的位置及交通线路。最好提前到面试地点实地考察，精确估量到达所需的时间。面试当天应确保提前10～20分钟到达面试地点。

如确实遇到不可预见的事情而无法按时到达面试地点，也应该及时告知用人单位，详述原因，尽量争取对方的谅解。

准时到达面试地点，具有非常重要的意义。

第一，准时到达是人际交往中极为重要的礼节，按约定时间提前片刻或准时到达，不仅仅是个人的基本社交素养，更展现了你对面试的重视以及重诺守信的做人准则。如果没有正当理由而迟到，那么面试结果将很难乐观，这里的正当理由绝不是诸如什么堵车、生病等琐事，对于一个连自己时间都管理不好的人是很难指望他在岗位上尽职尽责的。

第二，准时到达，会给面试的组织、管理工作提供积极的合作。太早到，会给工作人员带来不方便，同时也会使自己在过长的等待过程中变得焦虑；而晚到，会给面试官留下不良印象。

三、报到

应试者报到时要面带笑容，态度自然，向接待人员清楚说出自己的姓名、应聘职位、约见联系人、约见时间等。如果接待人正好有其他事情，应耐心等候。

报到后，应及时将手机关掉或者调成振动，否则面试时可能会因为来电而打断双方的谈话，并且给考官留下非常不好的印象。

四、进门

如果没有人通知，即使前面一个求职者已经面试结束走出面试房间，应聘者也应该在门外耐心等待，而不得擅自进入面试房间。

可以面试时，应聘者进入房间之前应先敲门，待许可后再进去。如果是几个人一起进入，第一个开门的人应将门把住，让别人先进。进门前，手上可以拿一份资料以解决双手放置的问题，同时女性在弯腰或展示简历时可用其挡住下垂的领口。

进门时，表情越自然越好，见到考官时，要面带微笑。如果需要握手，要热情、大方地伸出你的手。

五、就座

应聘者切勿随便入座，更加不能争先恐后地抢座。听见面试官说“请坐”之后，应先道谢，然后就座，并将公文包放在大腿上。面试时，应聘者有两种坐姿不可取：一是紧贴椅背坐，显得太放松，且不够尊重；二是只坐椅边，显得太紧张。建议最好坐满椅子的三分之二，身体微微向说话者倾斜，挺胸收腹，保持轻松自如的姿势。切记不要把双手交叉在胸前；不要斜靠在桌子上或双手抓住椅子的扶手。

面试前的闲聊有时很重要，一来可以打破僵局，二来可以使双方建立某种亲近感。

注意与室内的每个人进行目光交流，并保持微笑，目光停留在 2 秒以上，在目光停留期间，切勿移动目光、上下打量。记清楚对面面试官的介绍，注意一定要找准对此次应聘有决定权的人的姓名、职务和部门，这样在面试后写感谢信时才能目标明确。

六、答题

面试一开始就要留心自己的身体语言，特别是眼神，要保持与面试官的目光接触，只是在深入思考问题和必须回答问题时才能把目光移开。手应该放松或者用来表达兴奋之情。要注意控制任何紧张情绪。当感到紧张无法摆脱时，不妨坦诚相告，如：“坦率地讲，这是我第一次面试，所以感到有些紧张，可不可以让我冷静一下，再回答这个问题?”当说出这句话的时候，自然而然也就消除了一些紧张感，也容易得到面试官的宽容。

对面试官应全神贯注，始终与对方作眼神交流，展现出自信及对面试官的尊重。听清楚面试官的提问后，如果不是显而易见的问题，要短暂思考几秒钟后再作答。这样既可以整理自己的思路，也可以避免让面试官认为求职者过于草率。回答时要声音响亮，吐字清楚，语速适中。

七、面试结束后应做的事

（一）礼貌告别

当主考官宣布面试结束时，考生应保持微笑，自然站起，为占用考官的宝贵时间而向对方致谢，并与考官道别，迅速退出考场，不要再试图补充几句，也不要再提什么问题，如果你认为确有必要的话，可以事后写信说明或回访，而不是现在拖泥带水，影响其他人面试。

（二）整理好场地

面试结束后，考生不要急忙离开场地，而是应再环视一下考官和工作人员，用肢体语言向他们致谢，然后整理好桌面上的答题纸和笔，起身后把凳子放归原位，然后再向考官道别。

（三）主动与用人单位保持联系

面试结束后，求职者不能被动等待结果，一定要积极主动地与用人单位及时保持联系，可以在面试结束后的一两天内，给用人单位招聘负责人发一封简短而诚恳的信。

写信时，可以讲述你通过面试对用人单位有了进一步的了解，可以表明自己的向往之情，也可以将自己一旦落选的承受力点一下，表明自己的通情达理。其实写这封信的过程，也是又一次推荐自己、争取机会的过程。

总而言之，在参加完面试后，如果你不幸没有被录用，也不要自暴自弃、悲观失望，而要给自己信心，自我分析总结哪些方面做得不够完善，诚恳谦虚地向招聘单位询问没被录用的原因，及时修正，振作精神来迎接下一次的挑战，所以以上几点一定要做到，这样不仅仅只是为了拿到 Offer，更重要的是，加深用人单位对你的良好印象，即使现在不录用你，但以后对你的帮助也是无限的。

实训模拟

1. 两人一组，分别扮演面试官和应聘者。面试官提出一个问题，旨在考验应聘者的应变能力："你在诚实和责任感之间，选择哪一个、抛弃哪一个？"无论应聘者如何回答，面试官都会立刻要求你："请设计一个生活事例，其结果同你刚回答的刚好吻合，只给 30 秒的思考时间。"这时候，应聘者该如何回答这个问题呢？回答结束之后，双方交换角色，继续演示。可在全班当众演示，由其他学生进行评论，由教师最后总结。

2. 通过各种渠道，自行搜集一些企业面试时所提出的主要问题。依次分析这些问题的深层目的、言外之意，依次设计合理的应答语句。在设计相关语句时，除了一个首选答案之外，还要准备三四个灵活应对不同情况的特殊答案。无论是首选答案还是其他的特殊答案，都要具体说明这些设计的初衷及针对性。

第三部分

就业篇

项目十　高校毕业生就业形势

自学导读

党的十八大以来，习近平总书记十分重视大学生的就业问题，并勉励当代大学生要志存高远、脚踏实地，转变择业观念，坚持从实际出发，勇于到基层一线和艰苦的地方去，把人生的路一步步走稳走实，善于在平凡岗位上创造不平凡的业绩。习近平总书记在十九大报告中强调："就业是最大的民生。"十九大报告还指出，要坚持就业优先战略和积极就业政策，实现更高质量和更充分就业。

就业是民生之本，大学生就业已成为社会关注的焦点问题。了解近年高校毕业生就业情况，对毕业生就业促进政策进行解读和分析，掌握国家支持大学生创新创业的政策及对就业困难学生的帮扶政策，有利于同学们实现顺利就业、勇于创新创业。

故事导航

求职应聘须合理考虑就业地点

前不久，江苏科技大学举行了一场人才供需洽谈会。这场洽谈会引来盐城市27家企业组团揽才。一些企业负责人表示，在江苏省沿海开发上升为国家战略的契机下，大学生应将眼光放远些，不妨多考虑到苏北城市发展。可惜，真正有意愿的大学生并不多。在洽谈会现场，"盐城团"不仅在江科大东苑食堂以专场形式招聘，还在会场入口处播放城市宣传片。但与主会场的人山人海相比，这个招聘专场显得异常冷清。一名女生看了一眼招聘广告，就离开了。她告诉记者："大城市才有发展前景，我还是想留在江浙一带。"在被问到如果就业困难是否会选择盐城时，她以不容置疑的口气回答："绝对不考虑。"

记者了解到，这次盐城组团来招聘的企业大多是中小型新兴企业和特色企业，还有乡镇卫生院等部分事业单位，提供的待遇和条件并不比苏南发达地区大企业差，绝大部分单位提供食宿。盐城市人才市场副主任沈国军表示，现在苏北城市经济增幅强劲、发展潜力很大。相比苏南城市而言，盐城的生活成本不高，但幸福指数却很高。

由此可见，宣称高度关注就业市场的大学生，其实有相当一部分人并不务实、理智。在这里边，固然有信息不对称的原因，但根本原因还是部分大学生在求职应聘中未能合理考虑就业地点。事实证明，不客观、不全面地分析就业市场，一味坚持自己的所谓高标准，只能自我限制，导致很多就业良机的无端丧失。

理论阐释

任务一　我国就业现状分析

一、大学生面临的就业形势

中国共产党成立一百年来，我国高等教育事业取得了巨大成就。1949 年，我国高等教育毛入学率仅为 0.26%，高校在校生仅有 11.7 万人；2020 年，我国高等教育毛入学率为 54.4%，在学总人数达到 4183 万人，已建成世界规模最大的高等教育体系。2021 年教育部发布高等教育毛入学率提升到 57.8%。相应的，高校毕业生数量也逐年增长。数据显示，2018 年普通高校毕业生人数共计 820 万人，2020 年达到 874 万人，再创历史新高，2021 年 909 万，同比增加 35 万。而据教育部统计数据显示，2022 年高校毕业生规模将达到 1076 万人，比上一年又增加了 167 万人，规模和增量都创下了历史新高，大学生就业面临复杂严峻的形势。

现在，随着大学生的数量越来越多，大学生的就业问题成为了一个社会共性问题。在疫情在国内出现反复的背景下，2022 年的高校毕业生就业问题已经浮出水面。见图 10－1（单位：万）。

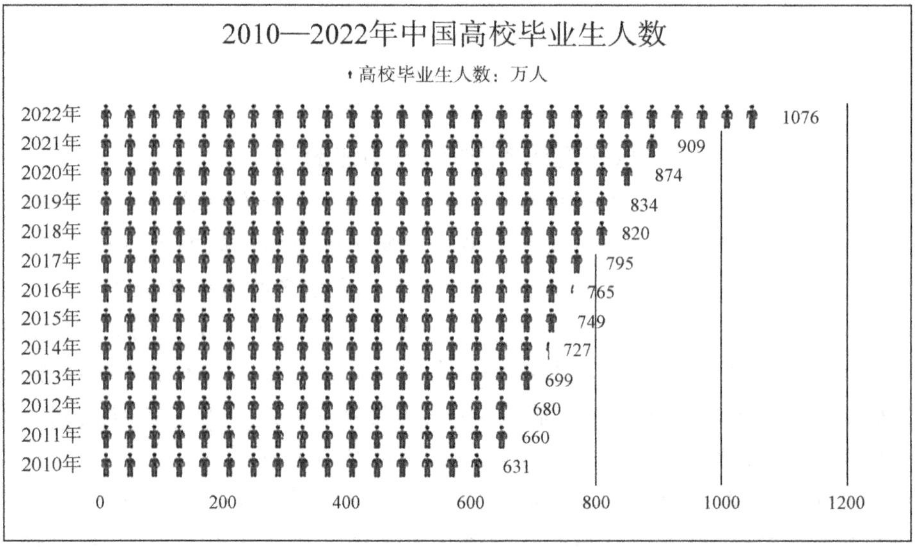

图 10－1　毕业生统计图

通过以上数据，可以看出随着中国高等教育从精英教育向大众教育的转变，越来越多的青年人获得了接受高等教育的机会；但随着中国经济的转型和高校扩招进程的加速，毕业生的规模急剧扩大，大学毕业生与社会需求之间的“供求天平”发生倾斜，越来越多的大学生面临就业压力，大学生就业已成为中国社会经济发展中越来越突出的社会热点问题。

二、就业困难原因分析

大学生就业难已成为一个社会问题。那种每有招聘,上万甚至几十万大学生人头攒动的景象人们并不陌生。纵观大学生就业困难的现状,原因是多方面的。

(一)内外经济增速趋缓,对就业产生一定影响

中国经济整体仍处下滑周期中,经济发展速度的放缓和结构的调整,客观上会对劳动者就业结构产生影响,同时也会对就业总体规模产生挤压效应,对劳动者就业产生影响。尤其是传统支柱产业企业改革的重组加快、淘汰落后产能、部分行业持续低迷及产能过剩将造成结构性失业和转型性失业,就业难度加大。国际经济发展形势仍然不稳定,风险和变数依旧较多,欧美主要经济体面临着财政紧缩、主权债务风险上升等诸多问题,新兴经济体面临着经济结构调整、出口下滑等问题,世界经济艰难复苏,影响着出口型经济及就业的发展。

(二)市场预期和企业转型升级对就业的影响依然较大

一是企业转型升级的步伐缓慢。一些中小企业,尤其是民营企业技术创新的能力还比较薄弱,产品结构转型的步伐比较缓慢,受国内外市场竞争、产品技术含量、附加值等因素的影响,企业不得已实施低价竞争策略,部分企业过分控制人工成本,支付给员工的工资待遇偏低,导致员工流失。二是部分企业认为近期的生产形势不够乐观,裁员频繁,急于消解成本压力,这在一定程度上伤害了员工对企业的感情。三是部分企业的社会责任感比较欠缺,长期沿袭的“需要就招工、不需要就解雇走人”的用工模式伤害了劳动者的感情,让他们没有安全感和稳定感。

(三)社会对于毕业生学历层次的需求越来越高

目前我国中高层次的人才严重短缺,社会对高层次的复合型、外向型和开拓型人才的需求日益迫切,呈现对人才结构的需求层次重心上移的趋势。在毕业生就业中研究生已越来越“抢手”,本科生还能基本平衡,专科生则较明显地呈现供过于求的趋势。高校、科研单位、大机关、大公司已经基本上以接收硕士生、博士生为主,甚至连一些中小型单位都开始希望多接收研究生。这种社会现象致使现在不少用人单位存在“人才高消费”的错误观念,盲目追求高学历人才,因而对毕业生的需求出现扭曲的心理,人为地制造了就业难。

(四)毕业生的能力素质与用人单位的要求存在较大差距

现在用人单位对高校毕业生的敬业精神、职业道德、思想道德觉悟和能力素质水平都提出了越来越高的要求,看重人品和能力,对专业反而看淡。不少单位已经开始对接收毕业生持“宁缺毋滥”的态度。因此,学生干部和学生党员,以及那些综合素质好、动手能力强、有敬业精神、有各种特长的毕业生越来越受欢迎。

(五)就业结构性矛盾突出

2015 年是我国经济从规模扩张向内部调整的拐点,经济结构的调整也必然带来需求的变化,从而造成一些新兴行业急需人才、中高级人才供不应求,而一些传统行业、过剩产能和落后产能的行业却出现大批失业人群。目前劳动力市场对中高级专业技术人员的用人需求增加,而对初级技能劳动者的用人需求有所减少。市场上技能劳动者的需求量大,但大量劳

动者由于缺乏技能，出现就业难、工作稳定性较差的情况。

随着产业升级和社会转型加剧，市场对人才结构的需求发生明显变化，直接导致人才市场出现“纺锤形”结构性失衡。即中高级管理人才和专业人才供不应求，蓝领技工和服务人员供不应求，但人才市场供给上出现大学生和普通白领“假象过剩”。

任务二　大学生就业方向

大学生就业一方面受高校教育质量的影响，另一方面也受国家政策导向和社会经济发展状况的制约，因为经济发展的速度与其能向社会提供的就业岗位成正比。我国从2010年开始，逐渐摆脱金融危机的影响，经济发展重新走向快速健康发展的轨道，大学生就业难问题一度得到缓解。随着欧债危机的逐渐蔓延，我国经济于2014年再度受到西方经济发展的拖累，经济下行压力较大，与之相应的大学生就业率必然出现下降。可见大学生就业形势会受到国内外很多不确定因素的影响。但抛开这些不确定因素，近几年大学生就业趋势向以下几个方面倾斜。

一、毕业生就业基层化

从大学生就业实际走向来看，大批毕业生到基层就业成为最近几年大学生就业的新动向。而基层就业持续升温，主要是因为中央政策的引导和就业压力的增大形成的。

二、大学毕业生从一线城市转向二三线城市就业

有关调查显示，目前应届毕业生对城市的选择逐渐多样化。北京、上海、广州、深圳的在职应届毕业生占全国的比例开始逐年下降，杭州、南京、成都、天津的在职应届毕业生比例则逐年上升，此外其他二三线城市在职应届毕业生比例也有所提升。出现这种动向的原因，既有市场调节的作用，也有政策引导的影响。从市场角度来说，首先，北京、上海、广州、深圳等大城市人才市场的需求是有限的，每年新增就业岗位的速度不及毕业生规模的增长速度。而一些二三线城市经济发展的潜力开始显现，就业机会增多。近年来我国城镇新增就业人口都在一千万左右，但就业机会主要来自民企和外企，这些企业很多分布在大中城市。其次，我国经济经过多年的发展，城市逐渐呈现出“百花齐放”的良好态势。在大城市的房价居高不下、生活成本急剧上升的情况下，一些中小城市的收入与消费却更具有合理性，从而吸引大学毕业生从大城市转向二三线城市就业。从政策角度来讲，政府出台的相关就业政策发挥了积极作用。国家对到基层、到中西部地区、到中小企业就业的大学毕业生分别给予了各种优惠政策，这些政策在实践中得到落实，对促进毕业生就业发挥了积极作用。比如，除了少数几个大城市，其他大中城市都放开了户籍限制，北京等地相关政府部门也积极为京外省市进京招聘人才搭建平台。这些举措都在客观上加速了毕业生向二三线城市的流动。

三、大学生自主创业比重加大

自主创业既能缓解高校毕业生的就业压力，又能为社会创造新的就业岗位，具有带动就

业的倍增效应，是高校毕业生就业的重要增长点。2015 年 6 月国务院通过了《关于大力推进大众创业万众创新若干政策措施的意见》，按照“四个全面”战略布局，加大简政放权力度，放宽政策、放开市场、放活主体，形成有利于创业创新的良好氛围，让千千万万创业者活跃起来，汇聚成经济社会发展的巨大动能。创业作为灵活就业的一种形式，正逐渐被越来越多的同学认可和接受。

四、中小企业仍然是吸纳毕业生的主力

“十三五”时期，促进中小企业发展的总体目标是：整体水平进一步提高，提升中小企业吸纳就业能力，年均吸纳新增就业 800 万人左右。在今后很长一段时间，小企业仍然是吸纳毕业生的主力。

实训模拟

1. 拥有多次跳槽的经历，对于应聘新的工作是既有利又有弊的。这既取决于用人单位面试官的具体想法，也取决于应聘者本人的表达技巧。假设你确实拥有多次跳槽经历，请按照以下规定的情境，毫不回避却又因势利导地阐述自己跳槽的原因及其收益。情境一：用人单位的面试官非常欣赏多次跳槽者的胆识过人和经验丰富。情境二：用人单位的面试官特别反感多次跳槽者的心态浮躁和忠诚不足。

2. 假设你准备跳槽，在工资待遇、工作地点、行业前途、老板为人、专业对口等方面，如果存在明显的冲突，你首先考虑哪一样？请按照重要程度，给这些问题排个序。如果有的并不排在首位但你又希望通过努力来逐步实现，请在小组内说明你的具体规划。有的人认为，与其费心费力地挑选自己满意的工作，还不如改变自己挑选工作的标准更容易成功。对此，不同的人有不同的看法。你怎么看待这个问题？

项目十一　高校毕业生就业政策

自学导读

就业政策,是指党和政府在一定的历史条件和历史阶段为促进经济发展和社会进步,为劳动者创造就业机会、扩大就业机会所制定的行为准则。所谓大学生就业政策,是指国家在一定的历史条件和历史阶段下,为解决大学生就业与社会需求间的矛盾,正确引导大学生就业,从而为大学生创造良好就业环境、增加就业机会、维护大学生和用人单位的合法权益所制定的指导方针和行为准则的总和。随着时间的流逝,社会环境也不断变化,我国的经济发展模式在不同历史时期有不同的表现和特征,国家和地方分别根据现实情况的变化制定了相应的大学生就业政策。

故事导航

准确分析职场政策

毕业生张某在寒假参加A市的毕业生供需见面洽谈会,当时有一家国有企业在会场招聘应届毕业生,张某觉得单位位于沿海开放城市,工作环境、工资待遇、发展前景等方面都很有吸引力,而自己也比较符合该单位的招聘条件,于是参加了面试。经过初试和复试,张某与该单位正式签订了就业协议。张某回想起这段经历,脸上还不时浮现出自豪的笑容,能在大学生就业形势如此严峻的情况下找到这么中意的工作,自己已经非常幸运了。

前几天,张某却愁容满面地回到学校,向大学生就业指导中心的老师咨询毕业生解约的相关问题。老师问他:“你签的单位在班里算是很好的了,怎么还没有报到就要解除协议呢?是不是和单位之间有什么不愉快?”张某说:“其实,我和单位之间并没有出现什么不愉快,彼此都挺满意的,只是刚接到了单位人力资源部打来的电话,说由于在招聘时没有注意到市人事局关于接收应届高校毕业生的通知,对本度毕业生引进的相关规定,参照我个人的条件,单位无法为我办理人事关系接收手续。”

张某接着向老师详细说明了情况:张某在寒假期间和单位签订就业协议时,双方都没有注意到市人事局关于人才引进的相关政策,当单位到A市人事局准备为张某办理人事关系接收手续时才发现张某不符合接收条件,原因是A市人事局出台了新的接收高校应届毕业生的政策。新政策规定,对外地生源应届高校毕业生到A市工作,需要毕业证、学位证、计算机等级证书“三证”齐全,才能办理接收手续。张某目前还没有考取计算机等级证书,又是外地生源,所以A市人事局无法为张某办理人事关系接收审批手续。他只好与原单位解除就业协议，重新寻找工作。

前几天，张某向大学生就业指导中心提交了省外就业协议书，他已经和深圳的一家企业签订了就业协议，而且已经完成了人事关系转接的审批手续。回想起这一波三折的就业经历，张某感慨地说："磨刀不误砍柴工，大学生在找工作之前一定要清楚各种就业政策，这样才能少走弯路。"

理论阐释

任务一 国家关于促进高校毕业生就业的政策

高校毕业生是我国宝贵的人力资源。目前，我国就业形势十分严峻，必须把高校毕业生的就业问题摆在就业工作的首位。

一、面向基层就业政策

基层就业政策主要包括以下几个方面：基层社会管理和公共服务岗位就业补贴政策；学费和助学贷款代偿政策；选聘招录优惠政策；完善面向基层就业项目政策。也就是说，国家通过社会保险补贴、公益性岗位补贴、减免学费等多项举措鼓励大学毕业生到基层就业。各地各高校要深入贯彻中央《关于进一步引导和鼓励高校毕业生到基层工作的意见》，落实好基层就业学费补偿、代偿等政策，实施高校毕业生基层成长计划。服务乡村振兴战略，引导毕业生到现代种植业、农产品加工、农村电子商务等一、二、三产业就业创业。继续组织实施好"教师特岗计划""大学生村官""三支一扶""西部计划"等中央基层就业项目。鼓励毕业生到城乡基层从事教育文化、健康养老、扶贫开发等工作，到社会组织就业。

按照《国务院办公厅关于做好2013年全国普通高等学校毕业生就业工作的通知》（国办发〔2013〕35号）和《国务院关于进一步做好普通高等学校毕业生就业工作的通知》（国发〔2011〕16号）等文件规定，国家鼓励毕业生到基层就业的主要优惠政策包括以下几个方面。

（1）各地要根据统筹城乡经济和加快基本公共服务发展的需要，大力开发社会管理和公共教育、医疗卫生、文化等领域服务岗位，增加高校毕业生就业机会。要进一步完善相关政策，重点解决好他们在工资待遇、社会保障、人员编制、户口档案、职称评定、教育培训、人员流动、资金支持等方面面临的实际问题，鼓励和引导高校毕业生到城乡基层特别是城市社区和农村教育、医疗卫生、文化、科技等基层岗位工作。

（2）对到农村基层和城市社区从事社会管理和公共服务工作的高校毕业生，符合公益性岗位就业条件并在公益性岗位就业的，按照国家现行促进就业政策的规定，给予社会保险补贴和公益性岗位补贴。

（3）对到农村基层和城市社区其他社会管理和公共服务岗位就业的，给予薪酬或生活补贴，同时按规定参加有关社会保险。

（4）对到中西部地区和艰苦边远地区县以下基层单位就业，并履行一定服务期限的高校毕业生，以及应征入伍服义务兵役的高校毕业生，按规定实施相应的学费补偿和国家助学贷款代偿。

(5)自2012年起,省级以上机关录用公务员,除部分特殊职位外,均应从具有2年以上基层工作经历的人员中录用。市(地)级以下机关特别是县乡机关招录公务员,应采取有效措施积极吸引优秀应届高校毕业生报考,录用计划应主要用于招收应届高校毕业生。

(6)对具有基层工作经历的高校毕业生,在研究生招录和事业单位选聘时实行优先。

二、促进以创业带动就业政策

为引导大学生多渠道就业,尤其是鼓励他们自主创业和灵活就业,以创业带动就业,国家和各级政府出台了许多优惠政策。

1. 放宽市场准入条件:(1)降低注册门槛,初创企业时,允许按行业特点放宽资金、人员准入条件,注册资金可分期到位。(2)按照相关规定可将家庭住所、租借房、临时商业用房等作为注册地点及创业经营场所。

2. 享受资金扶持政策。

3. 对符合条件的高校毕业生自主创业的,可在创业地按规定申请小额担保贷款;从事微利项目的,可享受不超过10万元贷款额度的财政贴息扶持;合伙经营和组织起来就业的,可根据实际需要适当提高贷款额度。

4. 视当地情况,可申请"大学生创业资金"。

三、实行税费减免优惠

(1)毕业两年以内从事个体经营时,自在工商部门首次注册登记之日起三年内,可免交管理类、登记类和证照类等有关行政事业性收费。

(2)持《就业失业登记证》(注明"自主创业税收政策"或附着《高校毕业生自主创业证》)的高校毕业生在毕业年度内(指毕业所在自然年,即1月1日至12月31日)从事个体经营的,三年内按每户每年8000元为限额享受有关税收优惠;毕业两年以内从事个体经营时,自在工商部门首次注册登记之日起三年内,可免交有关行政事业性收费。

四、提供培训指导服务

(1)对高校毕业生在整个毕业学年(即从毕业前一年7月1日起的12个月)内参加创业培训的,根据其获得创业培训合格证书或就业、创业情况,按规定给予培训补贴。

(2)进入"高校学生科技创业实习基地"创办企业,可以享受减免12个月的房租、专业技术服务与咨询、相应的公共设施以及公共信息平台服务等。

(3)在办理自主创业行政审批事项时,可以通过"绿色通道"享受联合审批、一站式服务、限时办结和承诺服务等。

(4)各城市应取消高校毕业生落户限制,允许包括专科生在内的高校毕业生在创业地办理落户手续(直辖市按有关规定执行)。

(5)自主创业申报灵活就业的高校毕业生,各级公共就业和人才服务机构按规定提供人事、劳动保障代理服务,做好社会保险关系接续工作。

五、职业培训政策

促进高校毕业生就业的职业培训政策主要包括以下几个方面：
(1)开展就业技能培训。
(2)开展岗位技能提升培训。
(3)开展创业培训。
(4)加强培训信息引导。
(5)提供职业技能鉴定服务。
(6)落实职业培训补贴政策。

六、就业服务政策

就业服务政策主要包括以下几个方面：
(1)就业困难和零就业家庭的高校毕业生，享受公益性岗位安置、社会保险补贴、公益性岗位补贴等就业援助政策。
(2)机关、事业单位免收招聘报名费和体检费。
(3)高校可根据实际情况给予适当的求职补贴。
(4)对离校后未就业回到原籍的高校毕业生，由各地公共就业服务机构免费提供就业服务并组织就业见习和职业技能培训。

七、入伍服兵役政策

大学生参军优惠政策是指高校毕业生应征入伍服义务兵役，除享有优先报名应征、优先体检政审、优先审批定兵、优先安排使用这“四个优先”政策，家庭按规定享受军属待遇外，还享受优先选拔使用、学费补偿和国家助学贷款代偿、退役后考学升学优惠、就业服务等政策。

八、科研项目吸纳政策

科研项目吸纳毕业生就业的相关政策包括以下几个方面：
(1)项目承担单位聘用高校毕业生的相关就业政策。
(2)各地方要积极鼓励本地区设立的重大科研项目聘用高校毕业生参与研究工作，促进高校毕业生就业。
(3)加强重大科研项目聘用高校毕业生工作的组织领导。

九、服务外包政策

国家关于促进大学生就业的服务外包政策主要包括以下几个方面：
(1)建立服务外包人才培养培训体系。
(2)调整专业结构适应服务外包产业需要。
(3)采取灵活措施培养服务外包人才。
(4)深化高校与服务外包企业的合作。
(5)努力做好服务外包人才就业工作。

十、公平就业政策

公平就业从政策上主要体现在以下几个方面：

（1）各个民族劳动者享有平等的劳动权利。用人单位招用人员，应当依法对少数民族劳动者给予适当的照顾。

（2）妇女享有与男子平等就业的权利。用人单位招用人员，除国家规定的不适合妇女的工种或者岗位外，不得以性别为由拒绝录用妇女或者提高对妇女的录用标准。用人单位录用女职工，不得在劳动合同中规定限制女职工结婚、生育的内容。

（3）用人单位招用人员，不得歧视残疾人。

（4）用人单位招用人员，不得以是传染病病原携带者为由拒绝录用。但是，经医学鉴定是传染病病原携带者的在治愈前或者排除传染嫌疑前，不得从事法律、行政法规和国务院卫生行政部门规定禁止从事的易使传染病扩散的工作。

（5）农村劳动者进城就业享有与城镇劳动者平等的劳动权利，不得对农村劳动者进城就业设置歧视性限制。

（6）用人单位招用人员、职业中介机构从事职业中介活动，应当向劳动者提供平等的就业机会和公平的就业条件，不得实施就业歧视。用人单位发布的招用人员简章或招聘广告，不得包含歧视内容。

任务二　从戎——绿色军营呼唤莘莘学子

我国《宪法》规定："保卫祖国、抵抗侵略是中华人民共和国每一个公民的神圣职责。依照法律服兵役和参加民兵组织是中华人民共和国公民的光荣义务。"大学生入伍不再是少数国防生的选择，也不再是理想和青春激荡下的冲动之举，它已悄然列入大学生的职业选择。毕业生如果入伍，必须了解军队招收、选拔国防生的有关政策，军队直接接收高校毕业生的有关政策等，下面将对这些内容进行详细讲解。

当前，国防和军队建设处在新的历史起点上，随着军队的现代化发展，大批新型武器装备部队，不仅需要高素质军官，同时需要文化素质高的士兵操纵和维护，所以征集一定数量的大学生入伍，对优化部队兵员的文化结构，对适应军队知识密集、技术先进的需要，对加快改革强军、科技兴军，走精兵之路，实现强军梦都有着十分重要的意义。

大学生入伍是指部队每年从在校大学生和大学毕业生中招收义务兵。从 2020 年开始一年两次征兵两次退役。上半年征兵从 2 月中旬开始，3 月底结束，重点征集各级各类院校往届毕业生、高职高专毕业班学生和各类社会技能人才，新兵批准入伍时间为 3 月 1 日。下半年征兵从 8 月中旬开始，9 月底结束，重点征集各级各类院校应届毕业生、在校生和新生，新兵批准入伍时间为 9 月 1 日。

一、国家鼓励大学生应征入伍服义务兵役，这里的"大学生"该如何界定

指根据国家有关规定批准设立、实施高等学历教育的全日制公办普通高等学校、民办普通高等学校和独立学院，按照国家招生规定录取的全日制普通本科、专科（含高职）、研究生、

第二学士学位的应(往)届毕业生、在校生和已被普通高校录取但未报到入学的学生。

注:征集的大学生以男性为主,女性大学生征集根据军队需要确定。

二、公民应征入伍需要满足的政治条件和基本身体条件

征集服现役的公民必须热爱中国共产党,热爱社会主义祖国,热爱人民军队,遵纪守法,品德优良,决心为抵抗侵略、保卫祖国、保卫人民的和平劳动而英勇奋斗。征兵政治审查的内容包括:应征公民的年龄、户籍、职业、政治面貌、宗教信仰、文化程度、现实表现以及家庭主要成员和主要社会关系成员的政治情况等。

公民应征入伍要符合国防部颁布的《应征公民体格检查标准》和有关规定。其中,有几项基本条件必须具备。

身高:男性160cm以上,女性158cm以上。

体重:男性不超过标准体重的30%,不低于标准体重的15%。女性不超过标准体重的20%,不低于标准体重的15%。[注:标准体重=(身高-110)kg。]

视力:大学生右眼裸眼视力不低于4.6,左眼裸眼视力不低于4.5。屈光不正,准分子激光手术后半年以上,无并发症,视力达到相应标准的,也属合格。

内科:乙型肝炎表面抗原呈阴性等。

三、应征入伍服义务兵役大学生的年龄规定

男性:普通高等学校在校生为年满18至22周岁,高职(专科)毕业生可放宽到23周岁,本科及以上学历毕业生可放宽到24周岁。

女性:普通高等学校在校生为年满18到20周岁,应届毕业生放宽到22周岁。

四、高校毕业生应征入伍服义务兵役要经过的程序

(一)网上报名预征

有应征意向的高校毕业生可在夏秋季征兵开始之前登录“大学生应征入伍网上报名平台”(网址为http://zbbm.chsi.com.cn或http://zbbm.chsi.cn)进行报名,填写、打印《应届毕业生预征对象登记表》和《高校毕业生应征入伍学费补偿国家助学贷款代偿申请表》(以下分别简称《登记表》《申请表》),交所在高校征兵工作管理部门。

(二)初审、初检

毕业生离校前,在高校参加身体初检、政治初审,符合条件者确定为预征对象,高校协助兵役机关将《登记表》和《申请表》审核盖章发给毕业生本人,并完成网上信息确认。初审、初检工作最晚在7月15日前完成。

(三)实地应征

高校应届毕业生可在学校所在地应征入伍,也可在入学前户籍所在地应征入伍。

(四)在学校所在地征集的

组织高校应届毕业生在学校所在地征集的,结合初审、初检工作同步进行体格检查和政

治审查，在毕业生离校前完成预定兵，9 月初学校所在地县（市、区）人民政府征兵办公室为其办理批准入伍手续。政治审查以本人现实表现为主，由其就读学校所在地的县（市、区）公安部门负责，学校分管部门具体承办，原则上不再对其入学前和就读返乡期间的现实表现情况进行调查。

（五）在入学前户籍所在地应征入伍的

在入学前户籍所在地应征入伍的，高校应届毕业生 7 月 30 日前将户籍迁回入学前户籍地，持《登记表》和《申请表》到当地县级兵役机关参加实地应征，经体格检查、政治审查合格的，9 月初由当地县（市、区）人民政府征兵办公室办理批准入伍手续。

五、大学生征集工作牵头负责的部门

高校所在地兵役机关会同有关部门进入高校开展征集工作，高校由学生管理部门或学校武装部门牵头负责，有意参军入伍的大学生可向所在学校学工部（处）、就业中心、资助中心或武装部咨询有关政策。

六、大学生入伍优惠政策

高校毕业生应征入伍服义务兵役，除享有优先报名应征、优先体检政审、优先审批定兵、优先安排使用这“四个优先”政策，家庭按规定享受军属待遇外，还享受优先选拔使用、学费补偿和国家助学贷款代偿、退役后考学升学优惠、就业服务等政策。

1. 学费减免

国家对应征入伍服义务兵役的高校学生，入伍时在享受普通义务兵待遇的基础上，对其在校期间缴纳的学费实行一次性补偿或获得的国家助学贷款实行代偿；应征入伍服义务兵役前正在高校就读的学生（含高校新生），服役期间按国家有关规定保留学籍或入学资格、退役后自愿复学或入学的，国家实行学费减免；学费补偿、国家助学贷款代偿和学费减免标准，本专科学生每人每年最高不超 8 000 元，研究生每人每年最高不超过 12 000 元。

2. 其他经济优待

包括家庭优待金、自主就业经济补偿、服役津贴和退役金。服役期间其家属享受每年不低于 2.2 万元的优待金，正常退伍并复学的，领取自主就业经济补助 5.2 万。义务兵服役期满退出现役，部队发给退伍费、回家差旅费、医疗保险费、1 个月的津贴及生活费等近 5 000 元，退役金 9 000 元。回到地方，再由安置地民政部门发给一次性自主就业补助金 9 000 元。士官退役将享受更多经济补助。

入伍后，衣、食、住、行、医等由国家供给。义务兵：第一年津贴 7 200 元，第二年 8 400 元，担任正、副班长职务或特殊岗位，艰苦、边远、海岛地区还有特殊补贴。选取为士官后由部队发放工资：下士（第三至第五年）平均月薪 3 239 元，中士（第六至第八年）平均月薪 4 223 元，上士（第九至第十二年）平均月薪 5 028 元；另外，部队将代缴保险、住房补贴及公积金等。

3. 免试专升本

高职（专科）在校生（含高校新生）入伍经历可作为毕业实习经历；

（适用:在校生、高校新生;依据:参动〔2013〕69 号）

具有高职（专科）学历的毕业生,退役后免试入读成人本科;

（适用:毕业生;依据:参动〔2013〕69 号）

荣立三等功以上奖励的高职（专科）在校生（含高校新生）,在完成高职（专科）学业后,免试入读普通本科。

（适用:在校生、高校新生;依据:参动〔2013〕69 号）

4. 政法干警招录

各地拿出政法干警招录培养体制改革试点招录培养计划的20%左右,用于招录大学生退役士兵,不再实行加分政策。对在服役期间荣立个人三等功以上奖励的退役士兵,报名和录用时在同等条件下优先考虑。鼓励高学历退役士兵报考试点班,并适当增加招录大学生退役士兵的比例。

（适用:毕业生、在校生、高校新生;依据:中政委〔2014〕31 号）

5. 免修军事技能

高校在校生（含高校新生）参军入伍退役后复学或入学,免修军事技能训练,直接获得学分。

（适用:在校生、高校新生;依据:参动〔2013〕69 号）

6. 考研优待

应届毕业生、普通高校在校生应征入伍服义务兵役退伍后3年内参加全国硕士研究生招生考试,初试总分加10分,同等条件下优先录取。在部队荣立二等功及以上的,符合研究生报名条件的可免试（指初试）攻读硕士研究生。

7. 退役后复学

大学生士兵退役后复学,经学校同意并履行相关程序后,可转入本校其他专业学习。被确定为预征对象的高校高职（专科）毕业生（师范、医药卫生类除外）,未完成的顶岗实习可由应征地区县征兵办统筹组织,高校根据区县征兵办出具的实习鉴定证明按规定办理毕业手续。

8. 就业服务

（1）就业服务。高校毕业生士兵退役后一年内,可视同当年的应届毕业生,凭用人单位录（聘）用手续,向原就读高校再次申请办理就业报到手续,户档随迁（直辖市按照有关规定执行）;退役高校毕业生士兵可参加户籍所在地省级毕业生就业指导机构、原毕业高校就业招聘会,享受就业信息、重点推荐、就业指导等就业服务。

（2）安排工作。士官服役满12年的、服役期间荣获二等功以上奖励的,由人民政府安排工作。在校大学生服役期满退出现役时不愿复学而希望就业的,由入学前户口所在地的退伍军人安置机构负责接收,并按照有关政策规定进行安置。

（3）定向招聘。每年拿出一定数量的公务员、事业单位、国有企业、非公经济组织岗位,定向招聘退役大学生士兵。

任务三　考研、公务员和出国的相关规定

一、考研

考研的全称是"参加硕士研究生入学考试",英文表述是"Take part in the entrance exams for postgraduate schools"。考研必须符合国家标准,然后按照"与学校联系""先期准备""报名""初试""调剂""复试""复试调剂""录取""毕业生就业""其他"等程序依次进行。

(一)报考条件

考研必须符合报考条件。凡是符合下列条件的,可以报名参加国家组织的全国统一招生考试:

1. 中华人民共和国公民。
2. 拥护中国共产党的领导,愿为社会主义现代化建设服务,品德良好,遵纪守法。
3. 考生的学历必须符合下列条件之一:

(1)国家承认学历的应往届本科毕业生;

(2)具有国家承认的大学本科毕业学历的人员;

(3)获得国家承认的高职高专毕业学历后,经2年或2年以上,达到与大学本科毕业生同等学历,且符合招生单位根据本单位的培养目标对考生提出的具体业务要求的人员;

(4)国家承认学历的本科结业生和成人高校应届本科毕业生,按本科毕业生同等学力身份报考;

(5)已获硕士学位或博士学位的人员,可以再次报考硕士生,但只能报考委托培养或自筹经费的硕士。

自考生和网络教育学生须在报名现场确认截止日期前取得国家承认的大学本科毕业证书方可报考。在职研究生报考需在报名前征得所在培养单位同意。

4. 年龄一般不超过40周岁,报考委托培养和自筹经费的考生年龄不限。
5. 身体健康状况符合国家和招生单位规定的体检要求。

(二)考研时间

网上报名日期为每年10月10日至10月31日每天9:00—22:00(逾期不再补报,也不得再修改报名信息)。预报名时间为每年9月28日至9月29日(每天9:00—22:00)。现场确认报名时间为每年11月10日至11月14日,逾期不再补办。准考证打印时间为每年12月25日—第二年1月7日,考生可凭网报"用户名"和"密码"登录研招网下载打印《准考证》。

(三)招生程序

招生单位对考生初试成绩进行登记、统计和测算分析后,根据国家教委制定的复试基本要求和录取原则,结合本校(院、所)情况拟定复试标准。复试标准须由主管研究生工作的校(院、所)长组织有关人员审定,并报所在省(市、自治区)高校招生办和主管部门备案。

招生单位根据拟定的复试标准,将符合复试资格的考生的有关情况,以及接受推荐优秀

应届本科毕业生免初试考生的情况，提供给系（研究室），由系（研究室）在征求有关指导教师意见的基础上，经过认真研究后，提出复试名单。最后由校（院、所）长召开有关会议审批确定复试名单。对于初试成绩符合国家教委复试基本要求，招生单位拟不复试录取的考生，应及时将其全部材料转寄第二志愿单位。对于不符合国家教委复试要求的考生材料不得转寄其他招生单位。

对于个别初试成绩未达到国家教委制定的复试基本要求的考生，招生单位拟对其进行复试的，需上报所在省（市、自治区）高校招生办审批。少数招生单位经国家教委批准，可自行审批。

个别考生（不含同等学力考生），初试成绩突出，同时招生单位对其课程学习、实验技能和科研能力等情况比较了解，认为确有培养前途的，经指导教师提出，系、校（院、所）批准，可以不复试。

对于同等学力考生须全面、严格复试。应加强对本科主干课程和实验技能的考查，其中笔试科目不少于两门。

复试名单确定后，招生单位应向考生所在单位函调人事档案和本人现实表现等材料，全面审查其政治情况。根据复试名单通知考生进行复试。复试前由招生单位组织有指导教师参加的复试小组，根据专业要求和考生具体情况，确定复试内容、复试试题和复试形式（口试、笔试或实践环节的考核等，一般以口试为主）。

二、考公务员

大学生如想考公务员，可登录人事考试网或者公务员考试网，看招考公告，下载职位表，选择适合的职位，点击报名入口，注册个人信息，完善报名信息，提交，缴费，到时间打印准考证，参加笔试，进入面试，资格复审，面试，体检，政审，公示，最终成为公务员。

三、出国深造

大学生如想出国深造，首先必须申请。要时刻关注学校的申请日期，提前申请。美国的大学一般是提前一年就要开始准备申请了。一些学校排名靠前，学位会比较紧张。关于托福考试，一般来说是必须的。特别是好的学校，要尽快参加托福考试，因为申请学校需要语言成绩。如果早考语言，即使达不到学校录取的要求，还有时间补考语言，这是很关键的。

实训模拟

1. 在班内外或校内外进行一个简单的调查，了解大学生考研、考公务员、参军、出国深造的大致比例。要具体询问不同的大学生的不同想法，分析他们的想法是否实际，对自己有哪些启发。将调查内容写成文字，在班内交流。最后，请老师点评。

2. 结合自己的兴趣与特长，给自己设计三个不同的就业思路，要求尽量具体、合理。然后，对这三个就业思路进行比较，分析其利弊得失，并注明自己不能违反的注意事项。在小组或班内交流，并请老师点评。

项目十二　高校毕业生就业法律

自学导读

毕业生在求职择业及上岗成为新职业者的过程中，依法享有不容侵犯的就业权益。但是在现实中，毕业生的就业权益经常受到有意或无意的侵犯，既损害了毕业生的利益、挫伤了毕业生服务社会的积极性，也影响了毕业生的职业发展。因此，毕业生在求职与见习的过程中，应该时刻注意对自身合法权益的维护，以便能够顺利择业、愉悦上岗，并在将来的事业上有所建树。

故事导航

协议签订要谨慎

某高校会计专业毕业生小敏是一位性格较内向的女孩子，在求职过程中曾多次碰壁。终于有一天，某单位表示同意录用她，这令她兴奋不已，不过该单位要求先试用3个月再签约，小敏欣然同意。转眼试用期就结束了，小敏与该单位如期签订就业协议书，但该单位在协议书上备注了以下条款：(1)试用期6个月；(2)服务期5年，若5年内提出离职要求，需向本单位缴纳每年3000元的违约金；(3)其他未尽事宜按本单位有关规定执行。小敏当时一心只想赶紧把单位定下来，根本没有仔细推敲，想当然地认为单位肯定会按正规程序办事，应该不会有问题的。所以她毫不犹豫地在协议书上的“毕业生本人应聘意见”一栏签上了“同意”二字。

正式报到之后，小敏方知试用期要从她报到之日算起，且试用期只拿基本工资。据说这是该单位对所有新录用毕业生的统一规定，原先3个月是非正式的试用，属于实习考察性质。小敏心里虽然觉得很不合理，但碍于协议书上并未注明试用起始日期，自己又不想得罪单位，更不愿失去这份工作，故只能怪自己“经验不足”。

工作四年之后，小敏想要回家乡工作，她觉得自己的服务期就剩两年，大不了交两年的违约金罢了。然而事情并非她想象得那么简单，当她正式提交辞职报告时，却被告知因服务期未满，需要缴纳15 000元的违约金。单位人事部经理说：“当初签订就业协议书时，不是白纸黑字写明了5年内提出离职要求，需要缴纳每年3000元的违约金嘛，你自己还签了‘同意’二字呢！”小敏无言以对，想想自己的档案还“卡”在单位手中，如果一定要撕破脸皮，对簿公堂，时间和精力实在耗不起，况且到头来很有可能得不偿失，只好哑巴吃黄连，自认倒霉。

理论阐释

任务一 就业协议的管理及签订

一、就业协议书的性质及使用对象

就业协议书是明确毕业生、用人单位和学校三者之间权利与义务的书面表现形式。协议条款应该是协议主体之间权利与义务的明确无误的表达,是当事人真实意思的表示,对当事人各方皆有约束力。

就业协议书一般由国家和各省(市、区)教育主管部门统一制表一式三份,由毕业生、用人单位和学校各执一份,毕业生、用人单位和学校签约盖章后,就业协议书才生效。每位毕业生只发一份就业协议书,各高校以签订生效的就业协议书为依据编制就业派遣方案。

为了更科学地体现就业协议书主体的合理性,体现毕业生、用人单位的各自权利、责任和义务,目前许多地方教育主管部门(如广东、上海)印制的新版就业协议书中,学校仅作为政府教育行政部门委托的协议鉴证方,不再是协议书的一方当事人,只要毕业生和用人单位签字盖章,协议书便生效。

二、就业协议书的作用

就业协议书在毕业生就业工作中十分重要,学校对其管理也十分规范严格,毕业生须认真对其进行管理。就业协议的作用表现在以下几个方面。

(1)维护毕业生合法权益。“就业协议书”作为国家统一编制、印发的高等学校毕业生就业意向协议书,是毕业生权益的有力保障。用人单位和毕业生双方盖章、签名确认并经学校鉴证后,协议书即成为具有法律效力的合同文件,任何一方未征得对方同意不得中途废止,否则将承担赔偿责任。

(2)就业协议是签署劳动合同的基本依据。就业协议不等同于劳动合同,毕业生在正式毕业前到用人单位工作须签订就业协议书,毕业生正式毕业到单位工作后需要签署劳动合同,在签署劳动合同时用人单位必须把就业协议中的约定条款考虑到劳动合同中,否则是违约。

(3)就业协议是高校和毕业生就业主管部门进行就业统计、编制就业计划、对毕业生进行就业监管以及帮助毕业生维权的重要凭据。

(4)就业协议也是学校和上级主管部门为毕业生开“派遣证”、移送档案、组织关系和转迁户籍关系的凭证。

毕业生毕业时,其“派遣证”、档案、党团组织关系、户籍关系签转到何处,都要根据就业协议中就业单位的性质、地址等内容来确定。如果就业协议签署不全面,或者就业协议丢失,就会影响到毕业生就业报到。

三、就业协议书的内容

就业协议书主要由封面和4个栏目构成，第一栏是毕业生情况，第二栏是用人单位意见，第三栏是学校意见，第四栏是备注（见图12－1）。当毕业生与用人单位平等协商达成一致后，即可填写就业协议书。毕业生在填写就业协议书时必须按要求填写。

备注：

编号：NO.

全国普通高等学校毕业生就业协议书

毕业生 ________

用人单位 ________

学校名称 ________

教育部高校学生司制表

毕业生情况及意见	姓名		性别		年龄		民族
	政治面貌		培养方式		健康情况		
	专　业		学制		学历		
	家庭地址						
	应聘意见： 毕业生签名：　　年　月　日						
用人单位情况及意见	单位名称		单位隶属				
	联系人		联系电话		邮政编码		
	通讯地址		所有制性质				
	单位性质						
	档案转寄详细地址						
	用人单位意见： 签章 年　月　日			用人单位上级主管部门意见： （有用人自主权的单位此栏可略） 签章 年　月　日			
学校意见	学校联系人		联系电话		邮政编码		
	学校通讯地址						
	院（系、所）意见： 签章 年　月　日			学校毕业生就业部门意见： 签章 年　月　日			

按《普通高等学校毕业生就业工作暂行规定》的要求，为维护国家就业计划的严肃性，明确毕业生、用人单位、学校三方在毕业生就业工作中的权利和义务，经协商，毕业生、用人单位、学校三方签订如下协议：

一、毕业生应按国家规定就业，向用人单位如实介绍自己的情况，了解单位的使用意图，表明自己的就业意见，在规定的时间内到用人单位报到，若遇到特殊情况不能按时报到，需征得用人单位同意。

二、用人单位要如实介绍本单位的情况，明确对毕业生的要求及使用意图，做好各项接收工作。凡取得毕业资格的毕业生，用人单位不得以学习成绩为由提出违约，未取得毕业资格的结业生，本协议无效。

三、学校要如实向用人单位介绍毕业生的情况，做好推荐工作，用人单位同意录用后，经学校审核列入建议就业计划，报教育部批准，学校负责办理派遣手续。

四、学校应在学生毕业前安排体检，不合格者不派遣，本协议自行取消，由学校通知用人单位。如用人单位对毕业生身体条件有特殊要求，原则上应在签订协议前进行单独体检，否则，以学校体检为准。

五、毕业生、用人单位、学校三方如有其它约定，应在备注栏注明，并视为本协议的一部分。

六、本协议经各方签字、盖章后生效。三方都应严格履行本协议，若有一方提出变更协议，须征得另两方同意，由违约方承担违约责任。

七、本协议一式三份，毕业生、用人单位、学校各执一份，复印无效。

图12－1　就业协议书模板

（1）封面及编号由所在学校毕业生主管部门统一填写，其他由毕业生和用人单位填写。毕业生应用宋体或楷书填写本人姓名，切勿用草体或花体书写；用人单位要填写用人单位全称；学校名称必须填写所在学校全称。

(2)正表第一栏“毕业生情况及意见”由毕业生本人如实填写。通常在“培养方式”栏内一般填写“国家任务”;在“应聘意见”栏内一般填写“我自愿到某位工作”。

(3)正表第二栏“用人单位情况及意见”,由用人单位填写并加盖公章。

(4)正表第三栏“学校意见”,在毕业生与用人单位签字、盖章后,先到所在院系签署意见,然后再到学校毕业生就业工作部门签署意见并加盖公章。

(5)“备注栏”内所填写的内容主要是毕业生与用人单位在双向选择的过程中,就有关就业中的权利与义务经协商达成的共识,双方认为需要在协议书上明确的相关内容。如:毕业生到用人单位后试用期及转正后的工资福利待遇、就业后的培训以及违约责任等。

四、《就业协议》订立的原则和程序

(一)签约的基本原则

1. 主体合法原则

签订《就业协议书》的当事人必须具备合法的主体资格。对毕业生而言,就是必须要取得毕业资格,如果学生在派遣时未取得毕业资格,用人单位可以不予接收而无须承担法律责任。对用人单位而言,用人单位必须具有从事各项经营或管理活动的能力,单位应有录用毕业生计划和录用自主权,否则毕业生可解除协议而无须承担违约责任。

2. 平等协商原则

《就业协议书》的双方在签订《就业协议》时的法律地位是平等的,一方不得将自己的意志强加给另一方。学校也不得采用行政手段要求毕业生到指定单位就业(不包括有特殊情况的毕业生),用人单位亦不应在签订《就业协议书》时要求毕业生缴纳过高数额的风险金、保证金。双方当事人的权利义务应是一致的。除协议书规定内容外,双方如有其他约定事项可在协议书“备注”内容中加以补充确定。

(二)《就业协议书》的签订程序

就业协议的签订没有固定的程序,通常按以下步骤进行。

(1)毕业生到学校就业指导部门领取就业协议书。各高校一般在每年的 9 – 10 月向毕业生发放空白就业协议。

(2)毕业生和用人单位平等协商达成协议后,双方在就业协议书上签字盖章。协议书上应注明是否可以接受毕业生档案和户籍,并写清通信地址。

(3)无独立人事权的用人单位报请上级主管部门批准,上级主管部门在协议书上签署“同意接收”,并签字盖章。

(4)用人单位或毕业生将签字的就业协议书送至学校毕业生就业指导部门进行鉴证、登记并加盖公章。

(5)学校对就业协议书进行鉴证、登记、盖章后,将就业协议列入就业方案并将信息反馈给用人单位。

(6)就业协议生效。就业协议在学生签字、用人单位签字盖章,经学校盖章登记后生效。

五、签订就业协议书应注意的问题

(1)签协议前要详细了解用人单位的基本情况、发展前景、用人规定以及自己的就业目标、希望和要求。

(2)毕业生在签约时要按正常程序进行。等用人单位填写完毕、盖章后再到学校就业指导中心鉴证盖章。

(3)签署协议时,一定要认真、真实地填写协议书内容,表明自己的就业意向和愿望,以便用人单位根据求职者的特点妥善安排工作。学生填写自己的专业名称时,要与学校教务处的专业名称一致,不能简写。

(4)毕业生在签约时也要考虑对自身权益的保护。毕业生在签约中,一定要注意条款的合理性。注意补充协议或补充条件的合法性,以保护自己的就业权益不受侵犯。

(5)现行的毕业生就业协议属“格式合同”,但“备注”部分允许三方另行约定各自的权利义务。为了防止用人单位不履行承诺,毕业生可将签约前达成的休假、住房、保险等福利待遇在备注栏中说明。

(6)毕业生、用人单位双方都不得单方面拖延签约周期。

(7)签订就业协议书后,一定要签署劳动合同。

六、《就业协议》争议解决办法

目前,大学毕业生就业协议争议问题时有发生,国家和各省还没有明确的就业法律规定。在实践中通常引起就业协议争议的主体是毕业生和用人单位。解决就业协议争议的主要办法有:(1)毕业生与用人单位协商解决。这种办法适用于因毕业生的原因引起的就业协议争议,毕业生出面向用人单位赔礼道歉,说明情况,赢得用人单位的同情、理解和谅解,经双方协商达成新的意向。(2)由学校出面或由当地省级毕业生就业主管部门与用人单位进行调解。这种办法大多适合于因用人单位引起的就业协议争议。由学校或行政部门介入,针对纠纷予以调解,取得双方的基本满意。对协商调解不成的,毕业生可直接向人民法院起诉,由人民法院依法裁决。

七、《就业协议》的解除

为了维护就业协议书的严肃性和学校的声誉,毕业生与用人单位签订了《就业协议书》后,毕业生和用人单位都应认真履行协议。倘若毕业生因特殊原因要求违约,应承担违约责任。已签订《就业协议书》的毕业生,如要违约,需办理解约手续。

《就业协议书》的解除分为单方解除和三方解除两种。

(一)单方解除

单方解除包括单方擅自解除和单方依法或依协议解除。单方擅自解除协议,属违约行为,解约方应对另两方承担违约责任。单方依法或依协议解除,是指一方解除就业协议有法律上的或协议上的依据,如学生未取得毕业资格,用人单位有权单方解除就业协议,毕业生录用之后,可解除就业协议,或依协议规定,毕业生未通过用人单位所在地组织的公务员考试，用人单位有权解除协议，此类单方解除，解除方无须对另两方承担法律责任。

（二）三方协商解除

三方解除，指毕业生、用人单位、学校三方经协商一致，解除原订立的协议，使协议不发生法律效力。此类解除因是三方当事人真实意思表示一致的体现，三方均不承担法律责任。三方解除应在就业计划上报主管部门之前进行，如就业派遣计划下达后三方解除，还须经主管部门批准办理调整改派。

八、就业协议书内容的维权要点

在实际就业过程中，就业协议的某些条款和内容很容易因与劳动合同衔接不上而引起争议，而这些条款和内容又与毕业生就业权利密切相关。因此，毕业生在约定这些条款时要尤为慎重。

（一）试用期

试用期是用人单位和劳动者为进一步加深相互了解而约定的考察期。试用期并不是必需的，是否约定由双方当事人决定。试用期的重点内容在于试用期限和试用期内的工资待遇。

另外，对大学生见习期间的权利有关条例也有规定，根据2012年《广东省高等学校学生实习与毕业生就业见习条例》，国家机关、企业事业单位、社会团体以及其他社会组织应当积极创造条件，提供见习岗位，并向县级以上人民政府人力资源社会保障主管部门报送见习岗位信息。见习单位应为见习人员提供安全健康的见习环境，并为见习人员购买人身意外伤害保险等。见习人员应当服从见习单位的管理，保守见习单位的秘密。见习单位应当每个月向见习人员提供不低于当地工资标准80%的生活补贴。

（二）违约金

违约金是保障就业协议书得以顺利履行而对签约双方当事人的一种约束，也是违约责任的一种重要形式。不少毕业生在签订就业协议书时为了不被“套牢”，只要企业不刻意提出对违约金的要求，学生们也故作糊涂。在这种情况下，一旦学生毁约，用人单位往往会漫天要价索取赔偿，并不会因为就业协议书中没有违约金额的约定而息事宁人；反过来，如果毕业生遭遇用人单位毁约，自己的合法权益也同样难以得到保障。

另外，由于目前违约方以毕业生居多，加上有的用人单位本身有意逃避违约责任，因此一些就业协议书中只单方约定了毕业生的违约责任和高额违约金，这也是不公平的，用人单位违约同样要承担责任和支付违约金。

（三）空白条款

就业协议书允许空白条款的存在，只要其经过协议双方的认可和默许，并且不影响整个就业协议的效力。不过，空白条款会为日后顺利就业带来颇多隐患，因为常见的空白条款大多设计使用期限、月薪金额、违约金额等，都是与毕业生自身利益息息相关的内容。

有的用人单位顾及单位机密或原本就不想承兑诺言，会特意在就业协议书上避实就虚。许多毕业生因为听信了用人单位的花言巧语而在协议书上留下多处空白，结果报到时才发现岗位和薪金都与单位原来的承诺相去甚远，在现找新单位已经来不及的情况下，只得无奈屈从。因此，如果已签订的就业协议书中存在空白条款，毕业生要及时对空白条款的内容签订补充协议或采取补救措施，以免发生纠纷时无据可依。

（四）补充协议

就业协议书允许附加补充协议。例如，广东省《普通高等学校毕业生、毕业研究生的就业协议书》中第七条规定："双方若有其他约定条款，请附后补充，并视为本协议的一部分。"毕业生和用人单位可以就协议书中未曾涉及或不够具体的内容进行协商并签订补充协议。

补充协议中常见的内容主要有：免责条款，如约定毕业生考上研究生或公务员则就业协议自动失效，不用承担违约责任；与劳动合同衔接的内容，如注明具体的工作岗位，试用期满后的工资、福利等；用人单位对毕业生的其他要求。

毕业生在附签补充协议的时候，要注意保护自己的合法权益不受侵害，审视协议的内容是否公平、合法、有效。如果就业协议整体主旨违反了国家法律、行政法规的强制性规定，则整个就业协议全部无效；如果只是某些条款违反国家法律、行政法规的强制性规定，一般只认定该条款无效即就业协议的部分无效，不影响其他条件的继续执行。比如，有的用人单位在与女大学生签订补充协议中规定其三年内不得结婚或怀孕，由于违反了《劳动法》的相关规定，因此该条款无效，但可以继续履行就业协议中符合法律规定的其他条款。

任务二 《中华人民共和国劳动合同法》解读分析

备受关注的《中华人民共和国劳动合同法》（以下简称《劳动合同法》）于 2008 年 1 月 1 日正式开始施行。作为即将走向社会、与用人单位建立劳动关系的大学毕业生，需要及时了解和掌握《劳动合同法》的相关内容，运用法律的武器维护自己的劳动权益。

一、《劳动合同法》的亮点

《劳动合同法》更加注重对劳动者合法权益的保护，归纳起来，新法大致有十大亮点：

（一）民办非企业职工有法可依

《劳动合同法》扩大了《劳动法》的适用范围：一是在适用范围中增加了民办非企业单位等组织及其劳动者。二是规定事业单位与实行聘用制的工作人员订立、履行、变更、解除或者终止劳动合同时，如非法律、行政法规或者国务院另外有规定的，依照本法有关规定执行。三是规定除公务员和参照公务员法管理的人员，以及事业单位中实行聘用制的工作人员外，国家机关、事业单位、社会团体与其他劳动者均应当建立劳动关系，并执行本法。

（二）违法不签合同的单位要付双薪

《劳动合同法》规定："用人单位自用工之日起即与劳动者建立劳动关系。""建立劳动关系，应当订立书面劳动合同。""已建立劳动关系，未同时订立书面劳动合同的，应当自用工之日起 1 个月内订立书面合同""用人单位与劳动者在用工前订立劳动合同的，劳动关系自用工之日起建立。"用人单位自用工之日起满 1 年仍然未与劳动者订立书面劳动合同的，除在超过 1 个月不满 1 年期间向劳动者每月支付两倍的工资外,还应当视为用人单位与劳动者已订立无固定期限劳动合同。

(三)连续订立两次合同后,续订应签无固定期限合同

《劳动合同法》在无固定期限劳动合同的签订上作出了一些与《劳动法》不同的新规定,包括在法定情形下,如果劳动者提出或者同意续订、订立劳动合同的,除劳动者提出订立固定期限劳动合同外,应当订立无固定期限劳动合同。法定情形包括:(1)劳动者在该用人单位连续工作满 10 年的。(2)用人单位初次实行劳动合同制度或者过去有企业改制重新订立劳动合同时,劳动者在该用人单位连续工作满 10 年且距法定退休年龄不足 10 年的。(3)连续订立 2 次固定期限劳动合同,且劳动者没有本法第三十九条和第四十条第一项、第二项规定的情形,续订劳动合同的。

(四)一年期合同试用期不得超过 2 个月

《劳动合同法》规定:劳动合同期限 3 个月以上不满一年的,试用期不得超过 1 个月;3 年以上固定期限和无固定期限的劳动合同,试用期不得超过 6 个月。以完成一定工作任务为期限的劳动合同或者劳动合同期限不满 3 个月的,不得约定试用期。同一用人单位与同一劳动者只能约定一次试用期。

(五)服务期违约金约定有“上限”

《劳动合同法》规定,劳动者违反专业技术培训服务期约定的,应当按照约定向用人单位支付违约金。违约金的数额不得超过用人单位提供的培训费用。用人单位要求劳动者支付的违约金不得超过服务期尚未履行部分所应分摊的培训费用,其余任何名义的违约金都是违法的。

(六)单位不缴纳社保费,劳动者可随时解除合同

《劳动合同法》规定,在用人单位未按照劳动合同约定提供劳动保护,或未依法为劳动者缴纳社会保险费,或其规章制度违反法律、法规的规定损害劳动者权益等情形下,劳动者可以随时通知用人单位解除劳动合同,且用人单位应当向劳动者支付经济补偿。这样,一则可以督促用人单位遵守有关工资支付、社会保险等方面的法律规定,二则可以防止用人单位故意违约,逼迫劳动者提出解除劳动合同,以规避支付经济补偿。

(七)劳务派遣员工的劳动合同最短签 2 年

《劳动合同法》对劳务派遣用工形式进行了规范,包括对劳务派遣单位与被派遣劳动者订立的劳动合同作出特别规定。尤其是规定了劳务派遣单位应当与被派遣的劳动者订立 2 年以上的固定期限劳动合同,按月支付劳动报酬;被派遣劳动者在无工作期间,劳务派遣单位应当按照所在地人民政府规定的最低工资标准,向其按月支付报酬,从而保证被派遣劳动者的就业稳定权益。

(八)非全日制员工工资不能按月结

《劳动合同法》规定非全日制用工不得低于用人单位所在地人民政府规定的最低小时工资标准,而全日制用工劳动者执行的是月最低工资标准。需注意的是,由于非全日制用工的稳定性、劳动条件和劳动者强度、福利等方面与全日制之间的差异，非全日制用工的最低小时工资比通常理解的月最低工资要高。

（九）收取押金最高可罚2000元

《劳动合同法》加大了对用人单位收取押金的处罚，规定用人单位以担保或者其他名义向劳动者收取财物的，由劳动行政部门责令限期退还劳动者本人，并以每人500元以上2000元以下的标准处罚；给劳动者造成损害的，应当承担赔偿责任。

（十）拖欠工资可能加付等额赔偿金

《劳动合同法》明确规定，用人单位克扣或无故拖欠劳动者工资，包括未按照劳动合同约定或按国家规定及时足额支付劳动者劳动报酬的，低于当地最低工资标准支付工资的，安排加班不支付加班费的，解除或者终止劳动合同未按规定支付经济补偿的，由劳动行政部门责令限期支付劳动报酬、加班费或者经济补偿；劳动报酬低于当地最低工资标准的，应当支付其差额部分；逾期不支付的，责令用人单位按应付金额50%以上、100%以下的标准向劳动者加付赔偿金。

二、《劳动合同法》对大学生就业的影响

《劳动合同法》对一些内容作了新的规定，对劳动力的供求双方都肯定会产生一定的影响。从长远来看，《劳动合同法》的实施，对大学生就业肯定更多的是积极、正面的影响。

（一）对毕业生就业的法律保障有积极作用

《劳动合同法》因加强了对劳动方（弱势群体）的保护，对大学生就业起到了积极的法律保障作用。例如，根据《劳动合同法》的规定，用人单位需先签合同再试用，试用期包含在劳动合同期限内。过去很多企业存在滥用试用期，把毕业生当作廉价劳动力，开始许诺干得好就录用，但干了一段时间后一个人都不留的现象，这种做法自《劳动合同法》施行后都是违法的。《劳动合同法》还规定，只要被雇用就要签订劳动合同，这对于大学生初次就业、灵活就业、稳定就业具有非常积极的意义。此外，用人单位应当向劳动者如实告知用人要求、工作岗位以及内容、劳动报酬、劳动条件、规章制度等与订立和履行劳动合同有直接关系的事实情况，这对大学生就业的权益也是一种保护。

（二）短期内可能会增大毕业生就业压力

从短期来看，《劳动合同法》可能会在三个方面对大学生就业造成一定的冲击。

1. 企业更加谨慎或放缓招聘新人

为避免因触犯新法而付出极高的成本，用人单位往往严把招聘关，增加条件限制，精招人或少招人。另外，注重对在岗职工的保护将直接导致对新员工的招聘周期变长，加剧本已比较严峻的大学生就业形势。

2. 部分企业改变人才选拔方式

过去有不少企业采取“大量招聘，大量淘汰”的选才策略，先大量招聘应届高校毕业生，经过试用期内的考查之后，再淘汰其中一部分不合格的毕业生。新法实施后，这些企业对于眼前“可招可不招”的岗位，可能会通过暂时从内部挖潜的方式来解决。

3. 企业更重视人才的能力和经验

新法实施后，企业不能像以往那样随意解聘员工，因此会更青睐高素质、能力强的人才，以达到降低用人成本、保持市场竞争力的目的。大学生往往不具备工作经验，且岗位适应期相对较长，这会影响到企业对于应届高校毕业生的需求。

三、正确理解与合理运用《劳动合同法》

大学生在与用人单位建立劳动关系前后，需要注意一些关键问题，以避免自己的权益受损，或影响自己未来的前途。

（一）切忌在简历中造假

《劳动合同法》不仅约束用人单位的用工行为，还约束劳动者的行为。根据《劳动合同法》有关规定，用人单位一旦发现员工在求职简历中含有虚假、夸大的内容，可不需支付任何赔偿将其辞退。简历造假的求职者如被招聘企业发现，将被列入“黑名单”，从而难有机会再进入大公司工作。

（二）面对长试用期合同需慎重

有的用人单位为考查劳动者是否达到相关岗位需求，同劳动者签订 3 年以上的劳动合同，这样就可以对劳动者进行 6 个月试用。在面对这样的试用期合同时，毕业生一定要慎重，要看是否符合自己的职业规划。虽然可以选择辞职而不需要支付违约金，但如果未履行完合同特别是没干几天就辞职，则在今后求职时，会引起新的应聘单位对求职者的职场适应能力、职业操守产生疑虑，不利于个人的发展。

（三）保留建立劳动关系的证据

《劳动合同法》规定，如不签合同，单位要赔付双薪。即使用人单位没有与劳动者订立劳动合同，只要存在用工行为，双方之间的劳动关系即建立，劳动者即享有劳动法律规定的权利。工资条、工作证、食堂饭卡、单位出入证、考勤记录等，都可以证明劳动者和用人单位曾存在事实上的劳动关系。上岗后如单位未及时签订劳动合同，毕业生则要多留个心眼，注意收集这些证据，一旦发生劳资纠纷就可以有效维护自身的合法权益。

（四）试用期前明确岗位职责

长期以来，用人单位在试用期内随意解除劳动合同的现象一直非常严重，为此，《劳动合同法》作出了有针对性的规定：用人单位在试用期中要解除劳动合同，必须有证据，有理由证明劳动者哪些方面不符合录用条件，为什么不合格。因此，毕业生在求职时一定要弄清楚用人单位的录用条件，特别是岗位职责。只有在招聘条件中提出岗位职责要求，或劳动合同中约定试用期内劳动者应当做到的工作职责要求的前提下，用人单位才能够把劳动者“达不到企业的具体岗位要求”作为辞退的理由之一，否则不能以“经试用不合格”为理由随意解除劳动合同。

（五）不能只签试用期合同

《劳动合同法》规定，用人单位只有同劳动者签订了劳动合同，才能够约定试用期。大学生不能因为求职心切而接受部分用工不规范的单位“只签试用期合同”的做法。许多毕业生在求职时可能还会遇到“见习期”这样的专业术语。见习期是指对应届毕业生进行业务适应及考核的一种制度，非劳动合同制度下的概念。如果劳动合同约定了见习期，就不再另行约定试用期。毕业生的见习期通常为6~12个月，自报到之日起计算。

（六）谨防收押金扣证件的陷阱

以“服装费”“资料费”“填表费”“保证金”“押金”等名义向求职者收取钱财，然后再借故把求职者炒掉，收取的费用概不退还——这是一些不良企业敲诈求职者的伎俩，很多初涉社会的应届毕业生都深受其害。《劳动合同法》实施之后，企业在招工时收取押金、扣押证件的，不仅将面临行政处罚，还将面临民事赔偿。

任务三　社会保障基本知识

我们通常说的“五险”就是社保，即社会保险；我们通常说的“一金”为住房公积金。社会保险不以营利为目的，其通过向社会筹集资金，然后在一定范围内实现统筹调剂，从而保障劳动者在遭受风险时能够有经济上的补给。

一、养老保险

国家和社会为了保障公民年老退休后的基本生活，制定养老保险制度，用人单位必须严格遵守。

用人单位和个人依法缴纳社会保险费，有权查询缴费记录，要求社保经办机构提供社会保险咨询等相关服务。个人依法享受社保待遇，有权监督本单位为其缴费情况。用人单位应按国家规定的工资总额比例缴纳基本养老保险费，计入基本养老保险统筹基金。

公民按规定缴纳养老保险费用，才可以在年老后享有养老金保障。个体工商户、非全日制从业人员以及其他灵活就业人员可以参加基本养老保险，由个人缴纳基本养老保险费。

基本养老金根据个人累计缴费年限、缴费工资、当地社平工资、个人账户金额、城镇人口平均预期寿命等因素确定。参加基本养老保险的个人，达到法定退休年龄时累计缴费不足十五年的，可以缴费至满十五年后，按月领取基本养老金；也可以转入新农保或城镇居民社会养老保险，按国家规定享受相应养老保险待遇。

个人账户不得提前支取，记账利率不得低于银行定期存款利率，免征利息税；个人死亡的，个人账户余额可以继承。参加基本养老保险的个人，达到法定退休年龄累计缴费满十五年的，按月领取基本养老金。国家根据职工平均工资增长、物价上涨情况，适时提高基本养老保险待遇水平。

参加基本养老保险的个人，因病或非因工死亡的，其遗属可领取丧葬补助金和抚恤金；在未达到法定退休年龄时，因病或非因工致残完全丧失劳动能力的，可以领取病残津贴。所需资金从基本养老保险基金中支付。

个人跨统筹地区就业的，基本养老保险关系随本人转移，缴费年限累计计算；个人达到法定退休年龄时，基本养老金分段计算、统一支付。职工与企业解除或终止劳动关系后，职工养老保险关系按规定保留，由社保机构负责管理。

新型农村社会养老保险(新农保)实行个人缴费、集体补助和政府补贴相结合。参加新农保的农村居民,符合规定条件的按月领取农村社会养老保险待遇。农民工作为企业的一员有权参加基本养老保险,保护自己合法权益,用人单位应依法为农民工缴纳养老保险费。

职工基本养老保险的缴纳与劳动关系所在地直接相关,与户籍档案所在地无关。

二、医疗保险

参加基本医疗保险的个人,达到法定退休年龄时累计缴费达到国家规定年限的,退休后不再缴纳基本医疗保险费,按国家规定享受基本医保待遇;未达到国家规定年限的,可缴费至国家规定年限。

参保人员医保费用中应当由基本医保基金支付的部分,由社保经办机构与医疗机构、药品经营单位直接结算。

下列医保费用不纳入基本医保基金支付范围:应当从工伤保险基金支付的;应当由第三人负担的;应当由公共卫生负担的;在境外就医的。

因工伤发生的下列费用,按规定从工伤保险基金中支付:治疗工伤的医疗费用和康复费用;住院伙食补助费;到统筹地区以外就医的交通食宿费;安装配置伤残辅助器具所需费用;生活不能自理的,经劳动能力鉴定委员会确认的生活护理费。

职工因工作遭受事故伤害或者患职业病需要暂停工作接受工伤医疗的,在停工留薪期内,原工资福利待遇不变,由所在单位按月支付。城乡各类流动就业人员按照现行规定相应参加城镇职工基本医保、城镇居民基本医保或农村合作医疗,不得同时参加和重复享受待遇。各地不得以户籍等原因设置参保障碍。农村户籍人员在城镇单位就业并有稳定劳动关系的,参加就业地城镇职工基本医保。

除急诊和急救外,参保人员在非选定的定点医疗机构就医发生的费用,不得由医保基金支付。

以下药品不能纳入基本医疗保险用药范围:主要起营养滋补作用的药品;部分可以入药的动物及动物脏器,水果干果;中药材和中药饮片泡制的各类酒制剂;各类药品中的果味制剂、口服泡制剂;血液制品、蛋白类制品(特殊适应症与急救、抢救除外);劳保部门规定基本医疗保险基金不予支付的其他药品。

三、工伤保险

享受工伤保险待遇是受工伤劳动者的法定权利,工伤认定不以劳动者是否存在过错为前提,用人单位不能通过约定“工伤自负条款”免除劳动者的法定权利。

工伤职工有下列情形之一停止享受工伤保险待遇:丧失享受待遇条件的;拒不接受劳动能力鉴定的;拒绝治疗的。停止支付的工伤保险待遇不予补发。职工被借调期间受到工伤事故伤害,由原用人单位承担工伤保险责任,但原用人单位与借调单位可以约定补偿办法。职工因工伤进行劳动能力鉴定而被评定为一至四级的,属完全丧失劳动能力,职工退出劳动岗位,但保留劳动关系,享受相应保险待遇。

认定工伤需要具备工作时间、工作场所、工作地点三要素,劳动者在工作时间与场所均具备的条件下，如不是从事工作任务不能认定为工伤。职工有下列情形之一的应当认定为工伤：在工作时间和工作场所内，因工作原因受到事故伤害的；工作时间前后在工作场所内，从事与工作有关的预备性或收尾性工作受到事故伤害的；在工作时间工作场所内，因履行工作职责受到暴力等意外伤害的；患职业病的；因工外出期间，由于工作原因受到伤害或发生事故下落不明的；在上下班途中，受到非本人主要责任的交通事故或者城市轨道交通、客运轮渡、火车事故伤害的；法律、行政法规规定应当认定为工伤的其他情形。

职工因工作遭受事故伤害或患职业病需要暂停工作接受工伤医疗的，在停工留薪期内原工资福利待遇不变，由所在单位按月支付。停工留薪期一般不超过 12 个月，伤情严重或情况特殊可以适当延长，但延长不得超过 12 个月。工伤职工评定伤残等级后，停发原待遇，按规定享受伤残待遇。工伤职工在停工留薪期满后仍需治疗的，继续享受工伤医疗待遇。

职工因工死亡，近亲属按规定从工伤保险基金领取丧葬补助金、供养亲属抚恤金和一次性工亡补助金。丧葬补助金为 6 个月的统筹地区上年度职工月平均工资。供养亲属抚恤金按照职工本人工资的一定比例发给由因工死亡职工生前提供主要生活来源、无劳动能力的亲属。标准为配偶每月 40%，其他亲属每人每月 30%，孤寡老人或孤儿每人每月在标准基础上增加 10%。核定的各供养亲属的抚恤金之和不应高于因工死亡职工生前的工资。一次性工亡补助金标准为上一年度全国城镇居民人均可支配收入的 20 倍。

四、失业保险

领取失业保险金的条件：失业前用人单位和本人已缴纳失业保险费满一年的；非因本人意愿中断就业的；已经进行失业登记，并有求职要求的。

失业人员缴费满一年不足五年的，领取期限最长为十二个月；累计缴费满五年不足十年的，领取期限最长为十八个月；累计缴费十年以上期限最长为二十四个月。重新就业后再次失业的，缴费时间重新计算，领取期限与前次失业应领取而尚未领取的失业金的期限合并计算，最长不超过二十四个月。

失业金的标准由省、自治区、直辖市人民政府确定，不得低于城市居民最低生活保障标准。失业人员在领取失业金期间，参加职工医保，享受医保待遇，医保费从失业金中支付，个人不缴纳。

失业人员在领取失业金期间有以下情形之一的停止享受失业保险待遇：重新就业的；应征服兵役的；移居境外的；享受养老保险待遇的；无正当理由，拒不接受当地人民政府指定部门或机构介绍的适当工作或提供培训的。

城镇企业事业单位招用的农民合同制工人本人不缴纳失业保险费。失业者达到法定退休年龄依法按月领取退休金，将不再享受失业保险保障。

五、生育保险

生育保险是为了维护女职工的基本权益，减少和解决女职工在孕产期以及流产期间因生理特点造成的特殊困难，使她们在生育期间得到必要的经济收入和医疗照顾。生育保险待遇包括生育医疗费用和生育津贴。

生育医疗费用包括以下各项:生育的医疗费用;计划生育的医疗费用;法律、法规规定的其他项目费用。女职工出院后因生育引起疾病的医疗费,由生育保险基金支付;其他疾病的医疗费按医保待遇办理。职工未就业配偶按规定享受医疗费用待遇,所需资金从生育保险基金支付。

任务四 劳动争议处理的基本知识

劳动争议的发生随处可见,劳动争议的解决方式有很多,最常见的是申请劳动仲裁。为了达到最好的解决效果,我们就要寻找最佳的解决途径。

一、劳动争议

1. 定义

劳动关系当事人之间因劳动的权利与义务发生分歧而引起的争议,又称劳动争议。其中,有的属于既定权利的争议,即因适用劳动法和劳动合同、集体合同的既定内容而发生的争议;有的属于要求新的权利而出现的争议,是因制定或变更劳动条件而发生的争议。

2. 特点

劳动纠纷是劳动关系当事人之间的争议。劳动关系当事人,一方为劳动者,另一方为用人单位。劳动者主要是指与在中国境内的企业、个体经济组织建立劳动合同关系的职工和与国家机关、事业组织、社会团体建立劳动合同关系的职工。用人单位是指在中国境内的企业、个体经济组织以及国家机关、事业组织、社会团体等与劳动者订立了劳动合同的单位。不具有劳动法律关系主体身份者之间所发生的争议,不属于劳动纠纷。如果争议不是发生在劳动关系双方当事人之间,即使争议内容涉及劳动问题,也不构成劳动争议。劳动者之间在劳动过程中发生的争议,用人单位之间因劳动力流动发生的争议,劳动者者或用人单位与劳动行政管理中发生的争议,劳动者或用人单位与劳动服务主体在劳动服务过程中发生的争议等,都不属于劳动纠纷。

劳动纠纷的内容涉及劳动权利和劳动义务,是为实现劳动关系而产生的争议。劳动关系是劳动权利义务关系,如果劳动者与用人单位之间不是为了实现劳动权利和劳动义务而发生的争议,就不属于劳动纠纷的范畴。劳动权利和劳动义务的内容非常广泛,包括就业、工资、工时、劳动保护、劳动保险、劳动福利、职业培训、民主管理、奖励惩罚等。

劳动纠纷既可以表现为非对抗性矛盾,也可以表现为对抗性矛盾,而且两者在一定条件下可以相互转化。在一般情况下,劳动纠纷表现为非对抗性矛盾,会给社会和经济带来不利影响。

二、劳动争议的处理

1. 处理机制

各国处理劳动争议所遵循的立法原则不外两种:一是自愿原则;二是强制原则。遵循不同的基本原则,就会形成不同的组织体制和办案体制。

根据自愿原则，调解或仲裁机构独立于政府的特征较强，由双方当事人协议是否调解或仲裁；和解协议必须是双方自愿达成的；仲裁人员应由当事人选择。这就形成了“裁审自择”“裁审分轨”的双轨体制。

根据强制原则，调解或仲裁机构与政府的联系较多，政府常常从中起主要作用；劳动争议任何一方当事人或者政府无须协商均可依据法律规定交付仲裁解决争议；仲裁人员由仲裁机构指定。在强制原则下有的国家规定仲裁裁决具有终局效力，有的国家则规定对裁决不服，当事人可向法院起诉，形成“裁审衔接”的单轨体制。

2. 基本原则

一是在查清事实的基础上，依法处理劳动争议原则。

二是当事人在法律面前一律平等原则。

三是着重调解劳动争议原则。

四是及时处理劳动争议的原则。

从上面可以看到，劳动争议处理的基本原则主要体现了依法、平等、调解优先、及时的特点。

3. 基本程序

第一步：申请调解

劳动争议的调解是指在劳动争议调解委员会的主持下，在双方当事人自愿的基础上，通过宣传法律、法规、规章和政策，劝导当事人化解矛盾，自愿就争议事项达成协议，使劳动争议及时得到解决的一种活动。

发生劳动争议，当事人不愿协商、协商不成或者达成和解协议后不履行的，可以向劳动调解组织申请调解。劳动调解组织包括：一是企业劳动争议调解委员会；二是依法设立的基层人民调解组织；三是在乡镇、街道设立的具有劳动争议调解职能的组织。这里要指出的是，调解程序也是一个自愿程序，当事人不愿调解的，可以直接向劳动争议仲裁委员会申请仲裁。如果自劳动争议调解组织收到调解申请之日起十五日内没有达成调解协议，或者达成调解协议后在协议约定的期限内，一方当事人不履行的，另一方当事人可以向劳动争议仲裁委员会申请仲裁。

第二步：申请仲裁

发生劳动争议，当事人不愿调解、调解不成或者达成调解协议后不履行的，可以向劳动仲裁委员会申请仲裁。

仲裁也称“公断”，是指争议双方在同一问题上无法取得一致时，由无利害关系的第三者居中作出裁决的活动。仲裁主要分为对经济纠纷的经济仲裁和对劳动争议的劳动仲裁。劳动仲裁是指劳动争议仲裁机构对劳动争议当事人争议的事项，根据劳动方面的法律、法规、规章和政策等的规定，依法作出裁决，从而解决劳动争议的一项劳动法律制度。劳动仲裁不同于仲裁法规定的一般经济纠纷的仲裁，其不同点在于：

申请程序不同。一般经济纠纷的仲裁要求双方当事人在事先或事后达成仲裁协议，然后才能据此向仲裁机构提出仲裁申请。而劳动争议的仲裁则不要求当事人事先或事后达成仲裁协议，只要当事人一方提出申请，有关的仲裁机构即可受理。

仲裁机构设置不同。仲裁法规定的仲裁机构主要在直辖市、省会城市及根据需要在其他设区的市设立。而劳动争议仲裁机构的设置主要是在省、自治区的市、县设立,或者直辖市的区、县设立。

裁决的效力不同。仲裁法规定一般经济纠纷的仲裁,“实行一裁终局制度”,即仲裁裁决作出后,当事人就同一纠纷再申请仲裁或者向人民法院起诉的,仲裁委员会或者人民法院不予受理;劳动争议仲裁,当事人对裁决不服的,除劳动争议调解仲裁法规定的几类特殊劳动争议外,可以向人民法院起诉。由此可见,劳动争议的裁决一般不是终局的,法律规定仲裁这一程序,主要是考虑到这类纠纷的处理专业性较强,由一些熟悉这方面业务的人员来处理效果比较好,有利于快速、高效地解决纠纷,同时也在一定程度上减轻了法院的诉讼压力,节约了审判资源。

第三步:向人民法院提起诉讼

如果当事人对劳动争议仲裁委员会的仲裁裁决不服的,除本法另有规定的外,当事人可以向人民法院提起诉讼。这里的“除本法另有规定的外”是指本法第四十七条规定的一裁终局的情形。第四十七条规定:“下列劳动争议,除本法另有规定的外,仲裁裁决为终局裁决,裁决书自作出之日起发生法律效力:(一)追索劳动报酬、工伤医疗费、经济补偿或者赔偿金,不超过当地月最低工资标准十二个月金额的争议;(二)因执行国家的劳动标准在工作时间、休息休假、社会保险等方面发生的争议。”对于上述劳动争议案件的裁决,劳动者不服的,可以直接向人民法院提起诉讼。但是,用人单位一方不服的,需要先向法院申请撤销仲裁裁决,在人民法院作出撤销仲裁裁决的裁定后,用人单位可以就争议事项向人民法院提起诉讼。

实训模拟

1. 假设你在未来的企业中的合法权益受到侵害,请根据本章所学内容,用书面文字写出劳动争议的基本思路和基本流程。然后,在小组或班上交流,听取同学的评论,进一步完善书面的表达方式。

2. 关于员工的维权问题,一些企业采取了不少变通的方法,甚至有些人专门研究相关法律法规的漏洞,为企业免责出谋划策。你是如何看待这个问题的?如果将来遇到此类事情,你准备怎样应对?

项目十三　签约、离校、报到

自学导读

大学毕业生面临着就业，就要了解就业程序，本章主要讲解学生毕业后的签约、离校和报到事宜。

故事导航

毕业生不按时报到后果很严重

“我是2019年的毕业生，因工作表现突出，单位准备给我转正式工。查看档案时因没有报到手续，影响了工龄计算。当初毕业急于找工作，认为办理报到手续烦琐，就没按时报到，如今反倒自食其果了。”毕业生小郭无奈地表示。像小郭这种情况，毕业后因没及时办理报到手续，人事档案一直在自己手中，所以从毕业到现在的3年时间，他的转正定级无法办理、工龄无法接续、职称不能评定，这都是没有在规定时间内报到造成的后果。平时看着不起眼的报到证，因不在意变成了毕业生就业的拦路虎。

无独有偶，小张2017年毕业后到沈阳工作，但因本人当初未及时办理报到手续，她的档案至今还是毕业时的学生档案，没有工作经历的记录和转正定级手续，严重影响了她工作的调转。目前有很多毕业生离校后忙于找工作而忽略了就业手续的办理，认为报到证无足轻重。殊不知，就业报到证是毕业生用于办理就业手续的唯一行政介绍信，同时也是伴随毕业生一生的学历凭证，非常重要。毕业生从学校领取就业报到证之后，应在报到期限内及时办理报到手续，这样才能为日后进行档案政审、干部调动、职称评定等提供保障。

理论阐释

任务一　大学生就业程序

大学生毕业后，就要通过求职，谋取工作，真正从“学校人”转变为“社会人”。这是情理之中之事，可喜可贺。但是，很多大学生在欣喜之余，又感到茫然。其中之一，就是对就业程序不了解。不少大学生在寻找工作的过程中处处碰壁，自信心受到严重的打击。从根本上说，这主要还是准备不足，不了解就业程序导致的。那么，大学生就业到底有哪些程序呢？

第一步：作好就业准备。这里所说的就业准备，并不只是就业所需要的专业知识、专业技能的准备,更多的是就业的心理准备。所谓心理准备,主要是面试时与面试官进行沟通的应对准备。很多大学生都坚信一点:“是金子总会发光的!”但是,在现代社会,酒香也怕巷子深,况且千里马常有而伯乐不常有。因此,要想顺利地找到自己心仪的工作,还得作好各方面的准备,尤其是自我推销的心理准备。对于大学生来说,这个阶段的心理准备的重要性要远远大于知识准备、能力准备。

第二步:搜集就业信息。作好了就业的各方面准备之后,就要搜集相关的就业信息了。所谓就业信息,就是你将要从事的那个行业的行业信息、你要应聘的那个单位的单位信息、你要争取的那个职位的职位信息等。尤其要了解国家的就业政策,了解大的发展趋势。这相当于作战之前的火力侦察,对于你有针对性地制订作战计划是至关重要的。这个阶段不仅不能忽略,而且所搜集的就业信息越丰富越好、越精准越好。至于搜集的渠道,是很多的。比如,可以通过学校就业网、人才市场、实习单位、书报刊网、亲朋好友等渠道进行搜集。

第三步:完善求职材料。既然要求职,就要准备求职材料。虽然说口头表达很重要,但事先准备一份书面的求职材料也是必不可少的。这里所说的求职材料主要是我们通常说的简历。简历的填写要言简意赅、客观准确。在填写专业能力的时候,可以将自己曾经获得的相关荣誉填上去。如有证书,最好也准备一下。但一般来说,与本专业无关的证书就不必强调了。否则,有可能画蛇添足。将来面试时,面试官问到业余爱好等问题,你可以适当说明一下。在填写求职理由的时候,可以赞美一下所应聘企业的企业文化,但一定要适度、自然。求职材料也可以包括自荐信。在面试之前,大学生应将简历、自荐信、各类证书的复印件装订成册,请院(系)审核并填写推荐意见。复印若干份后,请院(系)签章。最后,到招生就业处盖章。

第四步:参加面试笔试。接下来就是参加面试了,这是工作之前的最后一步,将直接影响到就业的成功。在这个环节,你一定要做到不卑不亢。既不能狂妄自大,又不能畏畏缩缩。要努力将自己最真实的一面展现给面试官。面试通过后,有些企业会组织笔试。笔试之前,要了解相关要求,作好充足的准备。

第五步:签订就业协议。如果面试、笔试过关了,接下来就要签订就业协议。在正式签协议之前,你一定要仔细阅读协议文本,关注每一个细节,不可疏忽大意。比如,像试用期限、工资(又分为试用期工资和正式工资)、社保、加班费、休假等内容是否和双方之前达成的协定一致。不要想当然,否则有可能损害自己的合法权利。如果发现有疑问之处,要及时提出。要使用学校统一印制的就业协议书签订就业协议。就业协议应有毕业生签字、用人单位签章、院(系)签章、招生就业处签章。交一份就业协议到院(系)登记备案,由院(系)按要求统一交招生就业处。

第六步:接受毕业派遣。招生就业处根据毕业生所交就业协议书编制建议就业方案并报送上级主管部门。招生就业处根据主管部门下达的就业方案编制派遣方案,打印报到证,并报上级主管部门审核。毕业生在规定时间内办理离校手续并按时离校。毕业生凭《就业报到证》等材料,在规定时间内到用人单位报到,并办理接收手续。

任务二　办理报到证手续和人事代理

一、离校

离校手续一般在离校前一周内完成(每年六月中下旬办理)。不同学校在毕业生离校时都有不同的规定和要求,具体操作方式也各有差异,但在程序上都大致相同。

(1)毕业生到各自所在的院系办公室领取毕业生离校通知单,填写自己姓名、所属院系和专业等内容。

(2)按照离校通知单上的内容,毕业生到财务部门核对并结清自己应缴的所有费用,享受助学贷款的同学按规定办理偿还及相关手续。

(3)毕业生到校医院进行体格检查,体检合格后由校医院签署意见。

(4)毕业生到学校党委组织部门(是党员的毕业生)或团委办理党团组织关系的转签手续。

(5)毕业生到图书馆归还借阅的图书资料并交还借阅证,到学校有关管理部门交还学生证、校徽等有关证明学生身份的证章。

(6)毕业生到后勤部门退还宿舍、饭卡等,并归还其他公共物品。

(7)毕业生领取"就业报到证"、户籍迁移证、毕业证、学位证等。毕业生只有在完全办理以上手续,经各部门签章后才能领取"就业报到证"和户籍迁移证明。理论上讲,户籍迁移证明是在"就业报到证"领取后持其在学校所在公安机关办理,但高校为了方便毕业生离校手续的办理,通常对需要签转户口的毕业生代为办理户籍迁移手续,因此毕业生毕业时就可以领到户籍迁移证。

(8)毕业生持相关证件到就业单位报到。

不办理或未办理完离校手续的毕业生不能离校。毕业生离校后,在30日内持"毕业生就业报到证"到报到证上指定的单位报到。毕业生报到时应带齐相关证件:毕业生就业报到证、毕业证、学位证、身份证、户籍迁移证明、组织关系转移介绍信等。

二、毕业生凭报到证到用人单位报到

个人鉴好协议书后到学校就业指导中心凭学校就业中心介绍信、自己的毕业证原件《就业协议书》到省就业指导中心打报到证。

报到证以前也称为"派遣证",其全称为"全国普通高等学校本专科毕业生(毕业研究生)就业报到证",由教育部授权地方主管毕业生就业调配部门审核签发(特殊情况可由教育部直接签发)。报到证是毕业生就业派遣的书面依据,是毕业生人事关系正式从学校转移到就业单位的证明。

毕业生办理报到证手续如下:

毕业生可以凭与用人单位签订的就业协议书办理。如用人单位无人事权,不能接收档案,还须到其上级主管部门签章("用人单位上级主管部门意见"一栏)。用人单位无上级主管部门的，则到当地的人才交流中心办理人事代理手续（“用人单位上级主管部门意见”一栏）。

毕业生可以凭与用人单位签订的劳动合同办理。另外，还须到当地的人才交流中心签订就业协议书，办理人事代理手续。签好的就业协议书要一并带到省高等学校毕业生就业指导中心。

未落实就业单位且本人申请回生源地自主择业的毕业生应提供书面申请。

普通高等学校、中等职业学校的全日制在籍学生，在校期间参加高一层次学历自学考试，通过专业考试计划规定课程的考试并取得毕业文凭者，毕业离校时，可根据学生本人意愿，按取得的自学考试学历发给“全国普通高等学校本专科毕业生就业报到证”（以下简称“报到证”）。在校期间参加高一层次学历自学考试，但毕业时尚未能通过专业考试计划规定的全部课程考试，本人要求继续参加自学考试，在毕业后三年内通过全部规定课程考试并取得毕业文凭者，且没有落实就业单位的，也可按自学考试学历发给报到证。

普通高等学校、中等职业学校全日制在籍学生毕业时或在毕业后三年内获得自学考试毕业文凭且没有落实就业单位的，本人可凭自学考试毕业证书和相关材料到省人事厅申请办理高一层次学历毕业生就业报到证，报到证上的毕业学校统一填写为“全日制普通高校自学考试学历毕业生”。按自学考试学历登记签发的就业报到证，与普通高校毕业生就业报到证具有同等效力，与普通高校毕业生享有同等待遇。

具体程序是：毕业生在就业协议书上填写基本情况；毕业生所在的学校（学院）毕业生就业指导部门填写推荐意见并盖章；用人单位签字、盖章，上级人事主管部门确认盖章，毕业生签字，填写双方约定的其他条款；毕业生所在的学校（学院）毕业生就业指导部门予以登记备案；将就业协议书交省高等学校毕业生就业指导中心审核，开具介绍信；毕业生持省高等学校毕业生就业指导中心开具的介绍信、毕业证原件、就业协议书到省大中专院校学生信息咨询与就业指导中心办理就业报到证。

三、人事代理

除了办理报到证，毕业生还要办理人事代理。人事代理制度是一种新型的人事管理制度，是指政府人事部门所属的人才交流服务机构本着充分尊重单位自主用人、个人自主择业的原则，高效、公正、负责地为用人单位和各类人才解决人事管理方面的有关事宜。按照有关政策规定，人事代理工作由县（市）以上（含县市）政府人事部门所属的人才交流服务机构负责。

办理人事代理的部门可为毕业生提供各种服务项目：向委托代理个人提供人事法律、法规和政策方面的宣传咨询服务；为委托代理个人保管人事档案；为委托代理个人申报专业技术资格考评；按国家有关政策为委托代理个人调整档案工资；为委托代理个人代缴养老、失业保险；负责管理委托代理人中共党员的组织关系；为委托代理人员挂靠户粮关系；负责接转委托代理个人的人事关系手续；为委托代理个人办理出国（出境）政审呈报手续；承办与人事管理相关的其他事宜。

高校毕业生需要办理人事代理手续的情况包括：按照有关文件规定，高校毕业生找到的接收单位是非国有经济单位(外资、合资、民营、民办、个体、乡镇、区街)及实行股份制改造的国有企业,不能接收毕业生手续的;暂时尚未落实接收单位的毕业生;不准备就业,准备继续考研的毕业生;准备出国的毕业生。

毕业生办理人事代理手续后,可享受多种待遇。比如,按期办理转正定级手续、保留干部身份、工龄连续计算、工资正常调升、职称评定申报、出国政审、党员管理、代办社会养老统筹、挂靠户口关系、出具以档案为依据的证明等。

毕业生若已签单位,可按用人单位的要求到指定的人才中心自行办理人事代理。用人单位没有指定的,也可在学校集中办理。毕业生还可以转回生源地到当地人才中心办理。

课堂探讨

如果现在就让你独立办理报到证手续和人事代理,你对哪些问题感到困惑?可以针对你感到困惑的问题,向同学或老师请教,直到完全弄清为止。

实训模拟

1. 两人一组,先由 A 向 B 口头叙述就业的具体程序,越具体越好。B 在倾听的过程中,可以采用书面方式,记录 A 叙述有误或含糊不清的地方。然后,B 向 A 指出正确的叙述方式。然后,A 与 B 变换角色,由 B 叙述、由 A 评价。小组训练结束,可在班上进行演示。在班上演示时,可以对相关程序的注意事项提出自己的看法,进行互动交流。

2. 将全班学生分为六组,分别代表就业程序中的六大步骤。组名分别为“就业准备组”“信息搜集组”“求职材料组”“面试笔试组”“协议签订组”“毕业派遣组”。每组精心准备相应的内容,负责接待每一位毕业生的模拟就业。由老师充当准备就业的毕业生,依次到这六个组中完成就业流程。老师假装对就业流程毫无概念,由每组成员具体讲解相关的步骤。最后,由老师对各组进行点评,并评出最佳的两个小组。

项目十四　职场适应

自学导读

大学毕业后，从离开学校步入职场开始，大学生就面临着个人的身份转换，需要去适应新的发展环境、去重建人与人之间的各种关系和规则、去实践个人的职业发展和人身自由等诸多新的现实问题。

故事导航

从实习到入职，我如何成为广州移动一员

李毅敏

用做回自己的心态去面试

从学校就业指导网上得知广州移动招聘暑期实习生的信息后，我立刻就跑去拿报名表。

其实，之前我参加了IBM蓝色之路的实习生招聘。虽然我很优秀，但第一次面试就被淘汰了。后来分析原因，我觉得也许是我准备太过充分，有志在必得的心态，面试时还穿着很正式的套装，对面试官的提问也答得滚瓜烂熟，显得很不自然造成的。我吸取了这次面试失败的经验教训，调整了一下心态，决定在参加广州移动招聘面试时做回自己。

在整个招聘过程中，我十分轻松自然。即使是面试，我也没作很多准备，只知道移动是通信行业的龙头企业和一句“沟通从心开始”的口号，就去参加面试了，而面试官也只问了我个人能力和潜质方面的问题。整个过程中，抱着与他人分享自己经历的心态，我很自然地与面试官聊天，整个气氛轻松愉快。

展示学习能力和在校工作经历

作为一名学生，毕竟我们的任务是学习，能够向人展示的是我们的学习能力和学习思维，那学习成绩就是一个指标。在大学阶段，我连续四年全专业综合分第一名，并获得一等奖学金，学习成绩十分优秀。同时，我参加了很多社团活动。大二时，我在微软俱乐部任企业文化干事，还是学院的文体部副部长。那时，我们经常开会讨论通过哪种方式宣传会使活动更轰动、选择哪家企业去拉赞助。虽然我没有参加具体操作的工作，但这些讨论锻炼了我的沟通协作能力。大三时，我到外贸公司做过兼职，也在广交会上帮阿里巴巴向外商推广业务，咨询外商来中国采购的商品信息等。这些都成为我展示的资本。

记得面试时，面试官问我曾经参加过哪些活动最需要团队合作，我是如何参与这些活动的。我提到了参加欧莱雅校园义卖的经历，主要讲述了与同伴进行沟通的过程。在义卖前，

我们就怎样应付客流高峰进行了分工。唯一的一个男生很文静，他就负责搬货并做好客户登记；另一个学财务的女生负责收钱记账；而我比较能说会道，就做销售。因为分工明确，客户等待的时间很少，而且即使客户很多，我们也很耐心地向每个客户讲解，态度很亲切。可能正是这一点适合广州移动“以客户为导向”的需要吧，这次义卖让面试官对我有了比较深的印象，后来他们都叫我“欧莱雅小姐”了。

满腔热情投入所有工作中

当我得知被分到区域呼叫中心实习的时候，其实心里是不太舒服的。在我的感觉中，区域呼叫中心就是接电话的地方，没什么技术含量，得到锻炼的机会不大。但是，当正式工作后，我才发现其实这是工作难度与强度都很大、挑战性很强的地方。那之后，我立刻调整了心态，满腔热情地投入工作当中。大到项目，小到数据的输入，我都认真地对待，不懂的就问。我的工作能力、思维都得到了很大的锻炼。

另外，自动自发的工作态度是很重要的。我实习时做过很多的工作，统计分析、项目建设、报表统计、负责为内部刊物投稿甚至是一些数据的输入等。每项工作不管难度高低、强度大小，都有锻炼人的地方，都是某个项目众多环节中必不可少的内容，都是有意义的。而一些大学生在刚实习或入职时可能会做一些如复印之类的“杂务”，他们心里可能会觉得委屈。但如果抱着“堂堂一个大学生干这些”的心态，只会让自己难受。我觉得，应该换个角度去想：能否通过这些“杂务”来锻炼自己的耐心、细心，并思考怎样以高效的工作方法去完成它。

在实习的时候，我真切地感受到了广州移动对员工自我价值实现的重视，而且工作成果会被应用到实际中，这让我很有成就感。实习让我真正认识了广州移动，并让我对它产生了强烈的向往，最终成为其中的一员。

（资料来源：金羊网－羊城晚报）

理论阐释

任务一　职场适应的主要内容

一、社会角色适应

社会角色是社会赋予人的社会权利和义务。它反映了每个人在社会中的地位和在人际关系中的位置，包括角色权利、角色义务和角色范围三要素。在个体生涯发展的过程中，在不同的生涯阶段，每个人所扮演的社会角色总是在不断发生变换，相应地，角色的权利、义务和范围自然也要不断发生变换。大学毕业生走出校门，迈入职场大门之前面对的就是一种社会角色的转换，从读书人到职业人，任务不一样，责、权、利也不一样，这两者之间有非常大的区别。由于社会角色的变换，大学生在职场生活初期都会遇到社会角色适应的问题，如何实现华丽的转身呢？一般而言，职场新人应该与时俱进，及时地转变观念，融入所在组织的环境与氛围，并改变学生时代的脾性，力求做一行像一行，以专业化、职业化的素养和职业道德来严格要求自己。

二、心理适应

心理适应是指大脑对职场的各种信息产生反应的各种心理过程，如感觉、知觉、情绪、意志、性格都有一个适应过程。大学生一旦进入职场，将会面临理想与现实、期望与实际的矛盾冲突。大学生发现，现实职场并非如想象中的理想化和剧情化，多数时间是平凡无奇的，加班加点是家常便饭，帅哥美女与己无缘，美丽的肥皂泡一戳就破。这时，大学生长期在学校生活中形成的价值观念、生活方式、思维模式、行为规范，都可能遇到新的挑战，产生巨大的失落感，出现情绪低落、抗拒就业、满腹牢骚等问题。如未作充分的心理准备，就难以适应工作岗位，这些不良心理状态必然会影响工作成效和个体的生涯发展。因此，大学生进入职场前，及时作好心理调适非常必要。

三、生理适应

生理适应是指人对职场工作时间和节奏、劳动强度和紧张程度的适应。不同职业具有不同的工作要求，比如有的要求经常出差、有的要求经常熬夜，甚至是要求三班倒，等等。大学生在读书期间主要是脑力劳动，生活有规律，对身体条件要求不太高。就业之后，环境的变化主要表现为时空概念和生活方式的变化。大学生就业初期最明显地表现出对工作节奏的不适应，感到时间紧、劳动强度大。生活紧张可能会出现身体疲倦、头昏脑涨的感觉。因此，在这种情况下，要学会科学地统筹时间，注意劳逸结合，适当加强身体锻炼，以良好的状态迎接工作挑战，尽量避免因为身体原因而影响工作。

四、知识与技能适应

知识与技能适应是指大学毕业生根据职业岗位的要求来调整和改善自身知识结构和专业技能，使之适应职业岗位任职要求的过程。一般来说，毕业生应该掌握专业知识以及专业领域技能和跨领域技能。大学生在校期间所构建的知识和技能能否与职业岗位相适应，必须经过工作实践的检验。尤其在当今知识经济时代，知识更新的速度在不断地加快，这就要求大学生必须及时地更新知识结构和提升专业技能，在工作实践的各个方面作好准备，以适应职业发展的需要。

五、职业性格适应

不同岗位的工作特点不同，对工作者的性格要求也不同。有的岗位要求从业者性格开朗外向，善于言辞，喜欢交际，否则就难以完成工作任务，比如销售人员。有的岗位则需要工作者性格谨慎稳重，喜欢处理事务性工作，比如公司财务管理人员。按照霍兰德的理论，只有当人的职业性格类型匹配相应职业类型时，才有可能获得职业的成就感和效能感，否则容易产生职业倦怠，不利于生涯的发展。因此，大学毕业生最合适的做法，就是选择与自己职业性格相匹配的职场环境，这样才能如鱼得水，在职场海洋里畅游。如果迫于现实与生计，暂时无法选择合适的职业以及职场环境，则应像李嘉诚先生所说的，要根据自己当前所从事的工作岗位的特点，慢慢培养起自己的兴趣，调整好自己的职业性格，力求把当下工作做好，为将来职业的转换作好充分的准备。

任务二　角色转换

大学校园和职场是两个截然不同的场所，大学生毕业后进入职场，是一种身份的转变，相应地，大学生的心态也需要及时进行转变。

象牙塔里苦心读书的学生对于毕业后走入社会总是怀着期待和紧张，他们既希望能实现经济独立，同时也担心自己不能适应复杂的人际关系和紧张的工作节奏。现实残酷，没有人能够在进入社会之前，较好地完成入职彩排和演练，瞬间完成学生到职场人士的角色转变。这个过程如同破茧化蝶一样，在痛苦中完成蜕变。

一、实现从大学生到职业人员的角色转换

很多用人单位每年都要招聘部分优秀的应届毕业生来给公司补充新鲜的血液和活力。而如何能够让大学生尽快地融入新环境、适应新工作、完成角色转化也就理所当然地成为企业及大学生都必须面对和解决的问题。

（一）大学生角色与职业角色的区别

1. 社会责任不同

学生角色的主要社会责任是学好科学文化知识，使自己德、智、体全面发展，整个角色过程是一个受教育、储备知识、锻炼能力的过程。职业角色的责任，是以特定的身份去履行自己的职责，依靠自己的本领或技能去为社会和他人服务，完成某项工作的过程，它是通过对工作对象的履行情况来体现的。

2. 社会规范不同

职业角色与学生角色不仅是在规范的内容上不同，而且规范所产生的约束力也不一样。社会对学生角色的规范内容，主要反映在国家制定的“学生行为准则”和各学校制定的“学生手册”中。因为学生是受教育者，在违反角色规范时，主要还是以教育帮助为主。从事工作后，社会对职业角色的规范因职业的不同而不同，但肯定是更严格的，违背了就要承担一定的责任，甚至是法律责任。

3. 社会权利不同

学生角色的权利主要是依法接受教育，并取得经济生活的保证或资助。职业角色则是依法行使职权、开展工作，并在履行义务的同时取得报酬。

4. 活动方式不同

学生角色是在接受外界的给予，即接受和输入，主要是要求理解；而职业角色则是运用自己的知识和能力，向外界提供自己的劳动，即运用和输出，要求结合实践创造性地发挥水平。

5. 目的不同

对于学生来说，目的是学到知识，考个好成绩；而职业人士的目的是完成某项工作。

6. 所需要的技能不同

学生所需的技能是良好的记忆力和逻辑思维能力；而作为职业人员要想把公司交给的

岗位工作做好，需要更多的技能。

（二）实现角色转换

离开校园进入不同行业，迎接人生第一份工作的挑战，对涉世未深的毕业生来说，面临着巨大的转型压力。在转型的过程中，敬业、心态、诚信、礼仪则是职场新人成功的四大法宝。

1. 从宏大的人生理想向现实的职业理想转换

第一份工作对大学生的冲击是巨大的，从高高的象牙塔走下来的大学生会发现理想与现实之间存在很大的差距。先前宏大的理想，在现实面前已经失去目标、失去动力，因此会情绪低落。解决这一问题的当务之急是把理想转化为职业目标，并制定出切实可行的方式方法，去实现职业目标，搭起一座让自己从理想走入现实的桥梁。实现职业目标有很多的途径，要结合自己的综合因素去选择一条最适合自己的途径，更快地实现职业目标，从而最终实现职业理想。从实现职业理想的角度看，我们所做的工作一定要与职业目标有密切的相关性，否则，所做的工作将不会对职业理想产生支持，那实现职业理想就会再次成为空想。

2. 从青苹果学校人到成熟职业人的转换

从学校人转变成职业人的第一步，应从企业文化、业务流程、公司制度、仪态仪表、接人待物、为人处世等多个方面进行了解，要知道企业需要什么样的员工、自己从事的职位应该具备什么样的素质、如何能够更好地发挥自己的潜力。职业人最需要的就是敬业精神，职场新人要做的以日常性的事务工作居多，专业性的工作一般要经过企业的再培训之后才会去做，所以一定要保持沉稳的心态，因为这是做好任何一份工作的关键。

要学习企业中那些卓越人才必备的八大基本素质：创新能力、学习能力、自信自立、自律、积极乐观、执着追求、责任感、合作开放。

3. 从单纯的处理问题方式向复杂的人际关系转换

新到一个公司，如果对崭新的生活方式、陌生的社会环境、复杂的人际关系处理不当，之后的工作就可能困难重重。

在做人方面，首先要揭掉自我标签，保持低调。工作岗位不是上演个人秀的舞台，因此，刚刚迈入工作岗位的大学生一定要注意自我形象，做事一定要低调，少说多看，尽快熟悉人际关系，融入环境，要做到锐气藏于胸、和气浮于脸、才气见于事、义气施于人。在处事方面，对上司先尊重后磨合、对同事多理解慎支持、对朋友善交际勤联络。复杂的人际关系是社会构成的一部分，融入环境的手段之一是要学习基本的礼仪知识。职场有职场的规则，单纯地讲礼貌是不够的。身处其中，一言一行、一举一动都要符合职场规范。礼仪是构成形象的一个更广泛的概念，包括语言、表情、行为、环境、习惯等。对大学生来说，礼仪是一门必修课。

4. 从系统的理论学习向多方位的实际应用转换

学生在学校里学习的都是系统的理论，有教授讲解、有助教辅导，到了工作岗位后，实际动手能力靠培养、练习，而且，实际应用是多角度、全方位的。没有人告诉你哪个该学、该怎么学，知识积累全靠自己探索，这使得很多学生做了事却没有实现目标，甚至偏离了目标，或者不知从哪儿入手。

在应届毕业生进入公司的时候，企业都会对职场新人进行入职培训，要多学多看、多虑心请教，才能积累工作经验。

5. 从散漫的校园生活向紧张的工作模式转换

悠闲的校园生活方式被紧张的职场打拼所代替，日常生活受到纪律、时间的约束。

每当新生力量进入单位，都会带来新的气息，同时也会带来一些新的问题。对于大多数刚刚走上工作岗位的大中专毕业生来说，除了工作能力之外，还要有实干精神、懂得人际沟通。不但要完成属于自己的每一项工作，还要做自己不愿意做的事情。能否做好那些自己不愿意做的事情是一个人是否成熟的标志，也是一个人能否取得人生成功的主要因素。

6. 从浮躁的心态向逐步理性化转换

转型需要时间，与企业的磨合需要时间，积累经验也需要时间，具备竞争力同样需要时间。企业深知这个道理，所以会给实习生时间和机会，但实习生不能以此为借口，要积极努力，从浮躁的心态中走出来，尽快进入符合企业要求的状态，这是理性化的成熟表现。

7. 从家长的呵护向自我保护转换

许多大学生在进入就业大军时，往往对就业的相关期限、实习权益一知半解。原来依赖家长，现在需要自立，需要自己判断、自己选择。

作为实习生，应该全力以赴地做好自己的工作，争取最终能被录用。但是我们也要警惕，一些用人单位由于制度不完善，是不是侵犯了我们的权益。在毕业以前，在校生无法享受劳动法的保护，但工作后，就要懂得用法律维护自己的权益，以防一些不法公司将自己作为廉价劳动力使用。

工作后，毕业生要学会在社会上独立生存，学会保护自己，学会应对，学会维权。

二、角色转换过程中容易出现的问题

大学生在从学生角色向职业角色转换的过程中，往往会面临着新旧角色的冲突。有些人由于受到社会因素、家庭因素尤其是自身认知能力、人格心理发展、意志品质以及情绪情感等因素的影响，不能正确认识角色转换的实质，或者在角色转换中不能持之以恒，于是在从学生角色到职业角色的转换过程中容易出现以下问题。

(1) 对学生角色的依恋。

(2) 对职业角色的畏惧。

(3) 主观思想上的自傲。

(4) 客观作风上的浮躁。

(5) 自我封闭。

(6) 自负与自卑。

三、正确定位职场角色

职业角色定位是指大学生在职场上，通过在分析自身优势、弱势、工作环境及职业发展的基础上，合理选择职业方向与工作岗位的活动过程。正确的职场定位应该从以下几方面做起。

（一）从小事做起，把握机会

初入职场，很多大学生总会想着干一番大事业，晋级加薪，实现自己的理想，心理定位偏高，而实际上，初入职场，单位一般只会让他们从事一些基础性的工作，比如端茶倒水、拖地擦灰、接电话、送文件等，导致大学生有心理落差。

其实，基础工作做得好不好，表现了一个人的工作态度，是对自己性格的一种磨炼，立足于小事，才能成就大事，要学会抓住各种学习的机会，努力把每件事情做到最好。态度决定一切，愿意做更多的事情，愿意担任更多的任务，才会成长得较快。初入职场，把自己定位为执行者才是比较准确的定位。真正的人才决不会被永远埋没。一定要有不怕吃苦、乐做小事的勇气和毅力。

（二）少说多做，理顺关系

执行者重在执行，少说话，多做事。有的大学生因为缺少社会阅历和经验，看事情总是只看到表面现象，与领导意见不一，甚至发生争执，这其实给自己以后的职场之路设下了栏杆。要保持与上司同样的立场，这是职场规律中的黄金定律。

大学生要摆正自己的位置，客观、冷静地进入职业状态，真正地认识社会、全面地了解社会，以自身的实际行动，积极主动地去适应社会需要，在选择或适应社会职业的同时，接受社会的选择和磨炼，这样才能正确地走好职业道路。

（三）立足基层，谋求发展

由于就业形势严峻，大部分大学生要在基层、农村和偏远地区就业，不少大学生会感到前途迷茫、忧心忡忡。进一步转变就业观念，科学合理地调整职业期望值，树立“人才到基层，在实践中成长，行行出状元”的就业观，对个人的发展尤为重要。实际上，大学生也要成为一名普通的劳动者，社会中的各行各业都需要大学生，既有大学生毕业去当工人，也有大学生毕业去做个体经营，只要是通过诚实劳动和聪明才智来为社会创造价值，就可以实现自己的理想和愿望。

当前，广大基层特别是西部地区、艰苦偏远地区和艰苦行业及广大农村还存在人才匮乏的状况。基层的天地广阔，蕴藏着无数的机会，中国有70万个行政村，加上基层社区及其他的基层就业岗位，似乎能够提供不可小觑的大学生展示自我的机会。

大学生完全可以把到基层就业视为创业的起步、成才的开始，通过了解国情民意，积累经验，增长才干，这不仅有利于农村的经济建设，也有利于锻炼自己，找到自己的位置和发展空间，实现自己的人生价值。

任务三　角色适应能力的培养

一、强化职业意识

职业意识主要是指个体对不同职业的看法和认识，它是随个体的成长逐渐形成的。只有健康的职业意识，才会使得一个人选择某一职业而不是其他职业，也只有有了较为明确的职业理想,才会有动力按照理想职业岗位对角色的要求去不断地塑造自己。只有这样,才能获得社会对其所担任的职业角色的认同。

二、树立正确的职业价值观

职业价值观即个体对各种社会职业相对稳定的、系统的评价,它影响大学生职业理想的形成和择业行为。大学毕业生在择业过程中表现出的各种心理问题,其根源就在于大学生的职业价值观和具体的择业行为之间的不统一。随着社会的不断进步,对职业的价值评价越来越注重个人职业才能的充分发挥,越来越看重职业的智力含量和社会价值。在目前的就业形势下,树立"先就业、后择业、再创业"的思想,应当成为当今大学生一种现实的择业取向。

三、合理的个性化生涯规划

"特性因素论"认为,每个人都具有自己独特的能力模式和人格特征,这种能力模式和人格特征又与某些特定职业相关,而人的心理特性是可以测量的,因而生涯辅导就可以通过对照心理测量结果与职业要求解决"人—职"匹配的问题,帮助个人寻找适合自己的生涯发展方向。因此,学校的生涯咨询与就业指导必须帮助大学生进行自我分析、工作分析,通过科学咨询进行匹配,完成合理的个性化生涯规划。

四、培养敢于竞争的职业素质

当竞争机制成为职业社会主要的调节杠杆后,优胜劣汰的竞争规则对大学生提出了更高的要求。大学生必须具备更强的应变能力、风险意识、心理承受能力和自我表现能力,只有具备更强的职业素质,才能更好地适应职业角色的要求。

一般来说,相对于即将毕业的学生而言,在校学习期间的学习环境、学习条件、学习技能的训练都是最为理想的。因此,从就业协议书签订到毕业离校这段时间,是大学生有针对性地学习知识、培养能力进而转换角色的最佳时期。在这段时间内,大学生除了按照学校正常教学计划完成课程的学习、实习实践和毕业论文外,还应该进行如下学习和训练。

(1)学习与未来工作岗位有密切联系的专业知识和专业技能。大学的课程设置总体上偏重于基础知识的学习和基本技能的培养,而不一定涉及特定岗位上所需要的专业知识和技能。同时,通过学习和训练,还可以加深即将毕业的学生对未来职业岗位的认同,培养职业兴趣。

(2)进行非智力因素技能的训练。大学毕业生智力上相差并不太大,主要的区别是非智力因素,而非智力方面的技能是影响毕业生择业、就业和创业的重要因素。毕业生要敢于表现自己,克服在公众面前"害羞"和"胆怯"等人格心理方面的不足,这是给人留下良好印象的前提和关键;还要善于表现自己,主要是书面表达能力和口头表达能力的提高。在与人交往的过程中要诚恳而不谦卑,自尊而不倨傲,不急不躁,以富含感染力的幽默语言来展示自己的意图和信誉。

(3)进行必要的心理准备,特别是"受挫准备"。大学毕业生大都很有才华,但并非都能在自己的工作岗位上实现成功。过硬的职业技能对职业成功固然重要,充分的心理准备也同样不可缺少，特别是要有“受挫”的心理准备。

五、尽快提高和锻炼自己以获得领导与同事的肯定

(1)善于展现自己的知识。(2)树立工作的责任意识。(3)培养实事求是的工作作风。另外，要重视岗前培训这样的重要环节，这对于刚刚走上工作岗位的大学生的角色转换是非常重要和必要的。它不仅仅是让新员工了解单位的基本情况、熟悉规章制度和工作程序，更重要的是，通过岗前培训，可以为新员工树立集体主义观念，培养人际协调能力和奉献精神。

实训模拟

职业角色模拟

活动目的：

更加直观地了解职场与学校的不同，体验学生角色与职业角色的不同，以便走上工作岗位后能够更好地完成职业角色的转换。

活动要求：

1. 将全班学生分成若干小组，每组6人，设组长1名。
2. 每小组从以下情境中选择一种情境进行模拟训练：

(1)实习时，同事都将复印、打扫等工作交给你去做。

(2)在办公室接到客户投诉公司产品质量问题的电话。

(3)所在公司遭遇媒体的负面新闻报道，但该报道与事实不符。

(4)面对一名挑剔、刁难、不好应付的客户。

(5)与同事因小事发生冲突。

(6)主持重要会议时，突然有人捣乱不配合。

3. 学生也可以根据自身专业特点设计其他合适的情境。
4. 在进行模拟训练时，需根据现实情况对情境进行进一步细化设计。

活动检测：

活动结束后，教师可根据表14－1进行评分。

表14－1 探索活动评价表

评分标准	分值(总分100)	实际得分	备注
剧情编排合理，符合现实情况	25		
在情景剧中能够针对工作中所遇到的问题，提出合理的解决办法	25		
表演人员口齿清晰，表演流畅	25		
积极参与活动	25		

第四部分

创业篇

项目十五 大学生创业概述

自学导读

创业不是“创”的事，也不是“业”的事，是人生选择的事情。创业是一种特别不同寻常的人生。如果你要选择一个特别的人生，那么就选择创业。只有当你始终坚信“创新引领未来、创业改变生活、奋斗成就梦想”的格言并为之努力，创业者的人生才会真正的丰富多彩。

故事导航

清华大学无人直升机团队：坚信我们可以改变世界

1250 分，清华大学无人直升机团队以毫无悬念之势拿下第五届中国“互联网 +”学生创新创业大赛总冠军。2019 年 10 月，在初秋的杭州，李京阳站在浙江大学体育馆舞台上，为清华“交叉双旋翼复合推力尾桨无人直升机”项目做大赛最后的路演，随着大屏幕上不断增长的分数条，现场观众开始发出欢呼，分数最终定格在 1250 分，清华大学锁定冠军。

赛后，李京阳幽默地说，“只要我们参加比赛，肯定拿第一！”李京阳的自信来自于项目的突出成绩。四年前，他和四个伙伴提出并开始研制世界首架交叉双旋翼复合推力尾桨无人直升机。在当时，交叉双旋翼无人机技术还处于被美国垄断的状态。他说：“我在清华一直学习飞行器设计，我就想，能不能用自己的专业知识改变技术的瓶颈，打破这种垄断。”

此后，李京阳团队用了四年时间专注于技术突破。“交叉旋翼加推力尾桨是我们无人直升机最大的亮点，交叉旋翼载重高，推力尾桨速度快。以前，只有美国的洛克希德 · 马丁公司有交叉旋翼，但现在我们不仅也有了，还加了推力尾桨。”又有载重优势又有速度优势，他和团队创造出了世界首架交叉双旋翼复合推力尾桨无人机，并自主研发了与之匹配的飞控系统。

目前，李京阳团队的无人直升飞机已获陆军装备科研支持，并纳入全军武器系统采购目录，成为我军首个复合推进直升机装备研制项目。2015 年底他们创建北京清航紫荆装备科技有限公司，是国家高新技术企业、金种子企业、中关村高新技术企业。三年，项目已完成三轮融资 1.2 亿元，技术成果转移实现经济价值 11840 万元。

“我们的无人机主要用于两方面，一是高层灭火，可以做到用工具打爆玻璃，再喷水进入室内进行灭火。二是运送应急救援物资，有人机成本很高，无人机运力高，可以带超两吨的物资。”李京阳介绍。从 2019 年 5 月开始，团队将眼光拓展到民用市场。要以民养军、以民促军,这也是他在比赛时,评委给出的建议。此外,在赛场内外,与高手过招、对接资本、了解市场渠道、寻找创业合伙人、带动师弟师妹创新创业、听取前辈经验……这些附加机会使得他对技术有了更好的完善方案,提升了项目质量。

在李京阳看来,学生处在父母身体健康、还未有妻子儿女的人生阶段,是创业最好的时期。既有放手一搏的洒脱,也有不断试错的资本。"学生创业没有后顾之忧,但一定要准备好、考虑好,保持乐观是创业应当具备的素质。"科研、创新、创业……其中艰辛不言而喻。每年大概有一半时间,李京阳都是在全国各地之间奔忙,一年下来飞行超过100次。陪伴家人的时间少之又少是他为创业而不得不做出的牺牲。他的同学中,有很多从事金融或其他领域的年薪已达百万,他打趣团队里8位清华博士每个月却只有800块工资:"便宜得很"。可创业虽苦,男孩心里的强军报国梦依然扎扎实实地在他心里没有动摇,"我们公司早晚有一天会上市,我的小伙伴们也都相信我们可以改变世界。"李京阳说,认准一件事,没有做好之前绝不退出。

理论阐释

任务一　创业的概述

一、创业的概念和意义

(一)什么是创业

广义的创业,是指人类的创举活动,或带有开拓、创新精神,并具有积极意义的社会活动。只要是人们以前没有做过,而对社会又有积极影响的事业,都可以叫创业。其内容很广,包括政治、经济、文化、科学、教育、军事等各个方面。狭义的创业,即个人或小规模的群体所从事的、具有创新或创造性的、以增加财富为目的的活动过程。简言之,就是创办新的企业,创设新的职业。这种活动也许早已有之,但对创业者而言尚属首次,如个人或创业小群体开办餐馆、花店等。本书探讨的创业就是狭义的创业。

创业首先是一个过程,它强调各种要素和各个环节的有效集成;创业需要相关资源,资源是创业的基础;创业的直接结果是产出,产出可以是产品也可以是服务,但都必须是有用的或者说是有使用价值的;创业的直接目的是增值,没有增值过程,创业就没有意义,也不可能存活;创业具有发展特性。

(二)大学生创业的意义

随着高等教育从"精英教育"向"大众教育"迈进,高校毕业生就业形势日益严峻。有专家指出,今后在很长时期内,大学生将面临更为严峻的就业形势。

因此,大学毕业生创业具有十分重要的意义。

1. 有利于缓解大学生就业压力

大学生的创业能力有利于解决大学生就业难的问题。创业能力是一个人在创业实践活动中的自我生存、自我发展的能力。一个创业能力很强的大学毕业生不但不会成为社会的就业压力,相反还能通过自主创业活动来增加就业岗位,缓解社会的就业压力。

2. 有利于大学生谋求生存与实现自我价值

大学毕业生通过自主创业,可以把自己的兴趣与职业紧密结合,做自己最感兴趣、最愿意做和自己认为最值得做的事情,在五彩缤纷的社会舞台上大显身手,最大限度地发挥自己的才能。创业并非人人能成功,既然如此,为什么还有众多的人选择了创业这条路呢?谋求生存乃至自我价值的实现是创业最主要的原动力。

3. 有利于大学生实现致富梦想

如果大学生想变得富有,开创自己的事业是最有希望实现致富目标的,没有人可以靠为别人工作而把自己变得非常富有。当前,大学生的就业观念正在悄悄地发生改变,一个鼓励创业、保护创业的大环境正在逐步形成。当前,产业结构调整带来的巨大创业机会,政府出台"创业带动就业"的优惠政策,促使大学生创业潜流涌动,大学生通过自主创业将可能会实现致富梦想。

4. 有利于促进中小企业的快速发展

从国际经验来看,等量资金投资于小企业,它所创造的就业机会是大企业的4倍。若一个国家有99.5%的企业属于中小企业,则可以实现65%~80%的劳动者在其中就业。美国对中小企业的发展一直比较重视,称其为"美国经济的脊梁",美国企业创新产品中82%来自中小企业。而我国小企业太少,因此,鼓励大学生自主创业有利于中小企业的快速发展。

5. 有利于培养大学生艰苦奋斗的作风

在大学生自主创业的过程中,困难和挫折,甚至失败都在所难免,这就要求自主创业的大学毕业生具备顽强的意志和良好的品格,勇于承担风险,自立自强,艰苦拼搏。通过创业培养自立自强意识、风险意识、拼搏精神和艰苦奋斗的作风。

6. 有利于培养大学生的创新精神

创新是一个民族的灵魂,是一个国家兴旺发达的不竭动力。青年大学生作为中国最具活力的群体,如果失去了创造的冲动和欲望,那么中华民族最终将失去发展的不竭动力。大学生的创业活动,有利于培养大学生勇于开拓创新的精神,把就业压力转化为创业动力,培养出越来越多的各行各业的创业者。

二、大学生创业的要素

关于创业的要素,有多种提法,美国著名的创业管理专家提摩教授,将创业视为"机会、资源、团队"三大要素的结合;马塞尔·德·迈尔利尔说,创业最重要的三个要素是:选址、选址、选址。也有本土化创业研究者认为,创业成功的要素是一命、二运、三风水、四积德、五读书。不管说法如何,在我们看来,大学生创业共有五个要素:创业机会、创业团队、技术、资本、市场。

(一)创业项目

创业要善于抓住好项目,把握住了一个适合投资的创业项目,就等于成功了一半。创业要有具体的项目,没有明确的创业项目,谈何创业。创业项目的选择建议是创业者比较有兴趣,有把握或具备该行业的经营管理经验为宜。

一般而言,大学生可以选择的创业项目有:(1)选择个人有兴趣或擅长的项目;(2)选择市场消耗比较频繁或购买频率比较高的项目;(3)选择投资成本较低的项目;(4)选择风险较小的项目;(5)选择客户认知度较高的项目;(6)可先选择网络创业(免费开店)后进入实体创业项目。

(二)创业团队

阿克洛瑟说:“创办一家公司的三个要素是人、人、人。”一个好汉三个帮,三个臭皮匠赛过诸葛亮。当下,大学生创业采用的都是团队创业的形式,创业过程中,有一个好的人才团队是不可缺少的因素。创业如同拔河比赛,人心齐,泰山移;创业如同赛龙舟,步调一致,不偏不移,才能独占鳌头。“宁要一流的人才和二流的项目,也不要一流的项目和二流的人才”是创业风险投资家的箴言。

创业团队要求能够目标一致,分工明确,角色齐全,各司其职,主动补位,作为合伙人,先小人后君子,有时候必须白纸黑字讲明权益和义务,这是非常必要的。

(三)技术

技术是指专业的知识与技能。现在的时代需要创业者具有很高的综合素质,更需要创业者能在某一个领域做到精通。俗话讲,隔行如隔山。如果创业者在所创业的领域具有一门专业的技能,就能够获得顾客以及同伴的信任,如果不擅长自己所创业的技术和操控能力,即使利润丰厚,也不能采取赌徒的心理,否则可能血本无归。有一些创业成功者之所以成功,很大程度上是因为自己做过学徒,在某个领域中已经练就熟悉的技能,掌握相当的技术,创业才能驾轻就熟。

现在是人才化社会、个性化社会,吃专业饭、赚专业钱、拥有过硬的专业知识才是最重要的。

(四)资本

“资本”泛指一切投入生产过程的有形资产、无形资产、金融资产和人力资本。有形资产一般指看得见摸得着的东西,通常指企业的固定资产,包括资源、产品、设备、装置、厂房、人才信息等一切生产要素在内。无形资产是指具有强大增值功能的一类特殊资本形态,通常包括专利权、非专利技术、商标权、著作权、特许权、土地使用权等。金融资产主要包括库存现金、应收账款、应收票据、贷款、垫款、其他应收款、应收利息、债权投资、股权投资、基金投资及衍生金融资产等。

对于刚刚创业的大学生来讲,现金流是非常重要的。俗话说得好:“用钱创造财富!”有时候现金流断裂,常常会让创业者焦头烂额,束手无策,所以创业者必须确保现金流。那么,如何募集资金?一是靠亲戚朋友募集,二是银行抵押贷款,三是所谓众筹,四是考虑多渠道融资,尤其是目前国家出台许多优惠政策支持大学生创业,一定要熟悉并懂得利用相关的政策法规。但是,如果铤而走险借高利贷,则要非常慎重。

人力资本是资本中非常重要的部分,有人好办事。有人说:“有个好爸爸,少奋斗三十年。”虽然这句话说得有点不长志气,但是现实之中,拥有宽广的人脉,会让你创业之中如鱼得水。人力资本可以给刚刚创业的大学生带来经验、智力支持甚至是资金支持。创业本身就是非常复杂的一种社会行动，没有社会系统的支持，会走得异常艰难。

（五）市场

市场也是创业必须具备的要素，创业者在进入一个市场之前要对市场进行检验和评估。检验市场要素是否与创业企业能力和资源相匹配，是否值得创业企业把其作为其提供产品和服务的特定目标市场。

创业市场是产品需求的主要来源，一个创业者即使具备了上述团队、资金、机会、技术，而并无广大的市场空间或特定的市场定位，那么他创业成功的概率也将是零。产品如果适销对路，则会良性循环，带来可观的利润，但是如果销路不佳，无市场需求，则会危及企业的生存。因此，市场是利润之所趋，创业者在创业之初可以借助市场调查的客观方式，来评估整个市场状况、消费导向以及同业竞争态势，以掌握市场先机。

三、大学生创业的主要模式

（一）个人独资或合伙制

这是最为常见的大学生创业模式，主要是指大学生个人或者几个人创办的"工作室型"小企业。大学生选择这种创业模式的比例很高，约占所有创业模式的90%以上。这种模式对创业者的要求不高，而且此创业模式的行业多集中在科技含量较低的服务业。

选择此模式的大学生创业者主要有以下几种情况：(1)立足于校园以及周边市场，为广大的学生消费群体服务。这些创业者来源于学生，服务于学生，基于自身对学生消费需求的了解，更好地挖掘学生这个特殊群体的消费市场。(2)迫于生计，勤工俭学。我国高校学生约有20%为贫困学生，单靠学校的贫困补助及有限的勤工助学岗位难以解决他们所面临的经济困难，不少贫困大学生通过这种创业模式获得更多的经济来源。(3)由于自身条件包括资金、时间、学业压力、心理压力等限制，这种低投入、低风险的创业模式更容易为大学生创业者所接受。

这种创业模式具有以下特点：(1)涉及行业很多，选择自由灵活。创业者可以抓住学生消费群体的特点来确定行业，并在各个领域创业。(2)启动资金少，大大降低了大学生的创业风险。(3)需要较多的精力投入，创业者需要花大量的时间来经营店面，对于在读的大学生而言，有可能影响学业。

（二）法人股份制公司

这是指大学生以股份形式合资从事的创业活动，多数由家长、亲戚作为后盾，提供资金支持。这种创业模式广泛存在于大学高年级或者刚刚毕业的大学生创业团队中。这些创业团队往往选择高科技含量的行业开展业务，更多走的是IT、高科技的路子。例如，温州超越公司是一家以互联网网络技术服务为核心的高新技术企业，其创业团队来自超越网第一批成员。公司依托温州师范学院，凭借当时学校的超越网（浙南最大的红色网站）并依靠家里和同学之间的合资创办，以"来源于教育，服务于教育"为理念开发了一系列学科教育网站。

目前公司核心成员已经毕业进入社会，凭借自身技术，闯出了一片天地。这种创业模式的特点是:(1)企业组织等模式相对稳定。(2)资金投入较多,风险较大,直接面对市场的机遇和挑战。(3)技术人员少,思维能力有限,因而产品技术含量较低,多数还属于低层次竞争。(4)信息流通慢,辨别能力差,对于市场上的情况较难作出迅速反应。(5)研发资金投资周期长,不利于初创型企业发展。

(三)高新技术创业

这是一种利用国家的优惠政策,凭借自身专业技术或完善的创业计划在国家兴建的创业园区进行创业的方式。

自1998年清华大学的首届大学生创业大赛成功举办以来,我国大学生创业计划大赛逐年涌现,国家关于大学生创业的优惠政策不断出台,各地的创业园区相继兴建,大学生创业得到了政府和社会各界前所未有的关注、认可和支持。这有利于大学生创业者发挥自己的专业特长,凭借自己的兴趣和技术创业,通过详细的商业计划书,吸引风险投资商。而且不少大学生创业者利用这一创业模式已经迈出了成功的第一步。例如,温州大学生创业园、温州高新技术产业园区创业服务中心、鹿城创业服务中心等创业园中都不乏大学生创业的成功案例。

这一创业模式通常呈现出以下特点:(1)得到政府政策的支持和创业园区的各项帮助。(2)风险小,但各个细节要考虑周密。(3)凭借专业创业,使理论联系实际,加速知识向生产力转换。(4)受地方政府保护。(5)信息来源好,流通快。

(四)依托一些公司,凭借其庞大的客户关系网进行创业

这种模式主要是把一些公司的客源当作自己创业企业的客户从而扩大自身业务量,建立协作关系,拓展自身市场。一些成功的民营企业将自己的创业经验、管理方法等传授给大学生创业者,帮扶其创业就属于这种创业模式的范畴。这种创业模式是合作竞争、快者生存的新经济时代的必然产物。随着经济发展,这一模式已经成为一种最具潜力的创业模式,也是新经济时代主流的创业模式。

例如,华拓网络是一家以系统集成、软件开发等业务为核心的高新技术公司,为企业提供全面的信息系统建设解决方案。公司在技术方面依托网络与信息系统研究所,原始资金投入来自一家民营企业,其运营模式与那家民营企业类似,但客户对象不同。凭借技术、销售网络等优势,华拓网络这家新型的高科技公司正在蓬勃发展,收益也十分可观。

这种创业模式具有以下特点:(1)创业效率以及创业成功率高。(2)企业成长周期短。(3)创业者需要具有良好的知识、技术和素质。(4)创业者个人风险小。(5)销售网络通畅,资金回笼快。

(五)SOHO模式

SOHO是英文Small Office and Home Office的缩写,即小型办公室、家庭办公室的意思。这种模式起源于20世纪80年代中后期的美国,随后迅速风靡全球经济发达地区。SOHO一族选择的工作以出售创意为主,且多集中于一些新兴领域,如商务代理、销售代表、平面设计、影视娱乐、自由撰稿、网站制作、广告设计、市场策划等。SOHO工作平台的发展空间几乎是无限的,其依据是:互联网上可供整合的信息资源几乎是无限的,而SOHO一族正是借

助自己的创意将这些信息资源进行整合，并以此来创造属于自己的自由和财富。

在未来10年内，SOHO一族将不断壮大，SOHO将不仅作为一种工作趋势不断发展，而且将成为一种主流职业为社会所接受，并成为城市中青年人群自由创业的最有效跳板。

这种创业模式具有以下特点：(1)工作空间和范围更加广阔，且受到更少的限制。(2)创业者本身须具有一定的技能。(3)工作时间弹性较大。(4)个人能力得到完全体现。(5)对创业者的自制力要求较高。(6)收入可能会不稳定。

四、大学生创业的主要形式

(一)互联网创业

互联网的出现开启了一个崭新的信息时代，这个时代在改变了我们的生活与行为方式的同时，也提供了一种全新的创业方式。毕竟，互联网创业不同于传统的创业模式，它不需要雄厚的资金支持，也未必需要丰富的创业经验，而是凭借一种对互联网的由衷热爱、一套扎实的专业技术就可利用现成的网络资源创造一个神奇的创业神话。虽然20世纪90年代末的互联网泡沫破灭曾让整个互联网界一片风声鹤唳、草木皆兵，但对于拥有专业知识而缺乏足够资金与创业经验的大学生而言，互联网创业仍然具有难以抵挡的吸引力。

目前的互联网创业，主要有两种形式：(1)网上开店，即在网上注册成立网络商店。(2)网上加盟，以某个电子商务网站门店的形式经营，利用母体网站的货源和销售渠道。

这种创业模式主要有以下优点：门槛低、成本少、风险低、方式灵活，特别适合初涉商海的创业者。像易趣、淘宝、阿里巴巴等知名商务网站，拥有较为完善的交易系统、交易规则、支付方式和成熟稳定的客户群，加盟这些网站，可谓近水楼台。此外，网络创业还得到了政府的重视和支持，在政策和服务上给予诸多的优惠和帮助。例如，上海已经在普陀、静安两区建立了电子商务创业园，为创业者提供优质的创业环境和服务。

对初次尝试网络创业的大学生而言，互联网创业事先要进行多方调研，选择既适合自己产品特点又具较高访问量的电子商务平台。相比较来说，网上加盟的方式可能更为适合，这样能以比较少的投入启动创业，边熟悉游戏规则，边依托成熟的电子商务平台发展壮大。

(二)加盟创业

加盟创业以其分享品牌、分享经营、分享资源等诸多优势，而逐渐成为备受青睐的创业新方式。目前，连锁加盟有直营、委托加盟、特许加盟等形式，投资金额根据商品种类、店铺要求、技术设备的不同从几千元至几万元不等，可满足不同需求的创业者。

加盟创业的最大特点是利益共享、风险共担。创业者只需支付一定的加盟费，就能借用加盟商的品牌优势，利用现成的商品和市场资源，并能长期得到专业指导和配套服务，分享总部提供的支持、培训、管理、广告、促销等，而不必摸着石头过河，从而大大降低了创业风险。

加盟创业要经过以下步骤：(1)选准行业。(2)找对品牌。(3)查看直营店业绩。(4)查看是否具有完善的加盟机制。(5)查看是否具有健全的培训体系。(6)对总部与加盟店进行实地考察。(7)仔细阅读合同文本。(8)提升创业能力。

这种创业模式应注意以下三点：一是选择行业门槛低但回报高的行业；二是选择新兴产品，一旦竞争产品增多、营业额下降时，应立即转向；三是整体投资不宜过大，尽量寻找利润高、投入少的小产品加盟，没有经验的人切忌盲目加盟大的连锁项目。

（三）概念创业

对具有强烈的创新意识而又缺乏资源的创业者来说，概念创业无疑是一条实现梦想的捷径。当弗雷德·史密斯隔夜传递的想法成就了全球最大的快递运输公司——联邦快递；当贝利把旧报纸当作礼品，出售给生日日期与报纸出版日期相同者从而改变了旧报纸的命运；当大卫·H·克罗克“会飞的邮件”的离奇想法变成了为人们普遍利用的电子邮件；当第一家网络书店、第一个搜索引擎网站 Yahoo、第一个拍卖网站 eBay 不断刷新了人们的思维和视野，很多人开始相信：灵光一闪的奇思妙想竟然也可以成为创业梦想开始的地方！

但需要注意的是，创业需要创意，然而创意绝不等同于创业，概念创业要求点子必须标新立异，但这些超常规的想法还必须具有可操作性。此外，创业还需要在创意的基础上，融合技术、资金、人才、市场经验、管理等各种因素，如果仅凭着点子盲目行动，创业成功也无异于痴人说梦。一个点子固然能够成就一项事业，但要实现概念创业的成功，还要注意以下三点：

（1）科学分析。当产生了创业灵感之后，创业者应对创业点子进行冷静而细致的分析，了解自己的创意是否独具匠心，是否具有广阔的市场需求，是否具有可操作性，在推行过程中有无防止“克隆”的保护措施等，在此基础上选择最有发展前途并且风险相对较小的创业方案。

（2）多方咨询。创业者除了要对自己的创业灵感自我审视之外，最好在行动前多听听各方面的意见和建议，如成功的创业者、风险投资家、创业咨询机构等。他们提供的宝贵经验和专业指导，可以避免个人意见可能导致的片面性。

（3）积极行动。一个新颖别致而又切实可行的创业想法只有落实在一些具体的实践活动中才有获得成功的可能性，其中技术、资金、人才、市场经验、管理方法等各种资源的获得必不可少。

（四）工作室创业

当前，一种新的创业形式——工作室创业，正在全国各地悄然兴起。“录音工作室”“形象设计室”“摄影工作室”“服装设计室”等雨后春笋般不断涌现。工作室创业正在引发新一轮创业热潮，而大学生以其观念新、魄力大、技术强的优势，已经成为工作室创业的主力军。

工作室创业的好处是手续简便，实际上很多工作室没有也无须办理任何手续，也没有办公场地等费用支出，在家即可投入“生产”。由于工作室几乎没有其他成本，因而其服务价格具有相当强的竞争力。

工作室创业要求个人拥有较新的创意或较强的专业技能，因为大部分工作室都是以“大脑”或技术为产品，性价比是在市场上制胜的关键，但价格便宜也要以高质量产品为支撑才能维持经营。而且在创业初期必须通过各种关系，主动开展业务，积极联系有产品需求的客户。

任务二　大学生创业的优劣势

一、大学生创业的优势

(1)大学生往往对未来充满希望,他们有着年轻的血液、充满激情以及“初生牛犊不怕虎”的精神,而这些都是一个创业者应该具备的素质。

(2)大学生在学校里学到了很多理论性的东西,有着较高层次的技术优势,而目前最有前途的事业就是开办高科技企业,技术的重要性是不言而喻的。大学生创业从一开始就必定会走向高科技、高技术含量的领域,“用智力换资本”是大学生创业的特色和必然之路,一些风险投资家往往就因为看中了大学生所掌握的先进技术而愿意对其创业计划进行资助。

(3)现代大学生有创新精神,有对传统观念和传统行业挑战的信心和欲望。而这种创新精神也往往造就了大学生创业的动力源泉,成为成功创业的精神基础。大学生心中怀揣创业梦想,努力打拼,创造了财富。

(4)大学生创业的最大好处在于能提高自己的能力,增长社会实战经验,以及学以致用,最大的诱人之处是通过成功创业,可以实现自己的理想,证明自己的价值。

二、大学生创业的劣势

(1)由于大学生社会经验不足,常常盲目乐观,没有充足的心理准备,对于创业中的挫折和失败,许多创业者感到十分痛苦茫然,甚至沮丧消沉。大家以前创业,看到的都是成功的例子,心态自然都是理想主义的。其实,成功的背后还有更多的失败。看到成功也看到失败,这才是真正的市场,也只有这样,才能使年轻的创业者们变得更加理智。

(2)急于求成、缺乏市场意识及商业管理经验,是影响大学生成功创业的重要因素。大学生虽然掌握了一定的书本知识,但终究缺乏必要的实践能力和经营管理经验。此外,由于大学生对市场营销等缺乏足够的认识,很难一下子胜任企业经理人的角色。

(3)大学生对创业的理解还停留在仅有一个美妙想法与概念上。在大学生提交的相当一部分创业计划书中,许多人还试图用一个自认为很新奇的创意来吸引投资。这样的事以前在国外确实有过,但在今天这几乎已经是不可能的了。投资人看重的是你的创业计划真正的技术含量有多高,在多大程度上是不可复制的,以及市场赢利的潜力有多大。而对于这些,你必须有一整套细致周密的可行性论证与实施计划,绝不是仅凭三言两语的一个主意就能让人家掏钱的。

(4)大学生的市场观念较为淡薄,不少大学生很乐于向投资人大谈自己的技术如何领先与独特,却很少涉及这些技术或产品究竟会有多大的市场空间。就算谈到市场的话题,他们也多半只会计划花钱做做广告而已,而对于诸如目标市场定位与营销手段组合这些重要方面则全然没有概念。其实,真正能引起投资人兴趣的并不一定是那些先进、不得了的东西,相反,那些技术含量低但却能切中市场需求的产品或服务,常常会得到投资人的青睐。同时,创业者应该有非常明确的市场营销计划,能强有力地证明赢利的可能性。

任务三　创业相关政策

大学生创业问题越来越受到社会各界的密切关注，在现今社会经济不断发展、就业形势却不容乐观的情况下，大学生创业也自然成为大学生就业之外的新兴现象。在2015年首届中国“互联网+”大学生创新创业大赛总决赛举行时，李克强总理曾批示：“大学生是实施创新驱动发展战略和推进大众创业、万众创新的生力军。”2015年4月21日和6月10日，有关扶持大学生创业的内容也两次被列为国务院常务会议议题。那么，近年来国家和各级政府出台了哪些优惠政策呢？

一、税收优惠

持人社部门核发的《就业创业证》的高校毕业生在毕业年度内创办个体工商户、个人独资企业的，3年内按每户每年8000元为限额依次扣减其当年实际应缴纳的营业税、城市维护建设税、教育费附加和个人所得税。

对高校毕业生创办的小型微利企业，按国家规定享受相关税收支持政策。

财税〔2014〕39号指出，高校毕业生自毕业学年起3年内自主创业，自首次注册登记之日起3年内，免收登记类、证照类和管理类等行政事业性收费，符合条件的，3年内按每户每年8000元为限额依次扣减其当年实际应缴纳的营业税、城市维护建设税、教育费附加和个人所得税。粤财发〔2014〕70号文件指出，广东省扣减上述税费限额提升为9600元。

国办发〔2014〕22号文件还重申对高校毕业生创办的小型微型企业，按规定落实好减半征收企业所得税、月销售额不超过2万元的暂免征收增值税和营业税等税收优惠政策。

二、创业担保贷款和贴息

对符合条件的大学生自主创业的，可在创业地按规定申请创业担保贷款，贷款额度为10万元。

鼓励金融机构参照贷款基础利率，结合风险分担情况，合理确定贷款利率水平，对个人发放的创业担保贷款，在贷款基础利率基础上上浮3个百分点以内的，由财政给予贴息。

粤人社发〔2014〕182号文件指出，对在广东参加创业培训并取得合格证书的大学生，给予每人最高1000元的补贴（创业实训等模式的补贴标准另行规定）。

三、免收有关行政事业性收费

毕业2年以内的普通高校学生从事个体经营（除国家限制的行业外）的，自其在工商部门首次注册登记之日起3年内，免收管理类、登记类和证照类等有关行政事业性收费。

四、享受培训补贴

对大学生创办的小微企业新招用毕业年度高校毕业生，签订1年以上劳动合同并缴纳社会保险费的，给予1年社会保险补贴。

对大学生在毕业学年(即从毕业前一年 7 月 1 日起的 12 个月)内参加创业培训的,根据其获得创业培训合格证书或就业、创业情况,按规定给予培训补贴。

五、免费创业服务

有创业意愿的大学生,可免费获得公共就业和人才服务机构提供的创业指导服务,包括政策咨询、信息服务、项目开发、风险评估、开业指导、融资服务、跟踪扶持等“一条龙”创业服务。

六、取消高校毕业生落户限制

高校毕业生可在创业地办理落户手续(直辖市按有关规定执行)。

七、创新人才培养

创业大学生可享受各地各高校实施的系列“卓越计划”、科教结合协同育人行动计划等,同时享受跨学科专业开设的交叉课程、创新创业教育实验班等,以及探索建立的跨院系、跨学科、跨专业交叉培养创新创业人才的新机制。

八、开设创新创业教育课程

自主创业大学生可享受各高校挖掘和充实的各类专业课程和创新创业教育资源,以及面向全体学生开发开设的研究方法、学科前沿、创业基础、就业创业指导等方面的必修课和选修课,享受各地区、各高校资源共享的慕课、视频公开课等在线开放课程,以及在线开放课程学习认证和学分认定制度。

九、强化创新创业实践

自主创业大学生可共享学校面向全体学生开放的大学科技园、创业园、创业孵化基地、教育部工程研究中心、各类实验室、教学仪器设备等科技创新资源和实验教学平台。参加全国大学生创新创业大赛、全国高职院校技能大赛和各类科技创新、创意设计、创业计划等专题竞赛,以及高校学生成立的创新创业协会、创业俱乐部等社团,提升创新创业实践能力。

十、改革教学制度

自主创业大学生可享受各高校建立的自主创业大学生创新创业学分累计与转换制度,和学生开展创新实验、发表论文、获得专利和自主创业等情况折算为学分,将学生参与课题研究、项目实验等活动认定为课堂学习的新探索。同时也享受为有意愿、有潜质的学生制订的创新创业能力培养计划、创新创业档案和成绩单等系列客观记录并量化评价学生开展创新创业活动情况的教学实践活动。优先支持参与创业的学生转入相关专业学习。

十一、完善学籍管理规定

有自主创业意愿的大学生,可享受高校实施的弹性学制,放宽学生修业年限,允许调整学业进程、保留学籍休学创新创业等管理规定。

十二、大学生创业指导服务

自主创业大学生可享受各地各高校对自主创业学生实行的持续帮扶、全程指导、一站式服务，以及地方、高校两级信息服务平台为学生实时提供的国家政策市场动向等信息和创业项目对接、知识产权交易等服务；可享受各地在充分发挥各类创业孵化基地作用的基础上，因地制宜建设的大学生创业孵化基地和相关培训、指导服务等扶持政策。

任务四　大学生创业素质

创业是一项颇具挑战性的事业，不仅对专业知识要求很高，而且对人的要求也很高，尤其是创业素质。创业素质是创业者成功创业的基础和前提，大学生只有具备了一定的创业素质，才有可能成功创业。

一、创业素质概述

（一）创业素质的含义

创业素质是指在人的心理素质和社会文化素质基础上、在环境和教育影响下形成和发展起来的，在社会实践活动中全面地、较稳定地表现出来并发生作用的身心组织要素结构及其技术水平。它是知识经济社会人才素质的重要内容，是制约创业实践活动最终达到创业目标的不可或缺的主体因素。

（二）创业者的含义

"创业者"一词由法国经济学家理查德·坎蒂隆于 1755 年首次引入经济学。1880 年，法国经济学家让·巴蒂斯特·萨伊首次给出了创业者的定义，他将创业者描述为将经济资源从生产率较低的区域转移到生产率较高区域的人，并认为创业者是经济活动过程中的代理人。著名经济学家熊彼特则认为创业者应为创新者。这样，创业者概念中又加了一条，即具有发现和引入新的更好的能赚钱的产品、服务和过程的能力。

创业者，顾名思义，就是发起创业活动的人。他是一种无中生有的创业现象引导人，是创新创业活动的推动者，或者是活跃在企业创立和新创企业成长阶段的企业经营者。那么，什么样的人能够成为创业者呢？对于创业者，有些人可能存在以下认识误区：

（1）创业者需要有很高的教育学历。能不能创造工作成果的关键在于创业者是否拥有创业的素质和能力，能否保持学习的心态和能力，文凭不能说明问题，很多创业成功者的学历水平并不太高，关键是需要找对项目，全力投入。

（2）创业者必须非常聪明。智商不能决定一切，在很多场合，态度往往是关键。拥有聪明的脑袋当然很好，但如果没有追求成功的旺盛精力，未必比另一位智力中等、竭尽所能的创业者强。同时，生意上大量的决策往往不是靠聪明脑袋来决定的，而是依靠全面缜密的调查分析才得出的。

(3)创业者必须要有十分完美的构想。真正好的构想常常是在不够好的构想上经历市场不断完善而形成的,是在经营过程中不断调整到位的。不需要要求自己从一开始就必须有完美的构想。

(三)创业者的基本素质

1.独立自信

创业既为社会积累物质财富和精神财富,又是人们谋生和立业的一种手段。对创业者来说,信心就是创业的精神支柱。要对自己有信心,对未来有信心,要坚信成败并非命中注定而是全靠自己努力,更要坚信自己能战胜一切困难。

2.清醒决断

创业过程中的很多问题是错综复杂的,在商业行为中也充斥着谎言和欺诈,创业者必须保持冷静的头脑,在繁杂之中寻找关键,在潮流之中寻找真我,在谎言之中寻找漏洞。在创业时,往往是风险与机会并存的。创业者必须善于发现新生事物,并对新生事物有强烈的探求欲;必须敢于冒险,即使没有十足把握,也能果断地尝试。

3.执着坚韧

并不是每个人的创业道路都是一帆风顺的,多数创业者的创业道路都是艰辛曲折的。挫败往往是创业者的必修课,在创业的过程中,从亲友、供应商、消费者到贷款银行等可能有许多人对创业者说“不”。创业者必须能够坚持到底,才不会被一个接一个的“不”给打败。

一个成功的创业者通常是笑到最后的,而能否笑到最后,关键看其是否具备执着坚韧的素质,能够调整心态,把挫败视为成功的基石。认识到失败的结果或许令人难堪,然而在失败过程中所累积的努力与经验,都是缔造下一次成功的宝贵基石。成功需要经验积累,创业的过程就是在不断的失败中跌打滚爬。只有在失败中不断积累经验、不断前行,才有可能到达成功的彼岸。

4.合作分享

在当今的商业活动中提倡合作双赢,扩大社交圈,通过朋友掌握更多信息、寻求更大发展,日益成为成功创业的捷径。

在创业过程中,需要与客户、顾客、公众媒体、销售商等打交道,良好的交往沟通可以排除障碍,化解矛盾,降低工作难度,增加信任度,有助于创业的发展。在创业组织内部,要与合作伙伴和员工进行良好的沟通,共同趋利避害形成合力,打造一个良好的创业团队,分享各自的知识和经验,同时也避免了很多创业“雷区”,增加了成功的机会。

5.善于适应

面对市场的变化多端和激烈竞争,创业者能否因客观变化而“动”,灵活地适应变化,成为创业成功的关键所在。因此,创业者必须以极强的信息意识和敏锐的洞察力,抓住机遇,不失时机地、灵活地进行调整,在外部环境和创业条件变化时,能以变应变。在创业之初,创业者就应作好失败的准备。创业失败时,要善于总结和吸取失败的教训,承认暂时的失败现实,作出适当的调整和“退却”,为将来的“进攻”积蓄力量。准备失败,认识失败,承认失败,利用失败,在困难和挫折中前进,才能步步为营,转败为胜。

善于适应还表现为善于自我调节,能够处理各种压力,用积极的态度看待来自工作和生活的压力;能够保持良好的心态,勇敢地面对压力,力争将不利变为有利,将被动变为主动,将压力变为动力。

(四)大学生创业素质培养的意义

创业素质是大学生创业的基础,唯有具备良好的创业素质才能高质量、高水平地创业。实践证明,培养大学生创业素质具有以下几个方面的意义:

1. 培养大学生创业素质是21世纪科技发展对人才培养的需要

21世纪是知识经济时代,科学的综合化、技术的现代化、经济的知识化与国际化和社会的信息化将是21世纪主要的发展趋势。所以21世纪的人才绝不是单一模式、单一环境下培养的专门人才,而是具有稳定扎实的专业知识,具有优化的能力结构和发散性、创造性思维,具有优良的个人思想道德品质素质、业务素质、文化素质和身体心理素质的新型人才。大学生作为21世纪中国特色社会主义伟大事业的建设者、中国高科技领域的中坚力量,是中国政治、经济、科技、文化的继承者和开拓者,是中华民族21世纪的希望之根。

在很大程度上,大学生今天在校接受培训的程度和素质,尤其是创业素质,直接关系到21世纪中国的前途和命运,直接关系到中华民族的世界地位,具体表现在以下两个方面:

(1)良好的创业素质有利于塑造未来高质量创业群体。从目前我国的现状看,创业群体不少,但是高素质、高学历的创业者不多,据全国普查统计,85%是低学历创业。

(2)创业素质高低将影响创业企业的可持续发展能力。一方面,创业者的个性特征影响到企业对于创新的态度与行为,而创业决定了企业的增长潜力。另一方面,创业者的知识结构和能力影响到创业企业的所有权结构的设置和管理制度的规范性、科学性,这些直接影响企业管理成本和未来企业可持续发展的能力。

2. 培养大学生的创业素质是破解我国当前就业压力的需要

目前,社会需求劳动力减弱与高校大学生数量剧增形成了主要矛盾,这一矛盾造成的直接后果就是劳动力过剩,就业形势严峻。进入21世纪,科学技术日新月异,生产高度社会化、科学化,人类已经进入一个知识经济的全新时代,随着高新技术广泛应用,社会需要越来越多的灵活运作的创新企业和产品,在这种形式下创业应运而生。

实质上,创业是就业的一种,是就业的延伸和发展,创业是深层次的就业。面对这种形势,受过高等教育并具备一定创业能力的大学毕业生,选择自主创业既可以为自己寻找就业出路,同时也可以为社会创造更多的就业机会,带动社会劳动力就业。而培养大学生的创业素质可以提高大学生创业概率,从长期来看,这不失为缓解国家就业压力的一条良策。

3. 培养大学生创业素质是其全面发展的需要

经济的发展、社会的进步对大学生自身发展提出了更多的要求,要求当代大学生不应是一专一能,而应是多专多能,是全面发展的人。目前,大部分用人单位已把综合素质列为招聘员工的首要条件。因此我们要培养大学生的创业素质。

然而长期以来,由于高等学校教育偏差,只注重专业知识的教育,而忽略对学生综合素质的培养和教育,正如爱因斯坦说的:“用专业知识教育人是不够的,通过专业知识教育,他可以成为一种有用的工具,但不可能成为和谐全面发展的人。”所以,我们应该加大对学生综合素质(包括创业教育)的培养,让其成为全面发展的新一代。

二、创业基本素质

（一）强烈的创业意识

要想取得创业的成功，创业者必须具备自我实现、追求成功的强烈的创业意识。强烈的创业意识，能帮助创业者克服创业道路上的各种艰难险阻，将创业目标作为自己的人生奋斗目标。创业的成功是思想上长期准备的结果，事业的成功总是属于有思想准备的人，也属于有创业意识的人。

（二）良好的创业心理品质

创业之路是充满艰辛与曲折的，自主创业就等于是一个人去面对变幻莫测的激烈竞争以及随时出现的需要迅速正确解决的问题和矛盾，这需要创业者具有非常强的心理调控能力，能够持续保持一种积极、沉稳的心态，即具有良好的创业心理品质。它是对创业者的创业实践过程中的心理和行为起调节作用的个性心理特征，它与人固有的气质、性格有密切的关系。主要体现在人的独立性、敢为性、坚韧性、克制性、适应性、合作性等方面，它反映了创业者的意志和情感。创业的成功在很大程度上取决于创业者的创业心理品质。

正因为创业之路不会一帆风顺，所以，如果不具备良好的心理素质、坚忍的意志，一遇挫折就垂头丧气、一蹶不振，那么，在创业的道路上是走不远的。宋代大文豪苏轼说："古之立大事者，不唯有超世之才，亦必有坚忍不拔之志。"只有具有处变不惊的良好心理素质和愈挫愈强的顽强意志，才能在创业的道路上自强不息、竞争进取、顽强拼搏，才能从小到大，从无到有，闯出属于自己的一番事业。

（三）自信、自强、自主、自立的创业精神

自信就是对自己充满信心。自信心能赋予人积极主动的人生态度和进取精神。不依赖、不等待，要成为一名成功的创业者，必须坚持信仰如一，拥有使命感和责任感；信念坚定，顽强拼搏，直到成功。信念是生命的力量，是创立事业之本，是创业的原动力。要相信自己有能力、有条件去开创自己未来的事业，相信自己能够主宰自己的命运，成为创业的成功者。

自强就是在自信的基础上，不贪图眼前的利益，不依恋平淡的生活，敢于实践，不断增长自己各方面的能力与才干，勇于使自己成为生活与事业的强者。

自主就是具有独立的人格，具有独立性思维能力，不受传统和世俗偏见的束缚，不受舆论和环境的影响，能自己选择自己的道路，善于设计和规划自己的未来，并采取相应的行动。自主还要有远见、有敢为人先的胆略和实事求是的科学态度，能把握住自己的航向，直至到达成功的彼岸。

自立就是凭借自己的头脑和双手，凭借自己的智慧和才能，凭借自己的努力和奋斗，建立起自己生活和事业的基础。21 世纪的青年人应该早立、快立志向，自谋职业，勤劳致富，建立起自己的事业。

（四）竞争意识

竞争是市场经济最重要的特征之一，是企业赖以生存和发展的基础，也是一个人立足社会不可缺少的一种精神。人生即竞争，竞争本身就是提高，竞争的目的只有一个——取胜。

随着我国社会主义市场经济从低级向高级发展，竞争愈来愈激烈。从小规模的分散竞争，发展到大集团集中竞争；从国内竞争发展到国际竞争；从单纯产品竞争，发展到综合实力的竞争。因此，创业者如果缺乏竞争意识，实际上就等于放弃了自己的生存权利。创业者只有敢于竞争，善于竞争，才能取得成功。创业者创业之初面临的是一个充满压力的市场，如果创业者缺乏竞争的心理准备，甚至害怕竞争，就只能是一事无成。

（五）全面的创业能力素质

创业能力是一种特殊的能力，这种特殊能力往往影响创业活动的效率和创业的成功。创业能力主要包括创新能力、专业技术能力、经营管理能力、交往协调能力和决策能力等。

1. 创新能力

创新是知识经济的主旋律，是企业化解外界风险和取得竞争优势的有效途径。创新能力是创业能力素质的重要组成部分。它包括两方面的含义：一是大脑活动的能力，即创造性思维、创造性想象、独立性思维和捕捉灵感的能力；二是创新实践的能力，即人在创新活动中完成创新任务的具体工作的能力。创新能力是一种综合能力，与人们的知识、技能、经验、心态等有着密切的关系。具有广博的知识、扎实的专业基础知识、熟练的专业技能、丰富的实践经验、良好的心态的人容易形成创新能力，它取决于创新意识、智力、创造性思维和创造性想象等。

2. 专业技术能力

专业技术能力是创业者掌握和运用专业知识进行专业生产的能力。专业技术能力的形成具有很强的实践性。许多专业知识和专业技巧要在实践中摸索，逐步提高、发展、完善。创业者要重视创业过程中知识积累的专业技术方面的经验和职业技能的训练，对于书本上介绍过的知识和经验在加深理解的基础上予以提高、拓宽；对于书本上没有介绍过的知识和经验要探索，在探索的过程中要详细记录、认真分析，进行总结、归纳，上升为理论，形成自己的经验特色，积累起来。只有这样，专业技术能力才会不断提高。

3. 经营管理能力

经营管理能力是指对人员、资金的管理能力。它涉及人员的选择、使用、组合和优化，也涉及资金聚集、核算、分配、使用、流动。经营管理能力是一种较高层次的综合能力，是运筹性能力。经营管理能力的形成主要从学会经营、学会管理、学会用人、学会理财和要讲诚信五个方面去努力：

（1）学会经营。创业者一旦确定了创业目标，就要组织实施。为了在激烈的市场竞争中取得优势，必须学会经营。

（2）学会管理。要学会质量管理，要始终坚持质量第一的原则。质量不仅是生产物质产品的生命，也是从事服务业和其他工作的生命，创业者必须严格树立牢固的质量观。要学会效益管理，要始终坚持效益最佳原则，效益最佳是创业的终极目标。可以说，无效益的管理是失败的管理，无效益的创业是失败的创业。做到效益最佳要求在创业活动中人、物、资金、场地、时间的使用，都要选择最佳方案运作。做到不闲置人员和资金、不空置设备和场地、不浪费原料和材料，使创业活动有条不紊地运转。

（3）学会用人。市场经济的竞争是人才的竞争。谁拥有人才，谁就拥有市场、拥有顾客。一个学校没有品学兼优的教师，这个学校必然办不好。一个企业没有优秀的管理人才、技术人才,这个企业就不会有好的经济效益和社会效益。一个创业者不吸纳德才兼备、志同道合的人共创事业,创业就难以成功。因此,必须学会用人。要善于吸纳比自己强或有某种专长的人共同创业。

(4)学会理财。学会理财首先要学会开源节流。开源就是培植财源,在创业过程中除了抓好主要项目创收外,还要注意广辟资金来源。节流就是节省不必要的开支,树立节约每一滴水、每一度电的思想。大凡百万富翁、亿万富翁都是从几百元、几千元起家的,都经历了聚少成多、勤俭节约的历程。其次,要学会管理资金。一是要把握好资金的预决算,做到心中有数;二是要把握好资金的进出和周转,每笔资金的来源和支出都要记账,做到有账可查;三是把握好资金投入的论证,每投入一笔资金都要进行可行性论证,有利可图才投入,大利大投入、小利小投入,保证使用好每一笔资金。总之,创业者心中要时刻装有一把算盘,每做一件事、每用一笔钱,都要掂量一下是否有利于事业的发展,有没有效益,会不会使资金增值。这样,才能理好财。

(5)要讲诚信。就创业者个人而言,诚信乃立身之本,“言而无信,不知其可也”。创业者在创业过程中,如不讲信誉,就无法开创出自己的事业;失去信誉,就会寸步难行。诚信,一是要言出即从;二是要讲质量;三是要以诚信打动人。

4. 交往协调能力

交往协调能力是指能够妥善地处理与公众(政府部门、新闻媒体、客户等)之间的关系,以及能够协调下属各部门成员之间关系的能力。创业者应该做到妥当地处理与外界的关系,尤其要争取政府部门、工商以及税务部门的支持与理解,同时要善于团结一切可以团结的人,团结一切可以团结的力量,求同存异,共同协调地发展,做到不失原则、灵活有度,善于巧妙地将原则性和灵活性结合起来。总之,创业者搞好内外团结,处理好人际关系,才能建立一个有利于自己创业的和谐环境,为成功创业打好基础。

5. 决策能力

决策能力是创业者根据主客观条件,因地制宜、正确地确定创业的发展方向、目标、战略以及具体选择实施方案的能力。决策是一个人综合能力的表现,一个创业者首先要成为一个决策者。创业者的决策能力通常包括:分析、判断能力和创新能力。大学生创业,首先要从众多的创业目标以及方向中进行分析比较,选择最适合发挥自己特长与优势的创业方向和途径、方法。在创业的过程中,能从错综复杂的现象中发现事物的本质,找出存在的真正问题,分析原因,从而正确处理问题,这就要求创业者具有良好的分析能力。所谓判断能力,就是能从客观事物的发展变化中找出因果关系,并善于从中把握事物的发展方向。分析是判断的前提,判断是分析的目的,良好的决策能力是良好的分析能力加果断的判断能力。

三、创业素质培养

(一)培育高校校园创业文化

培育和发展创业文化不仅是社会经济发展对高校提出的新要求,也是高校自身扩张和发展的迫切需要。因此,无论是什么类型的大学,都应该顺应世界高等教育改革和发展的趋势,开展创业教育,振兴创业文化,塑造大批高素质的创业者,为社会作出应有的贡献。积极的创业文化具有凝聚、导向、约束与激励等功能，是创业者们的精神动力和发动机，是创业企业诞生与发展壮大的灵魂和精神支柱，对创业活动产生重大的潜移默化的影响。

1. 创业文化融合在大学文化中

深深根植于大学校园的大学文化对学生有着巨大的潜移默化的影响。必须将创业文化融进大学文化中去，通过有关创业的讲座、论坛、课程、模拟创业活动等，让在校大学生生活在一个有创业文化氛围的环境中，通过耳闻目睹、文化熏陶，培养其创业意识，砥砺其创业精神，增强其创业素质，提高其创业本领。同时也可以充分利用橱窗、广播、板报、标语、校园网等形式大力宣传开展创业教育的重要意义，努力营造深厚的创业文化氛围，让创业文化走进校园，走进每个学生的心灵。

2. 创业文化融入教学过程中

教学是高校的主阵地之一，学生三分之二的时间在课堂，因此把创业文化融入教学过程能起到更好的效果。比如，在讲授公共课或者专业课的时候都可以把创业文化融入教学中，因创业文化与学生的就业、创业紧密相关，所以创业文化的融入不仅提高了学生学习的积极性，而且提高了教学的实效性。但创业文化的融入还需要教师积极配合，这就牵涉到转变教师观念、提高教师认识的问题。为此，我们应积极培训教师，让教师积极参与到其中来。

3. 建立良好的创业机制

各级政府对大学生创业活动的支持与扶植是其创业成功的保障。创业机制既是创业的导向，又是创业的规范，为大学生创业搭建平台。各级政府要建立创新扶持创业的体制机制，完善政府扶持创业的优惠政策，通过税费减免为创业者减轻负担；对创业开业资金缺乏的，给予小额担保贷款扶持；鼓励发挥各方资源优势，为创业者提供场地便利、创业孵化和跟踪服务。要继续推进创业示范城市建设，发挥创业引领作用。要完善扶持创业的优惠政策，形成政府激励创业、社会支持创业、劳动者勇于创业的新机制。

4. 发挥社团的带头作用

学生社团在高校中往往起到先锋的作用，通过社团带动大学生创业是一条很好的途径。学生社团的主要作用有以下三方面：

(1)充当校园文化的主力军：文娱体育类社团在大学校园文化中“唱主角”，如爱乐社团、话剧联盟、文青社等，这类社团在繁荣和活跃校园文化方面作用很大。

(2)发挥思想教育作用：形成了学校—院系—班级理论学习组织体系，公益实践类社团近年来也迅速拓展。

(3)服务大学生发展需求：就业创业类社团异军突起，如创业者协会、创业促进会等。

(二)改变教学方式和方法，培养学生创业能力

虽然教师为主导、学生为主体的说法已经提了很多年，但在大学课堂教学中实际情况却不是很理想。限于教学内容多、课时少的状况，教师“一言堂”现象比比皆是。这种教学模式压抑学生的创新精神，在这种环境氛围中，学生主体意识、主动精神、创业能力的开发和培养无从谈起。因此，必须在教学中真正确立学生的主体地位，在传授专业知识的同时要善于发现和开发蕴藏在学生身上的潜在的创造性品质，注重培养学生的创造性思维，培养学生解决实际问题的能力。

1. 在教学方式上,主要采用现场教学和讲座相结合的方式

现场教学是教师根据教学需要,组织学生到有关企业,由任课教师、工厂的专业人员或邀请创业成功者上课(如学生到工厂听创业史、企业管理等专题课),以加深学生对创业及相关知识的理解,拉近书本理论知识与实践的距离。学校应尽可能地提供学生接触和参与社会的机会,让学生在不断尝试、摸索、反思中学会自我设计、自我选择、自我评价、自我管理;同时也可鼓励学生走出校园,到现场去体验创业的艰辛与喜悦。

讲座是一个很好的教学方法,它能及时调整教学内容,弥补教材的不足。通过讲座让学生了解市场、认识市场,从而激发其创业意识、完善其创业人格、提高其经受挫折的能力,为其创业作好心理准备。

2. 在教学方法上,采用讨论法、案例教学法等

讨论法就是在教师指导下,通过以学生为主体的集体对话和互动形式,通过学生之间和师生之间的多项信息交流,借以实现教学目的的一种教学方法。讨论法从根本上改变了以教师为中心的课堂教学结构,突出了学生的主体地位。在讨论问题的过程中常常会激发学生的创新性问题和意识,让学生在自主探索的过程中形成和发展创造性思维。

案例教学是开展创业教育的一种基本教学方式。教师要学会运用案例组织教学,使学生在了解和熟悉他人创业经验和教训的基础上增长知识和才干,将活生生的事实展现在学生面前,用案例剖析市场经济基本规律,进而实现开拓思路、激发创业热情的目的,为今后的创业打下良好基础。

(三)建立大学生创业网站,鼓励大学生网上创业

随着信息时代的到来,学生接受信息的渠道逐步多样化。其中,网络信息以其内容丰富、信息量大、传递方便、影响面广、速度快捷、意识观念开放、气氛轻松自由而赢得了学生的青睐。根据大学生的特点,实现"网内网外两手抓,两手都要硬"的创业教育新格局,把宣传教育网站建成实现创业教育信息化、提高创业教育效率的平台,以增强大学生的创业意识和创业能力。

其中,中国大学生创业网立足于创业素质养成的创业精神培养,定位于"创造平台,教育培养,沟通互动,咨询帮助,参与提高",以"点燃创业理性,释放创业激情"为宗旨,瞄准大学生创业,服务于大学生自主创业、求职就业、人生设计、素质提高等教育目标,设有创业教育、创业环境、自我设计、实践尝试、异域文化传播、创业乐园六个栏目,推进了大学生创业活动的科学化和规范化。

各高校在建立大学生创业教育网站、对大学生进行创业教育的过程中,应充分认识到全面提高大学生综合素质的重要性与紧迫性,在指导思想与方法上不断创新,具体方法有以下四种:

(1)要在形式上尽量遵循和适应网络的特点。采用一些多媒体技术增强互动性并注意网络宣传的语言艺术,多用活泼、生动的语言,注重人情味,力戒呆板、生硬。

(2)要在内容构建上注重服务性。结合学生成长成才特点,把创业教育的内容巧妙地融入与学生成长成才相关的内容中,在网上心理咨询、就业创业指导和学习指导、成功者的足迹等内容中,体现引导学生积极上进、健康成才的指导思想,多角度、多层次开展主页建设。

尽量利用身边的优秀人物和感人事迹来教育学生，引导大学生正确看待就业和创业。

(3)要做好创业教育网站自身的宣传，扩大师生的参与面。对创业教育网站从各种渠道开展宣传，在互联网上多做一些链接并充分利用传统媒体宣传网站，让广大师生了解创业教育网站，关注创业教育网站。

(4)要使网上创业教育与网下创业教育相结合。网上宣传创业教育和日常创业教育保持连贯性，而且相互配合、相互促进，把网上创业教育融入"两课"教学，写进学生日常管理规范，增强学生上网的自律性，在校内营造良好的网上创业教育环境。

这样，通过拓展第三课堂教育空间，设立创业教育案例库，加强信息交流，实现资源共享。同时，积极开展创业教育研究和国际交流，包括组织学术活动、经验交流，与国外的信息交流，了解国外创业教育的动态，学习国外创业教育先进的经验，从而使创业教育的理念深入学生心中，使"创业光荣"成为一种时代特征，鼓励大学生成为网上创业高手。

(四)打造创新创业一体化实践平台

创新创业一体化实践平台的搭建应以创新常态化、培训系统化、创业整合化为指导思想，主体建设大学生创新实验平台、大学生创业实践平台和创新创业课程体系，推动形成有特色的实践教学模式，实现平台的多功能性、一体化与基地化。一体化实践平台建设主要包括硬平台和软平台两方面建设内容。

1. 硬平台建设

(1)建设一批定位准确、面向对象广、集群式大学生综合创新实验室。这类大学生综合创新实验室定位高于基础或专业教学实验室，但低于中高级科研实验室，为大学生科技创新实践活动提供硬件条件支持，是能够满足大学生课外科研实践特点的全方位开放的实验室。例如，依托化学及材料学科建立的大学生发明制作创新实验室，依托学校优势学科，相对独立存在，功能齐全，开放性、包容性强。大学生综合创新实验室的建成，可形成一批支持文科、理工科学生创新团队科研实践活动的集群式平台，并可通过创业团队将功能延伸到创业实践活动中。

(2)建设功能齐全、与社会互动性强、实战效果好的大学生创业实践平台。一体化实践平台中的大学生创业实践平台类似于瑞典隆德大学创业实验室模式，定位于为大学生提供创业技能培训和创业实践活动服务。其中，大学生创业模拟体验实验室培养学生知识转化与实际动手能力，增强学生的就业与创业能力。大学生创业孵化基地可接纳各类创业团队进驻，并与地方政府部门及企业进行合作，提升创业团队与社会的互动性，促使孵化实战的成功。

2. 软平台建设

(1)建设层次多样、内容丰富、修读方式灵活的创新创业课程体系。根据创新创业教育的发展规律，依托校内外优质师资资源，组建一支高水平的创新创业理论教学与实践指导教师队伍。委托课程建设团队挖掘已有创新创业课程潜力，构建层次多样、内容丰富、修读方式多样、开设方式灵活的创新、创业课程体系，包括必修、选修、通识等课程，并打造一批创新、创业网络视频公开课。

(2)发挥平台系统优势，统筹管理，适宜全体学生发展。一体化实践平台实质上是资源共享的实验平台、科学管理深度开放的实践平台、创新成果直接向创业实践转化的实战平台，同时也是与校外实践平台对接的开放平台。通过科学统筹的管理机制，学生创业团队的实践活动成为创新实验与创业实践平台的衔接纽带，创新实验成为创业活动的发动机，学生主动性和创造性得以充分发挥。专业背景、理论基础、实践阶段等大不相同的学生都可在平台上开展基于问题、基于项目、基于案例的学习实践，实现一体化实践平台整体与部分功能的最优化，从而培养学生的自主学习能力。

实训模拟

评估创业者潜力——个性特征测验

成功的创业者有着一些共同的特征，这些特征对创业的成功有着重要的作用。因此，进行创业决策，是从对这些创业特征和特质的了解，并进而对个体自我的了解和探索开始的。

从下列32组句子中，选择最能够反映你个人观点的句子。

(01) A. 工作一定要完成。
B. 我喜欢与优秀的朋友在一起，这样我能够获得他们对我工作的见解和建议。

(02) A. 当我的责任增加时，我会感到更加快乐。
B. 我喜欢把什么事情都事先安排好。

(03) A. 我绝不做任何可能使自己受损失的事情。
B. 理解如何创业是赚钱的第一步。

(04) A. 不管是多好的事情，如果这件事情的失败可能使我招致嘲笑，我就不会冒险去做。
B. 除了工作之外，我还记挂别人的安康。

(05) A. 我会为自己开创的任何事业而努力。
B. 我只会做那些使我开心并有安全感的事。

(06) A. 如果我失败了，别人会嘲笑我。
B. 尽管我对自己很有信心，我还是需要别人的建议。

(07) A. 在遇到困难时，我要找到解决的办法。
B. 如果在新开创的事业中失败，我会继续自己的工作。

(08) A. 如果我觉得一个想法是好主意，我就会实践这个想法。
B. 我能够比现在做得更好。

(09) A. 工作时，我会注意维系良好的人际关系。
B. 不管发生什么事，都是我从经历中学习的机会。

(10) A. 即使我的努力失败了，我也能从中学到东西。
B. 我喜欢舒适的生活。

(11) A. 我只会投资比赛或彩票，总有一天幸运会落在我的头上。
B. 如果我在工作中失利，我会努力找出原因。

(12) A. 我会尊敬我的员工，并对他们一视同仁。
B. 如果我能有更好的工作，我就会离开现在的工作。

(13) A. 在实施一个新的想法之前，我会慎重考虑。
B. 如果我的叔叔去世，我会先去参加葬礼，即使这会导致公司订单延误好几天。

(14) A. 只有当我拥有资本时，我才能够发展一份事业。

B. 我希望能够自己作出重要决定。

(15) A. 当别人的好意和信任被背叛时,我不会坐视不理。

B. 如果事情没有按照我的想法发展,我会寻求其他的替代机会。

(16) A. 我可以犯错误。

B. 我非常喜欢与朋友谈天。

(17) A. 我希望我的钱能够安全地存在银行里。

B. 我完全认可我的工作,同时也了解它的优劣。

(18) A. 我希望能够拥有很多钱从而过上舒适的生活。

B. 在作决定时我希望得到别人的帮助。

(19) A. 人们首先应该照顾好自己的亲人和朋友。

B. 我喜欢解决难题。

(20) A. 即使可能损害自己,我也不会做让别人不开心的事。

B. 钱是事业发展的必需品。

(21) A. 我希望我的事业能够很快发展起来,这样我就不会遇到经济紧张的困境。

B. 不能因为不成功就去责备自己。

(22) A. 我应该能够独立地按照自己的想法去做事。

B. 只有为自己的未来积累了一大笔钱后我才会幸福。

(23) A. 如果我失败了,那主要是别人的错误造成的。

B. 我只会做那些让我感到舒服且令我满意的事情。

(24) A. 在开始一份工作之前,我会认真考虑它是否会对我的声誉造成不利的影响。

B. 我希望自己能和别人一样,也买得起昂贵的东西。

(25) A. 我希望能够有舒适的房子住。

B. 我会从失败中吸取教训。

(26) A. 在做任何工作之前,我都要考虑它的长期影响。

B. 我希望每件事情都按照我的想法进行。

(27) A. 金钱能够带来舒适,所以我的主要目标在于赚钱。

B. 我喜欢在能够经常见到朋友的地方工作。

(28) A. 我了解自己正在做的事,我不怕受到别人的批评。

B. 如果我失败了,我会觉得自己非常差劲。

(29) A. 碰到困难是常有的事,我应该去做一些好的新工作。

B. 在开始新工作之前,我会采纳有经验的朋友们的建议。

(30) A. 我的所有经历都会激励我前进。

B. 我希望我有很多钱。

(31) A. 我喜欢每天从容不迫,万事顺利,没有任何烦恼。

B. 不管遇到多大的障碍,我都将努力达到目标。

(32) A. 我不喜欢别人无故干涉我做事。

B. 为了赚钱,我可以做任何事情。

活动建议:通过本测试可以了解个体的创业倾向。给学生 15 分钟时间完成测试,让学生选择每组句子中最能反映个人观点的一句。本测试可以在课堂上做,教师在课堂上讲解。

根据下面的评分标准可以帮助学生对自己的答案进行评分;把每题所得分数相加,根据下面的评分等级确定创业倾向。

0~25分,不具创业性;

26~36分,中立;

37~47分,具有一定创业性;

48分以上,非常具有创业性。

要提示学生这些分数只代表创业倾向,而不能说明一个人能否成为创业者。

评分标准

1. A=1 B=2	9. A=1 B=2	17. A=0 B=2	25. A=1 B=2
2. A=2 B=1	10. A=2 B=1	18. A=1 B=0	26. A=1 B=1
3. A=0 B=1	11. A=0 B=2	19. A=0 B=2	27. A=1 B=1
4. A=0 B=1	12. A=1 B=1	20. A=1 B=1	28. A=2 B=0
5. A=2 B=1	13. A=2 B=0	21. A=1 B=0	29. A=0 B=1
6. A=0 B=2	14. A=1 B=1	22. A=1 B=1	30. A=2 B=1
7. A=2 B=0	15. A=1 B=1	23. A=0 B=2	31. A=1 B=2
8. A=1 B=2	16. A=2 B=1	24. A=1 B=1	32. A=1 B=0

(资料来源:徐唯诚,燕明辉. 大学生创新创业教程[M]. 北京:教育科学出版社,2016.)

测测你的创业能力

每小题共有A和B两个选项,在你认可的选项前打钩,然后分别统计A和B选项的和,参考答案见题后。

一、创办企业的动机

1. A. 我有一份工作。
   B. 我没有工作。
2. A. 在决定创办自己的企业之前,我有一份好工作。
   B. 在决定创办自己的企业之前,我没有一份工作。
3. A. 我从自己干过的每一份工作中都学到了一些东西,我发现工作很有意思。
   B. 我工作只为挣钱。工作没有什么乐趣,我对工作兴趣不大。
4. A. 我想让我的企业成为我终生的事业。
   B. 我想创业,是因为没有其他选择。
5. A. 我想拥有一家企业,这样我能够为我的家庭提供更好的生活方式。
   B. 我想创办企业是因为想取得成功。富人都有自己的企业。
6. A. 我坚信,我的成功与否更多地取决于自己的努力。
   B. 一个人不论做什么,要想成功,都需要其他人的许多帮助。

二、风险承受能力

7. A. 我坚信,要在生活中前进必须冒风险。
   B. 我不喜欢冒风险。
8. A. 我认为风险也蕴含机会。
   B. 如果可以选择,我愿意以最稳妥的方式做事。

9. A. 我只有在权衡了利弊之后才会冒风险。

B. 如果我喜欢一个想法，我会不计利弊地去冒风险。

10. A. 即使投资于自己企业的资金亏掉了，我也愿意接受这样的现实。

B. 投资于自己企业的资金可能会亏掉，我难以接受这样的现实。

11. A. 不论做任何事，就算我对这件事有足够的控制权，我也不会总是期待完全控制局面。

B. 我喜欢完全控制自己所做的事情。

三、坚忍不拔和处理危机的能力

12. A. 即使面对极大的困难，我也不会轻易放弃。

B. 如果存在很多困难，真的不值得为某些事去奋斗。

13. A. 我不会为挫折和失败沮丧太久。

B. 挫折和失败对我的影响很大。

14. A. 我相信自己有能力扭转局势。

B. 自己能一个人做的事情是有限的，命运和运气起很大的作用。

15. A. 如果有人对我说不，我会泰然处之，并会尽最大的努力改变他们的看法。

B. 如果有人对我说不，我会感觉很糟并会放弃这件事。

16. A. 在危机情况下，我能保持冷静并找出最佳的应对办法。

B. 当危机升级时，我会感到慌乱和紧张。

四、家庭支持

17. A. 我会让家人参与对他们产生影响的企业决定。

B. 我不会让家人参与对他们有影响的企业决定。

18. A. 因为对企业的全力投入，使我不能花很多的时间和家人在一起，他们会理解我。

B. 因为对企业的全心投入，使我不能多花时间和家人在一起，他们会感到不快。

19. A. 如果我的企业最初不是很成功，并且给家人带来经济上的困难，他们愿意忍受。

B. 如果我的企业最初不是很成功，并且给家人带来经济上的困难，他们会十分生气。

20. A. 家人愿意帮助我克服企业遇到的困难。

B. 家人可能不愿意或者没有能力帮助我克服企业遇到的困难。

21. A. 家人认为，我创办企业是个好主意。

B. 家人对我创办企业感到担心。

五、主动性

22. A. 我不惧怕问题，因为问题是生活的组成部分，我会想办法解决每一个问题。

B. 我发现解决问题很难，我害怕这些问题，或者干脆不想它们。

23. A. 当我遇到困难时，我会尽力去克服困难，困难是对我的挑战，我喜欢挑战。

B. 如果我遇到困难，我试图忘掉它们，或等待其自行消失。

24. A. 我不会等待事情的发生，而是努力促使事情发生。

B. 我喜欢随波逐流并等待好事降临。

25. A. 我总是尝试做一些与众不同的事情。

B. 我只喜欢做我擅长的事情。

26. A. 我认为所有的想法可能都会有用，因此，我会寻求尽可能多的想法，并看其是否可行。

B. 人会有很多想法,但是一个人不可能做所有的事情,我愿意坚持自己的想法。

六、协调家庭、社会和企业的能力

27. A. 在企业能够承受的范围之内,我从企业拿出钱来供我和家人使用。

B. 我的家人需要多少钱,我就从企业拿出多少钱。

28. A. 如果我的朋友或家人有经济困难,我只会用预留给我个人的钱来帮助他们,我不会从我的企业拿钱。

B. 如果我的朋友或家人有经济困难,我将帮助他们,即使这样可能会损害我的企业。

29. A. 我不把大量的工作时间花在家人和社会关系上而忽略我的企业。

B. 我会优先考虑家人和社会关系,他们高于企业。

30. A. 家人和朋友必须像其他顾客一样,为使用我的产品、服务或企业的资金付钱。

B. 家人和朋友将从我的企业得到特殊的好处和服务。

31. A. 我不因为顾客是我的朋友或家人就可以赊账。

B. 我会常常让我的朋友和家长赊账。

七、决策能力

32. A. 我能够轻松地作决定,我喜欢作出决定。

B. 我发现作决定很难。

33. A. 我能独立作出艰难的决定。

B. 在我作出艰难的决定之前,我会征求很多的意见。

34. A. 一旦需要作出决定,我常能尽快地决定做什么。

B. 我尽可能长地推迟作决定的时间。

35. A. 在作决定之前,我会认真思考并考虑所有可能的选择。

B. 我凭感觉和直觉作出决定,我只知道眼下做什么。

36. A. 我不怕犯错误,因为我可以从错误当中吸取教训。

B. 我经常担心会犯错误。

八、适应企业需要的能力

37. A. 我只提供顾客需要的产品或服务。

B. 我只提供自己喜欢的产品或服务。

38. A. 如果我的顾客想要更便宜的产品或服务,我将想办法满足他们的需求。

B. 如果我的顾客想要更便宜的产品或服务,他们只得找其他的企业。

39. A. 如果我的顾客想赊购,我会想办法用最低的风险为他们提供赊购服务。

B. 我不会向任何人赊销我的产品或服务。

40. A. 如果将企业迁到其他地点生意更好,我准备这样做。

B. 我不准备重新选择企业地点。我的企业在哪里,顾客和供货商就必须到哪里。

41. A. 我将研究市场趋势,并力图改变工作态度和方法,以跟上时代的发展。

B. 最好按照我已知道的方法去工作,跟上时代发展太难了。

九、对企业的承诺

42. A. 我善于在压力下工作,我喜欢挑战。

B. 我不善于在压力下工作,我喜欢平静和轻松。

43. A. 我喜欢每天工作很长时间,我不介意占用业余时间。
    B. 我认为工作以外的时间很重要,人不能长时间地工作。
44. A. 我愿意为自己的企业而减少与家人及朋友在一起的时间。
    B. 我不愿意为自己的企业而减少与家人和朋友在一起的时间。
45. A. 如果必要,我可能把社交活动、休闲娱乐和业余爱好放在一边。
    B. 我认为在社交活动、休闲娱乐和业余爱好上多花时间是很重要的。
46. A. 我愿意非常努力地工作。
    B. 我愿意工作并做必须做的事情。

十、谈判技巧

47. A. 我喜欢谈判,并且经常在不冒犯任何人的情况下达到目的。
    B. 我不喜欢谈判,按照别人的建议去做更容易。
48. A. 我与别人沟通得很好。
    B. 我与别人沟通有困难。
49. A. 我喜欢倾听别人的观点和选择。
    B. 我对别人的观点和选择一般不感兴趣。
50. A. 谈判时,我会考虑什么对自己有利,什么对别人有利。
    B. 如果参加谈判,我更愿意作为一个听众并旁观事态的发展。
51. A. 我认为,在谈判中达到目的的最好方法,是努力寻找一个使双方都受益的方案。
    B. 因为企业是我的,所以我的意见最重要,谈判中总有一方会失败。

说明:以上共十个方面51道题,每一大题有5小题(第一大题为6小题)。每一大题中如果有3个选项为A,说明你创业的能力基本具备;如果有4个选项为A,说明你创业的能力较强。全部统计结果如果有30个选项为A,说明你基本具备了创业能力,如果能达到40个A以上,说明你的创业能力较强。当然,这些都只是从理论上界定的,仅供参考,真正的创业能力还需要在实践中锻炼。

你是否有创业的想法?通过三个测评参考,看看自己是否具有创业的基础。

测试你的创业倾向

本测试可以帮助你了解你的强项和弱项。请根据你在大多数情况下的反应,选择“很少或从不”,或者“经常或完全是”。

	很少或从不	经常或完全是
1. 你会考虑别人对你的看法吗?	______	______
2. 你是否经常读书?	______	______
3. 你在承担风险时会感到兴奋吗?	______	______
4. 你觉得让别人为你做事容易吗?	______	______
5. 在你的家庭中,有人曾和你谈论过有关创业的经历吗?	______	______
6. 你认为方式在开始前就要把相关工作都安排好吗?	______	______
7. 你经常生病吗?	______	______
8. 你是否会从那些只为证明自己能力的事情中感受到快乐?	______	______
9. 你被辞职过吗?	______	______
10. 你经常能想出新主意吗?	______	______

11. 在社交活动中你更愿意让朋友来做决定吗？ ________ ________
12. 你喜欢上学吗？ ________ ________
13. 别人认为你是一个好学生吗？ ________ ________
14. 你在高中或大学时参加过社团活动吗？ ________ ________
15. 你参加过学校的文体活动吗？ ________ ________
16. 你经常关注细节吗？ ________ ________
17. 你是否认为未来的工作应该有保障？ ________ ________
18. 你会有意寻找一种直接的方式来得到想要的结果吗？ ________ ________
19. 你是家里的第一个孩子吗？ ________ ________
20. 你小时候父亲经常在家吗？ ________ ________
21. 你在 10 岁之前，家里认为你该帮助做些家务吗？ ________ ________
22. 你是否很容易厌烦？ ________ ________
23. 你是否会时不时会自己的成就感到骄傲？ ________ ________
24. 你是否能上时间地集中精力做一件事情？ ________ ________
25. 你有时候需要别人的鼓励来使自己继续前进吗？ ________ ________
26. 当你在做自己喜欢的事情的时候，你会从中发现意外的动力来源吗？ ________ ________
27. 你是否认为自我满意度不只意味着有足够的钱花在自己身上？ ________ ________
28. 你曾经故意做过在工作上越过自己的职权的事吗？ ________ ________
29. 你喜欢规则有序的社会吗？ ________ ________
30. 糟糕的处境中，你会试图寻找它的好处吗？ ________ ________
31. 当事情进展不顺时，你会归咎与别人吗？ ________ ________
32. 你喜欢在没有了解所有潜在问题的情况下就去做事吗？ ________ ________
33. 你会把拒绝（被拒绝）归为个人原因吗？ ________ ________
34. 总体上来说，你认为自己是因为运气好才成功的吗？ ________ ________
35. 你愿意为了实现自己的目标而长时间工作吗？ ________ ________
36. 你喜欢能够在工作上自己做决定吗？ ________ ________
37. 你在醒来的时候常常都很快乐吗？ ________ ________
38. 你能够接受失败而不被击垮吗？ ________ ________
39. 你是否有自己的存款及其他投资？ ________ ________
40. 你是否认为创业要承担巨大的风险？ ________ ________
41. 你认为成功的创业者一定要有大学学历吗？ ________ ________
42. 你是否会努力从过去的错误中吸取教训？ ________ ________
43. 你是否更多地以人为导向而不是以目标位导向？ ________ ________
44. 你是否经常发现问题的答案无处不在？ ________ ________
45. 你喜欢棘手的问题吗？ ________ ________
46. 你更愿意独自做出最终决定吗？ ________ ________
47. 你在聊天时是否谈论人比谈论事件或观点的时候更多？ ________ ________

48. 尽管受到别人的评价，你是否仍然自我感觉很好？ ________ ________
49. 你是否会尽可能减少睡觉的时候来做事？ ________ ________
50. 当别人告诉你某件事情不可能做成的时候，你还会坚持吗？

________ ________

测试你的创业倾向——结果说明

RN = 很少或从不 MY = 经常或总是

个人背景	生活方式
5. MY(家庭训练)	2. RN(没有空闲时间)
7. RN(态度、精力、健康)	11. RN(控制，责任心)
9. MY(生活经历)	29. RN(以目标为导向，时间管理)
12. MY(教育)	35. MY(执着，果断)
13. RN(绝大多数创业者是普通的)	39. MY(以利润为导向)
14. RN(独立)	43. RN(成就需要)
15. MY(成就需要)	46. MY(独立，自信)
19. (责任心)	47. RN(以创意为导向，创造力)
20. RN(早期责任)	48. MY(适应不明确的情境，自信)
21. MY(早期经历)	49. MY(时间管理，精力旺盛)
行动方式	
1. RN(自信，内部驱动力)	28. MY(自信，决断)
3. MY(承担风险的能力，内部驱动力)	30. MY(乐观，灵活)
4. MY(领导力)	31. RN(个人责任，解决问题能力)
6. MY(管理，目标设定)	32. MY(足智多谋，承担风险)
8. MY(以成就为导向)	33. RN(灵活，自信)
10. MY(创造性，创新)	34. RN(内因，内部驱动力)
16. RN(急躁，以风险为导向)	36. MY(独立，责任心)
17. RN(内因，内部驱动力)	37. MY(乐观)
18. MY(果断，自信)	38. MY(果断，乐观)
22. MY(急躁，精力旺盛)	40. RN(自信，内部驱动力)
23. MY(自信，独立)	41. RN(足智多谋的，进取心)
24. MY(坚定不移，果断)	42. MY(主动，乐观)
25. RN(自我激励，自控)	44. MY(深谋远虑，有见解，执着)
26. MY(精力旺盛，足智多谋)	45. MY(适应不明确的情境，进取心)
27. MY(自我中心)	50. MY(乐观)

项目十六　创业与职业生涯发展

自学导读

创业与职业规划的关联。

故事导航

成本小+尽管闯=探路者

“以我现在做的家具行业为例，一些行业前辈可能就觉得我们太年轻了，觉得他们手上比我们掌握了更多的资源。”钟添娇说，“就算是没有路，我也相信自己能走出路来。我有自信，‘互联网+’将颠覆原来的销售模式和网络，我们就是要做这条路上的探路者。”

20岁的钟添娇今年才读大二，但谁也阻挡不了这个姑娘执着向前的创业足迹。从中山职业技术学院、到深圳、再到广州……她从校园摆地摊开始，至今已成功主导3个创业项目，盈利120万元。深圳某酒店曾以年薪60万元相邀，被她拒绝。她说，比起稳定的工作，自己更喜欢创业。

最近，钟添娇正在忙的新项目叫做“家得意”：是一款以家具为切入点的O2O移动应用场景。它通过研发的三维重建技术，可以让所有家居商品1秒钟瞬间3D数字化。这样消费者在购买家具时，可以通过“家得意”软件把看中的家居产品“搬回家”，进行对比匹配，认为合适后再购买。软件所拥有的精确跟踪和增强现实技术，能让使用者随心所欲“试穿”所有家居用品。

“家得意”项目适应互联网时代消费者消费体验变化的需要，颠覆传统家具销售产业的消费体验，让消费者可以随心所欲地“试穿”家居用品，这将对家具销售产业带来革命性变化。项目很好地契合了互联网和3D数字技术的发展，能给消费者带来全新的消费体验，这将是传统家具销售业的一场革命，市场前景良好。

钟添娇的创业之所以成功是因为她站在了消费者的思路上，从消费者的视角入手进行创业，因此她所提供的服务都很受消费者欢迎。

分析：从2015年教育部牵头正式举办“互联网+”大学生创新创业大赛至今，涌现出了一大批优秀的创新创业项目，极大地激发了大学生创新创业的激情，如今在各大高校校园里，随处可见大学生的创业行为和创业活动，有力地推动了“大众创业、万众创新”全新局面的形成。但是要想创业成功，学生需强化创新精神，培育创业意识，训练创造能力，贡献反哺社会，适应新时代要求。

理论阐释

当今世界是知识经济时代，新的知识、新的技术极大地促进了社会的发展。知识经济以不断创新的知识为基础，是一种全新的、基于最新科技和人类知识精华的经济形态。

一、知识经济发展与创业

1. 知识经济的发展历程

自20世纪80年代中期以来，美国经济学家罗默（Paul Romer）和卢卡斯（Robert Lucas）提出了“新经济增长理论”。新经济增长理论认为人力不仅包括绝对的劳动力数量和该国所处的平均技术水平，而且还包括劳动力的教育水平、生产技能训练和相互协作能力的培养等。这些统称为“人力资本”。罗默把知识积累看作经济增长的一个内生的独立因素，认为知识可以提高投资效益，知识积累是现代经济增长的源泉。卢卡斯的新经济增长理论则将技术进步和知识积累重点地投射到人力资本上，他认为，特殊的、专业化的、表现为劳动者技能的人力资本者才是经济增长的真正源泉。

1996年，世界经合组织发表了题为《以知识为基础的经济》的报告。该报告将知识经济定义为建立在知识的生产、分配和使用（消费）之上的经济，其中所述的知识包括人类迄今为止所创造的一切知识，最重要的部分是科学技术、管理及行为科学知识，从某种角度来讲，这份报告是人类面向21世纪的发展宣言——人类的发展将更加倚重自己的知识和智能，知识经济将取代工业经济成为时代的主流。

2. 知识经济的定义及内涵

通俗地说，“知识经济”就是以知识为基础的经济，是与农业经济、工业经济相对应的一个概念。现行的工业经济和农业经济虽然也离不开知识，但总的说来，经济的增长取决于能源、原材料和劳动力，即以物质为基础。知识经济以知识为基础，是一种新型的富有生命力的经济形态。创新是知识经济发展的动力，知识和高素质的人力资源是最为重要的资源。

当然，发展知识经济并不是不要“物质”，而是获得“物质”的方式变得更容易、更便捷、更便宜。发展知识经济更不是轻视或削弱工业和农业经济，知识经济一方面是一个继工业、农业之后的新兴的主产业，而另一方面反过来又深刻地影响着传统的工业和农业，促进工业和农业进一步现代化、知识化。

3. 知识经济时代的特征

（1）学历型社会转变为学习型社会。知识经济时代，企业更加看中的是员工再学习和终生学习的能力。越来越多的企业认识到学历和能力并不一定成正比。随着学历型社会逐步转变为学习型社会，学习不再是唯一的职场通行证，从业者必须保持积极姿态，永不满足现状，不断汲取行业发展的最新知识，坚守终生学习的理念，时刻保持一名“创业者”的姿态。

（2）数量型社会到质量型社会。党的十九大报告提出全新的判断，“我国经济已由高速增长阶段转向高质量发展阶段”，同时提出了“建设现代化经济体系”的新任务，增长的动力，正在从传统要素驱动向创新驱动转变。2017年11月，北京大学、清华大学、中国科学技术大学、华中科技大学、中国科学院化学研究所、中国科学院物理研究所、中国科学院金属研究所等获批组建6大国家研究中心，聚焦世界科技前沿，加强创新能力。

二、创业与职业生涯发展

创业是一个循序渐进的过程，不同阶段所采取的策略是不同的，按照企业生命周期理论，从创业成长的特点出发，我们可以将创业划分为创意期、种子期、启动期、成长期、扩张期和成熟期，如图16－1所示，横轴表示时间，纵轴是企业规模、销售额、利润等企业成长的指标。

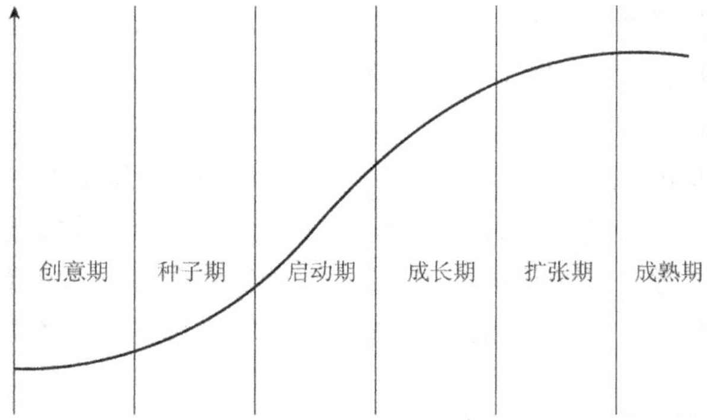

图16－1　企业成长指标

美国学者舒伯的职业生涯发展阶段理论，以个体的职业生涯发展周期为研究内容，根据个体不同生命周期的特点和不同职业阶段的任务、目标，将职业生涯划分为不同发展阶段，分别为成长阶段（认知阶段）、探索阶段（打基础阶段）、创业阶段（选择和安置阶段）、维持阶段（升迁和专精阶段）、衰退阶段（退休阶段）。

一般来说，创业的过程与创业者的职业生涯发展步调基本一致，当创业者决定全身心投入创业过程中时，他的职业生涯也就与创业息息相关了。因此，我们将大学生的职业生涯发展与创业的不同阶段相结合进行解释说明。

（一）创意期

美国加州大学教授多尔夫、拜尔斯于2011年出版了《创业的轨迹：从创意到一个企业的真正诞生》（Technology Ventures：From Idea to Enterprise）一书，本书是第一本对全球热点话题“技术型创业”进行全面阐释的书，详细阐明了科学创意和真实商业机会之间的关系。对于创业者来说，一个好的创意是创业成功的开始。对于很多创业团队来说，创意差异的产生是创业者选择创业后，必须直面的第一个问题。创意的产生有些来自创业者具备的天赋，而更多的是来自于对行业的了解和敏锐的市场嗅觉。一般来说，创业者可以通过以下方法获得创意灵感：

1. 针对需求产生创意

创业者可以通过观察市场，来寻找一些特定的社会需求，而每一种社会需求都可以成为创业者的创意来源。针对需求的创意一般来说具有社会性，我们首先要确定这种需求是市场空白而不是没市场。其次要正确看待这种需求，创业者可不可以解决，还有就是要确定这种需求的有效时间，不要产生产品做出来了、需求消失了的尴尬局面。再次，改良现有的产品也是创意的一种形式。伴随着互联网的不断深化，每一件旧产品的可塑性都不断增强，因此近几年很多创业者都将方向瞄准了产品改造。因为被改造的产品本身就已经具有一定的市场稳定性，所以产品改造相对而言，风险要比新产品的开发小很多。而像智能手机，就是产品改造的最经典案例。

2. 行业结合性创意

在面对产品进行思考没有思路的时候，我们可以把目光放到行业与行业之间。作为互联网时代的核心动力——数据，最大好处就是打破了原来隔行如隔山的行业特点。每一个行业都可以通过接入互联网，来形成统一的生态。大数据时代连接不同的行业，完成新的行业整合，同样可以作为创业者创业的一个创意方向。

3. 趋势潮流性创意

潮流虽然存在周期短，不稳定性高，但是每一阵潮流都蕴含商机。所以创业者同样可以依据当下的时代潮流，来思考各自的创意。但是追随潮流做创意的时候，一定要牢牢抓住潮流创意的本质特点。就像很多潮流都如同一阵风，所以创业者在做创意的时候就一定要快，这个时候速度比质量更重要。如果错过了这阵潮流风，再好的产品都和废物没有区别。

4. 命名产生创意

这种方法就类似于我们写作的时候有一个题目，可能就会产生一篇文章，同样的原理，在创业者实在没有创意的情况下可以命名思考。先命名再思考，有的时候会产生一个出乎意料的创意。此外还可以通过数据分析、设想问题等方式获取创意灵感。

（二）种子期

这一时期创业者已经初步确定了创业计划，并开始着手组建创业团队，筹集创业启动资金，多渠道寻找合作伙伴，构建适合自己发展的商业模式，并且对近期的盈利情况进行分析。种子期的创业表现形式较为多样化，此时企业尚未建立，一个由志同道合的创业伙伴组成的小团队开始对创业项目展开多方面的评估，并且对接市场，寻找商机，因此这一阶段需要特别注意行业动向、国家政策、市场需求变动、新技术的出现、市场发展前景等信息，同时，结合所掌握的信息，开始编制创业计划书，为创业后续环节理清思路、指明方向。

（三）启动期

创业到了启动期说明整个团队的合作已经比较成熟，迎来了市场上较好的商机，因此，企业规模、销售额、利润等硬性指标稳步增长，表现良好。这一阶段，企业已经初具稚形，并且推出了新的产品或者服务，逐步占据一定范围的市场并且获得越来越多消费者的接受和认可。这一阶段需牢记"知己知彼，百战不殆"，切莫沉醉在眼前的光环中，需要时刻关注竞争对手的新动向，同时企业搭建之后，创业团队成员之间要有明确的职责分工，并且要建立一整套完善的管理制度和利益风险机制，以保证创业项目的顺利推进，还需为企业制定中长期发展规划，确保企业能够稳步健康发展。

（四）成长期

成长期企业的规模、销售额、利润等硬性指标继续较快增长，这一阶段企业已经度过了创业之初的生存期，也就是说成功地"活了下来"，接下来更多的关注点要放在发展的前景和质量方面。一般来说随着企业不断地发展壮大，随之也会暴露出一系列问题，例如市场风险的把控、利益分配机制、团队职责分工、个人发展理念等问题会日益凸显出来。因此，企业要在不断创新管理机制的基础上吸收新鲜血液，通过“二八法则”等管理理念，实行较为严格的淘汰制度，将最优秀和最适合的员工留在最适合的岗位。同时，这一阶段需要注重培育企业的核心竞争力，为企业保存实力，保证企业在市场竞争中立于不败之地。

（五）扩张期

一般创业发展良好的项目，在5～10年后进入扩张期，一般依据所处行业的不同时长有所不同，传统行业的扩张期较那些互联网行业的企业明显要长，例如唯品会从2008年8月公司创立到2012年3月23日在美国纽约交易所上市只用了三年半时间。这一阶段企业完成了原始资本积累，业务范围继续向纵深发展，但是需要注意的是，如果做一件事难度是A，并行做两件事的难度绝对不是A×2，而是A×3、A×4，我们看到很多“一代拳王”式的企业，在一个产品上成功了，然后失败在多元化上，因此，这一阶段需要在多元化发展方面慎重行事。

（六）成熟期

企业度过多元化阶段后，就该思考如何保持企业的高速可持续成长。简单地通过产品和产业已经不够，必须要对接资本市场，同时借助企业的品牌影响力，资本实力以及已经获得的核心资源来展开生态系统建设。企业进入成熟期后，企业规模、销售、额利润等硬性指标增速减缓，保持“小河流水”的平稳状态，此时，企业应该将关注点放在品牌形象的维护、社会责任的承担等方面，为社会公众树立一个有责任担当、有人文情怀的形象，同时，这一时期还应加大企业文化建设力度，内外兼修，不断提升企业的软实力。创业进入成熟期后组织创新的惰性可能会显现出来，因此，企业需要在员工选拔、激励、奖惩等制度方面不断革新，跟上时代发展的步伐。

实训模拟

剖析大学生创业成功的故事

一个创业者尤其是大学生创业者的成功因素是主观和客观的结合。然而，创业的成功与否，原因往往是多方面的。它可能来自创业者本身，也可能来自社会，还有各种看不见且复杂的关系。

请试着对下面的大学生创业小故事从天时（政策大环境）、地利（地区发展小环境）和人和（团队合作）三个方面进行剖析。

曾南春，海南大学海洋学院制药专业的本科毕业生，来自四川绵阳的一个小村庄，现今拥有属于自己的一家小有规模的建材装修公司。刚进入大学时，他对做实验十分有兴趣，便向班主任申请要当实验助手。然而在做了3个学期后，他发现自己在这一方面毫无天分，感到非常失意，此时恰好接触了学校开展的一个科技训练营，便 走上了创新之路。大二的时候他获得了“保湿花盆”的专利。在大学生创业计划大赛中获得好成绩后，他萌生了创业的念头。创业的首要就是项目。经过调查,他对自己的专利进行分析后,发现这个项目不能成为自己发展的方向,于是他转向另一个有着几十项专利的发明人并与其合作。在确定了合作项目后,他与他的团队为了了解行业的详情,亲自深入到市场去工作,获取经验和客户资源。一系列的准备工作后,他们开始着手开店。在这时他们遇到了创业的第二个难题:资金。几经周折,他们最终用朋友和家人辛苦筹到的钱注册了自己的有限公司。但不到一个月,曾南春和他的团队手里的资金已经所剩无几了。在这样的情况下,他们想尽办法,终于皇天不负有心人,他们接下了一个订单。由于真诚周到的服务,他们又接了更多的订单,业绩稳步上升。如今他们正在积极努力地发展更多的业务。

项目十七　大学生创业实践

自学导读

以“创业准备—创业实施”为主线，重点介绍如何识别创业机会，如何写创业计划书，如何建设创业团队，如何创办新企业，关注大学生创业在实践层面所面临的问题并提出解决方法，规避创业风险。

故事导航

杨全辉的创业忠告

杨全辉目前是上海一家生产空气净化器企业的“老总”，也是一位从大学二年级便开始休学创业的大学生创业者。1993年，杨全辉离开学校到厦门一家信息公司创业，但由于不能实现自己的理想，1994年他来到上海。本想立即成立一家自己的公司，经过再三考虑，他认为自己还缺乏必要的知识和实践准备。于是，他先做了两年的市场推销员，以培养自己对社会、对市场的认识，并不失时机地掌握应该掌握的知识。他经常奔波于申城的大街小巷，两个月就要磨破一双皮鞋。1996年，经过两年的准备后，杨全辉终于成立了自己的公司。

二十几年来，历经风雨变幻，杨全辉的公司虽然没有“轰轰烈烈”，但目前在上海激烈的市场竞争中经营得还算不错，在同行业中有了自己的立足之地。杨全辉给予现在急于创业的大学生的忠告是：创业，作好准备再上阵。

大学生创业实践主要是指大学生通过创业实践活动，能看到自己和社会需要之间的差距，看到自身知识和能力上存在的不足，比较客观地去重新认识、评价自我，逐渐摆正个人与社会、个人与人民群众的位置。同时会产生一种紧迫感和危机感，能够潜心思考自身的发展问题，不断地去提高自身素质和能力，以适应社会发展的需要。

理论阐释

任务一　产生创业构想与评估商业机会

一、产生创业构想

好的开始是成功的一半。创业者在寻找生财之道的时候，如何选准项目，避开陷阱，稳中求胜,值得三思。

要选择具有独特资源优势的项目。俗话说:靠山吃山,靠水吃水。创业者如果能慧眼独具,发掘自己身边特有的资源进行投资开发,往往容易成功,因为在这种情况下,你没有竞争对手。

要选择有良好发展前景的项目。产品的市场支持力、市场容量及自身接受能力对创业者来讲至关重要,要多考察当地市场,看看所选项目是否在当地有需求及靠自己的能力是否可以进入市场等。

要瞄准市场空隙,选择有发展潜力的项目。

要选择目标市场非常明确的项目。针对某个特定消费群体,进行市场调研,知其所好,投其所好,乘"需"而入,推出新产品或服务项目,往往能领先一步占领市场。

要选择那些投资较少、比较稳妥的项目。初当老板就像学游泳一样,必须先到浅水区多练几次,再到大江大海里去享受搏击风浪的乐趣,否则会有溺水的危险。

要选择有一定技术含量的产品项目,以增强竞争优势,求得较好的回报。

(一)什么是创业构想

创业构想就是对一个人或者组织识别机会或在环境中发现需求的回应。好的创业构想是实现创业者愿望和创造商业机会的第一步。一家成功的企业既要满足顾客的需要,又要盈利;既要向人们提供想要的产品,又要为企业带来利润。创业构思应当包括:

1. 你的企业将销售什么产品或服务?
2. 你的企业将向谁销售产品或服务?
3. 你的企业将如何销售产品或服务?
4. 你的企业将满足顾客哪些需要?

这里有两点需要说明:尽管创业构想是首要条件,但它只是一个工具;无论想法本身有多好,但是对于成功它是不够的,它还需要转化为有价值的商业机会。

(二)为什么要产生你的创业构想

创业者和想要成为创业者的人需要产生创业构思是有很多原因的。下面仅仅是一部分原因:

1. 你需要一个想法——一个好的创业构想。一个好的创业构想是成功创办一个企业的基本要素,在创办企业之前和以后都是必要的。

2. 对市场需求的反应。市场是由那些有需求并且能够满足需求的消费者组成的。创业者和企业能够通过满足有购买力的消费者的需求而获得利润。

3. 对流行趋势和需求变化的反应。由于流行趋势和需求的变化会产生新的商业机会,创业者可以用新的想法、产品和服务来满足需求,把握机会。

4. 走到竞争对手前面。如果你没有提出新的想法、产品和服务,而你的竞争对手做到了,你将会面临更多不同的挑战。

5. 开发新的技术——做更好的产品。技术已经是当今市场上主要的竞争工具,伴随时代的变化迫使更多的企业去创新。在世界上只有个别的电子和家用器具企业能够平均每个月开发出几十个新产品。对于在全球市场中的这些企业以及很多其他企业，产生创业构想是至关重要的。

6. 因为产品的生命周期。所有的产品都有一个有限的生命。产品生命周期图显示，新产品最终会陈旧和过时。因而，需要制订一个新产品和产品成长计划。企业的繁荣和成长取决于它引进的新产品和对新产品成长的管理。

7. 降低风险和减少失败。联系产品生命周期的概念，事实上有超过 80% 的产品是失败的，因此，对于企业来说，要想降低风险，设法不断地产生新的想法是非常必要的。

（三）创业构想的资源

1. 爱好和兴趣

爱好是人们在业余时间特别喜欢进行的活动。很多人通过追求爱好或兴趣，产生了创业构想。例如：你喜欢玩电脑、烹饪、音乐、旅行、运动或表演，你就可以把它们发展成为创业构想。举例说明，如果你喜欢旅行、表演或好客，你就可以进入观光和旅游行业——它是世界上最大的产业之一。

2. 个人的技能和经验

一半以上的成功的创业构想都来源于工作经验。例如：一个拥有大型汽车制造厂工作经验的机械技工，他（她）就可能创办汽车修配厂。因而，那些潜在的创业者的背景在决定创办企业以及企业类型的过程中扮演了至关重要的角色。你的技能和经验是你最重要的资源，不仅是在产生想法方面，而且还体现在如何利用这些想法方面。

3. 特许经营

特许经营是指特许者将自己所拥有的商标、商号、产品、专利和专有技术、经营模式等以特许经营合同的形式授予被特许者使用，被特许者在特许者统一的业务模式下按合同规定从事经营活动，并向特许者支付相应的费用。特许经营有很多类型，但是最流行的一种就是提供名称、标识、操作程序和经营方式。在 20 世纪 80 到 90 年代，特许经营迅速增长，成为一种在美国和欧洲广泛使用的从事商业活动的方法（通过特许经营建立了数百万的企业）。仅在美国就有超过 2000 种类型的特许经营，年销售额超过 3000 亿美元，大约占零售总额的 1/3。除了购买特许经营权，也可以开发和销售特许经营的理念。有很多的资料和协会，包括国际特许经营协会都可以提供相关材料和信息。

4. 大众传媒（报纸、杂志、电视、互联网）

大众传媒是大量信息、想法和机会的来源。大众传媒包括报纸、杂志、电视和互联网等。仔细浏览大众传媒，在报纸或杂志上经常可以找到关于企业转让的商业广告，这是使你成为创业者的很好的信息来源。新闻出版物或互联网上的文章、电视纪录片也经常会有关于流行趋势或消费者需求变化的报道。例如，看到或听到人们对健康和减肥食品的兴趣日益增加，你可以由此发现某个新的投资理念，比如特许经营。

5. 展览会

参加展览会和商品贸易会是另外一个产生创业构想的途径。在报纸和杂志上经常会有展览会和商品交易会的广告。通过参观，你不仅可以看到新产品和服务，还可以见到厂商、批发商、发行商和经销商。那里有很多好的创办企业的想法来源、信息和帮助。他们也会经常寻找像你这样的人。

6. 市场调查

创业构想的焦点是消费者。通过调查确定消费者的需求是提供产品或服务的基础。可以通过与人们进行正式或非正式的交谈来调查,也可以经常使用调查问卷、访问或者通过观察。你可以通过与你的家庭成员或朋友交谈找出他们没有被满足的需求。例如:他们是否对现有的产品或服务满意,他们希望看到什么样的改进或改变。你可以与厂商、批发商、代理商和零售商这些分销渠道的成员交谈。预先为一个调查或访谈准备一系列有关的问题是非常有用的。近距离地接触消费者、渠道成员可以更好地判断消费者的需求,什么好卖和什么不好卖。最后,你应该尽可能多地与消费者交谈——包括现有的和潜在的消费者。你能从他们那里获得更多的信息。

除了和人们交谈,你还可以通过观察获得信息。例如:决定是否在某条街上选址开店,你可以观察和计算在特定的天数里通过街道的人数,并且和其他地点进行比较。或者,你对旅游者经常去的地方感兴趣,你就可以进行调查,了解一下你是否可以制造或经营工艺品。或者,你注意到某个地区或某条旅游线路上没有正式的饭店或旅馆,你就可以了解一下情况,那里是否有对正式饭店或旅馆的需求,你是否可以提供相应的服务。创业者愿意到各种集会(例如:酒会)上走走,观察人们有没有未能满足的需求。

7. 抱怨

一部分消费者的抱怨催生许多新的产品或服务。无论什么时候,当消费者痛苦地抱怨某个产品或服务,或者当你听到有人说“我多么希望能……”或“只要有一个产品或服务就能……”你就有了一个潜在的创业构想。这个想法可以创办一个提供更好的产品或服务的具有竞争力的企业,或者可以将新的产品或服务卖给那些存在问题的企业。

8. 头脑风暴

头脑风暴是一个创造性地解决问题和产生想法的技术方法。它的目的就是产生尽可能多的想法。它经常从一个问题或一个难题的陈述开始。每一个想法又促使一个或者更多的想法产生,最后,产生大量的想法。

当你使用这个方法时,你需要遵守四个原则:

(1)不要批评和评价其他人的想法;

(2)鼓励随心所欲地想——欢迎那些看似疯狂的想法;

(3)合适的数量——需要大量的想法;

(4)在其他人的想法基础之上改善和提高。

此外,对于所有的想法,无论从表面上看有多么不合逻辑和疯狂,都需要记录下来。

9. 创造力

创造力是利用新的或不同的方法设计、排列、制造新事物的能力。

创造性地解决市场需求和问题的能力经常被作为商业运作成功或失败的标志。它也用来从普通企业中区别出那些快速增长的企业。

要想具备创造性,你需要开拓你的思维和视野。

二、评估商业机会

寻找、发现和利用机会是任何一个成功创业者的特征之一，也是成功创办和管理企业的基础。创业者不仅要产生想法和识别机会，还要筛选和评估它们，从而把握和利用最有价值的机会。

（一）什么是商业机会

商业机会可以简单地定义为一个有吸引力的、使投资者能够收回投资的想法或主张。这样的机会表现为消费者的需求导致了可以给顾客提供更多价值的产品和服务。可是，一个好的想法未必是一个好的商业机会。例如：你可能通过一项新技术发明一个非常有创意的产品，但是市场可能并不需要它；或者一个想法听起来不错，但是在市场上没有竞争力，不具备必要的资源，也是不值得做的；或者尽管有时市场有需求，但是需求的数量不足以收回成本。事实上有超过80%的新产品都是失败的。很多发明家的想法看起来很好，但是不能经受市场的考验。如何将想法转化成一个商业机会？一个简单的回答就是当收入超过成本能够得到利润时。当你真正实践时，你还要全面地调查下面所列的要点。

（二）一个好的商业机会的特征

一个好的商业机会必须是可实行和实现的，并要符合以下标准：

（1）真实的需求。即，那些具有购买力和购买欲望的消费者有未被满足的需求。

（2）能够收回投资。即，在承担风险和努力工作之后，可以带来回报和收益。

（3）具有竞争力。即，消费者认为购买你的产品或服务比购买其他的产品或服务能获得更多的价值。

（4）实现目标。即，能满足那些冒险的人和组织的愿望。

（5）有效的资源和技能。即，是在创业者所具备的资源、能力、法律等必备条件范围内。

（三）识别和评估商业机会

人们一旦产生和发现了想法和机会就需要对它进行筛选和评估。这很重要但并不简单。人们是否做了识别和评估工作，将决定他们赚大钱还是亏本赔钱，成功还是失败。同时，并不是说你那样做了就保证能够成功，因为这还和其他很多因素有关。但它的确能够起到降低风险和减少失败的作用。识别和评估商业机会包括很多方面：

1. 行业和市场

你的想法有市场吗？有消费者——有购买力且乐于购买你的产品或服务的顾客吗？你能够满足他们的需求吗？这样的消费者有多少？

2. “机会窗”的大小

当机会存在时，你能创造和抓住机会并利用它们吗？

3. 创业者的个人目标和能力

你真的要冒险去创业吗？你称职吗？你有足够的动机吗？

4. 团队管理

谁将是你企业的成员？他们有经验、技能、社会关系和你所需要的乐于奉献的品质吗？

5. 竞争

谁是你的竞争对手？你是否拥有一些你的竞争对手没有的顾客？例如：你是否低成本地生产和经营？

6. 资金、技术和其他必需的资源

你有多少资金、技术和其他必需的资源？你是否已经具备了或者你能得到它们吗？

7. 环境

你周围的政治、经济、地理、法规环境是否有利于创业？你的企业是否破坏自然环境？

上述的问题是识别和评估商业机会的典型问题。通过思考这些问题可以决定商业机会是否有吸引力和前景。

任务二　制定创业计划书

创业不是仅凭热情和梦想就能支撑起来的，在创业前期制定一份完整的、可执行的创业计划书应该是每位创业者必做的功课。通过调查和资料参考，要规划出项目的短期及长期经营模式，以及预估出能否赚钱、赚多少钱、何时赚钱、如何赚钱以及所需条件等。当然，以上分析必须建立在现实、有效的市场调查基础上，不能凭空想象、主观判断。根据计划书的分析，再制定出创业目标并将目标分解成各阶段的分目标，同时订出详细的工作步骤。

创业计划又名“商业计划”（Business Plan），是指一无所有的创业者就某一项具有市场前景的新产品或服务向风险投资家游说，以取得风险投资的商业可行性报告。可见，创业计划首先是一种吸取资金的工具，同时也是公司发展和企业管理与操作的行为指南。

创业计划书对于开展市场分析、市场机会和威胁分析、理清创业思路、搭建创业框架、绘制商业画布、指导创新创业行为、提升创业能力、寻求融资渠道等方面具有很强的指导和统领作用。创业计划书既有短期计划和长期计划，又有综合型计划，也有专项性计划。

一、创业计划书的内容

要撰写商业计划书，首先要了解商业计划书的内容结构。商业计划书（简化版）目录：

(1)计划摘要。

(2)产品（服务）介绍。

(3)人员及组织结构。

(4)市场预测。

(5)营销策略。

(6)制造计划。

(7)财务规划。

二、创业计划书的作用

所谓创业计划书就是创业者计划创立的业务的书面摘要。它用以描述与拟创办企业相关的内外部环境条件和要素特点，为业务的发展提供指示图和衡量业务进展情况的标准。

通常创业计划书是市场营销、财务、生产、人力资源等职能计划的综合。

“好的开始是成功的一半”，所以有人说，撰写一份专业的创业计划书就等于你的创业已经成功了一半。

创业计划书一般有两个作用：一是创业融资，即在创业前或者创业中期利用创业计划书向外部投资者寻求资金投资；二是做好发展规划，即为自己以后的企业运营画好前进路线图。

三、创业计划书的基本格式

创业计划书框架一般包括：概要、项目背景分析、市场调查和分析、公司战略、营销策略、企业管理、融资分析、财务分析与预测、风险分析风险控制、附录等方面，每个部分还包括不同的细节和要点。

具体内容一般包括以下方面：

（一）封面

封面的设计要有审美观和艺术性。一个好的封面会使投资者产生最初的好感，形成良好的第一印象。封面还应该有下面这些内容：

- 公司名称；
- 公司地址；
- 联系方式（电话、电子邮箱）；
- 公司网址；
- 法人代表；
- 保密须知（如有需要时可以具体说明）。

（二）计划摘要

计划摘要应该是浓缩了创业计划书的精华。一般来说，计划摘要涵盖了计划的要点，以求一目了然，让投资者在最短的时间内评审计划，并作出判断。

计划摘要一般包括以下内容：

- 公司介绍；
- 管理者以及团队成员的优势背景；
- 主要产品和业务范围；
- 投资事业项目或产品之背景与特性说明；
- 市场规模与预期占有率；
- 拥有的核心竞争优势；
- 营销策略；
- 销售计划；
- 生产管理计划；
- 财务计划；
- 资金需求状况等。

摘要要尽量简明、生动,不要长篇大论。要把你所创立企业的不同之处和企业获取成功的市场因素展现出来。

(三)企业介绍

这部分的目的不是描述整个计划,也不是提供另外一个概要,而是对你的公司作出介绍,因而重点是你的公司理念和如何制定公司的战略目标。你要让投资者对他们所投资的公司有一个大概的了解。

(四)产品(服务)分析

产品分析应该包括以下内容:产品的概念、性能及特性,主要产品介绍,产品的市场竞争力,产品的研究和开发过程,发展新产品的计划和成本分析,产品的市场前景预测,产品的品牌和专利等。

产品(服务)分析要知道你的产品或者服务到底是什么,有什么特色?能带给客户什么利益?如果产品或服务是创新、独特的,如何使人想买?如果产品或服务并不特别,为什么别人要买?在产品(服务)分析部分,创业者要对产品(服务)作出详细的说明,说明要准确,也要通俗易懂,使不是专业人员的投资者也能明白。

一般情况下,还要附上产品原型、照片或其他介绍。

(五)行业分析

所谓行业分析就是正确评价出所选行业的基本特点、竞争状况以及未来的发展趋势等内容。关于行业分析的基本问题是:

- 该行业发展程度如何?现在的发展动态如何?
- 创新和技术进步在该行业扮演着一个怎样的角色?
- 该行业的总销售额有多少?总收入为多少?发展趋势怎样?
- 价格趋向如何?
- 经济发展对该行业的影响程度如何?政府是如何影响该行业的?
- 是什么因素决定着它的发展?
- 竞争的本质是什么?你将采取什么样的战略?
- 进入该行业的障碍是什么?你将如何克服?该行业一般的回报率有多少?

(六)竞争分析

在下面三种情况下,要作竞争分析,并时刻留意竞争对手的动向。

当要创业或要进入一个新市场时,当然要先作竞争分析。竞争有时是来自直接的竞争者,有时是来自其他的行业,所以当一个新竞争者进入你所经营的市场时要作竞争分析,随时随地作竞争分析。竞争分析可以从五个方向去想,分别是:

- 谁是最接近的竞争者?
- 他们的业务如何?
- 你和他们业务相似的程度?
- 你从他们那里学到什么?
- 你如何做得比他们好?

（七）人员和组织结构

在企业的生产活动中，存在着人力资源管理、技术管理、财务管理、作业管理、产品管理等。而人力资源管理是其中最重要的一个环节。作为创业者，你一定要考虑：

- 现在、半年内、未来三年内的人事需求是什么？
- 还需要引进哪些专业技术人才？
- 有专业技术的人在哪里？
- 是需要全职的，还是非全职的人？
- 薪水是算月薪还是时薪？
- 所提供之福利有哪些？
- 有没有加班费？

对于任何企业来说，人都是最宝贵的资源。在创业计划书中，你还要对主要管理人员加以阐明，介绍他们所具有的能力，他们在本企业中的职务和责任，他们过去的详细经历和背景。此外，还应对公司的结构作一些简要介绍，包括：公司的组织机构图、各部门的功能与责任、各部门的负责人和主要成员、公司的报酬体系、公司的股东名单、公司的董事会成员、各位董事的背景资料等。

（八）团队管理

- 要在创业计划书中明确你的团队管理相关事宜。
- 你要弄清楚自己的弱势，创业团队之间如何互补？
- 创业团队之间的强弱势，彼此间职务及责任如何分工？
- 职责是否界定明确？
- 除了团队本身是否有其他资源可分配和取得？
- 你要知道，中小企业98%的失败来自于管理的缺失。对此，你要有深刻的认识。你一定要做好充分的准备工作，以应对投资者的“刁难”。

（九）市场预测

市场预测就是预测你的产品要卖给谁，先界定目标市场在哪里：客户是几岁到几岁的年龄层？是在既有的市场去服务既有的客户，还是在既有市场去开发新客户，还是在新市场去服务既有客户，或是在新市场去开发新客户？

不同的市场、不同的客户都有不同的营销方式。什么叫市场营销？就是先找到客户是谁，然后想办法让客户从口袋把钱拿出来买你的东西。所以，在做创业计划书的时候，你就要知道：

- 真正的客户在哪里？
- 产品对客户有什么样的利益？
- 要用哪种营销方式？
- 通路是直销还是要找经销商？等等。

（十）营销策略

错误的营销策略是企业经营失败的最主要原因之一。在创业计划书中，营销策略应包括以下内容：

市场机构和营销渠道的选择；

营销队伍和管理；

促销计划和广告策略；

价格决策。

具体来说，你要说明：你的产品定位和品牌策略；现在和未来五年内的营销策略，包括销售和促销的方式、销售通路和销售点的设置方式、产品定价策略、不同销售量水平下的定价方法，以及广告和销售计划的各项成本；还要说明顾客服务体系建制构想和顾客关系管理的运作方式等。

（十一）制造计划

你要在创业计划书中详细提到产品制造计划。比如说：

- 建厂计划，包括厂房地点、设计和所需时间与成本；
- 制造流程、生产方法、质量管理方法，以及制造设备的需求；
- 物料需求结构，原料、零组件来源和成本管理、委托外制与外包管理情形；
- 产品各项固定成本与变动成本的说明，以及详细生产成本的预估；
- 生产计划，包括自制率、良品率、开工率、人力需求等。

（十二）财务规划

财务规划的重点是现金流量表、资产负债表和损益表的制备。

流动资金是企业的生命线，因此企业在初创或扩张时，对流动资金需要预先有周详的计划和进行过程中的严格控制；

损益表反映的是企业的盈利状况，它是企业在一段时间运作后的经营结果；

资产负债表则反映在某一时刻的企业状况，投资者可以用资产负债表中的数据得到的比率指标来衡量企业的经营状况以及可能的投资回报率。

（十三）募资说明

从企业的自身发展出发，说明对于未来三年间资金的需求，以及如何满足这些资金需求，可能来源包括：募资、借贷、信用融资等。

创业者还要说明这次募资的资金需求、获利保障或限制条款。

说明这次募资前后的股权结构变化，也需要指出一些关键投资人和经营团队在募资前后的股权数量变化情形。说明这次募资的使用计划，应尽量明确指出资金的具体用途。说明这次募资未来可能的投资报酬，包括回收方式、时机以及获利情形。

（十四）风险管理

经营企业会有一定的风险。在创业计划书中对风险进行分析，就是为了确认投资计划可能附随的风险，并以数据方式衡量风险对投资计划的影响，目的是向投资者说明风险的对应策略。

具体来说，创业者有义务告诉投资者你的公司在市场、竞争和技术方面都有哪些基本的风险？你准备怎样应付这些风险？在最好和最坏情形下，你的五年计划表现如何？等等。

如果你的风险估计不那么准确，应该估计出你的误差范围到底有多大。如果可能的话，对你的关键性参数作最好和最坏的设定。

（十五）结论

这一部分就是综合前面的分析和计划，最终说明你所创立的企业的整体竞争优势，指出整个创业计划的利基所在，并再次强调投资者投资你的企业，所能够得到的远大前景。

（十六）证明资料

在创业计划书中，还要列出一些证明的资料。比如，能够证实前述各项计划的数据；详细的制造流程与技术方面的数据；各种具有公信力来源的佐证资料；创业者详细的经历和自传等。

当然，我们在编制创业计划书时，可以根据具体情况进行安排，有些内容可以整合，一般以7～10个部分为宜。

四、创业计划书的编写步骤

我们详细介绍了创业计划书的具体内容。其实，有的创业计划书并不优秀，也不一定那么详细，但是同样成功融到了资。所以，创业计划书并没有固定的模式。你必须针对你的具体情况作出分析，写出真正适合你的企业的创业计划书。

一般来说，创业计划书的编写步骤如下：

第一阶段是经验学习阶段：在这个阶段，你要广泛地学习别人的经验，为自己所用。

第二阶段是创业构思阶段：在学习别人经验的基础上，你要开始构思自己的企业。

第三阶段是市场调研阶段：在这个阶段，要把你的构思付诸实践，用市场调研去证明。

第四阶段是方案起草阶段：调研完市场，你就可以正式落笔撰写创业计划书。

第五阶段是修饰完善阶段：提炼出摘要，放在前面；检查错别字；设计封面，编写目录。

第六阶段是最后检查阶段：你可以从以下几个方面加以检查，以作最后的改进：

你的创业计划书是否显示出你具有管理公司的经验；

你的创业计划书是否显示了你有能力偿还借款；

你的创业计划书是否显示出你已进行过完整的市场分析；

你的创业计划书是否容易被投资者所领会；

你的创业计划书中是否有计划摘要并放在了最前面，并将计划摘要写得引人入胜；

你的创业计划书是否在文法上全部正确；

你的创业计划书能否打消投资者对产品（服务）的疑虑。

在确认已经不需要再修改后，打印装订成册。

一般来说，创业计划书都是Word格式，以文字阐述为主。这种形式的优点是内容完整，结构严谨，能较好地反映公司的全貌；但缺点是往往篇幅较长，阅读费时费力，投资者难以把握重点。

比Word格式看上去更好一些的是PPT格式，也就是说你的创业计划书是以幻灯片的方式来表现的。这种形式的优点是生动活泼，重点突出，易于为人理解；但缺点是不够严谨和完整,难以全面细致地反映公司全貌。

所以,如果需要或者有可能,就考虑两种格式都准备一份,这样既能满足不同投资者的要求,也可以在形式上起到互补的作用。

关于创业计划书的篇幅问题,没有一个固定答案。可长可短,主要取决于你的创业内容。如果你所创立的是一个全新的行业,那么创业计划书一般会比较长;如果你所创立的企业已经有很多成熟的案例,那么篇幅相对就可以短一些。

五、创业计划书的基本类型

一般来说,创业计划书会因为需求对象的不同,有不同的内容重点和撰写方式,一般可以把创业计划书分成三种类型。

其一,是为了吸引投资者的注意,称之为简报摘要计划书。

其二,是为了满足投资评估上的需求,称之为评估创业计划书。

其三,是作为创业者事业发展规划的自我参考书,称之为经营管理计划书。

第一种创业计划书的作用是为了吸引投资者,是为创业筹集资金沟通的重要工具。几乎所有的投资者和融资机构都是在看到一份不错的创业计划书后,才展开进一步投资意向的洽谈。

投资家的专职工作就是投资,因此他们每天都会接到很多的创业项目。他们是不太可能花费太多的时间来判断每一项投资案是否具有吸引力的。所以,你可以制作一份不多于三页的简报摘要,把最能吸引投资者兴趣的内容标识出来,以引起投资者的高度兴趣。

所以,实际上,你为了满足多方面需要,还是必须准备一份完整翔实的创业计划书。

六、编写创业计划书的禁忌

(1)急功近利:不从自身实际出发,试图模仿大公司、大企业的管理经营模式。

(2)目光短浅:没有长远的发展规划,只看眼前利益,盲目地参与市场竞争。

(3)不切实际:忽略自身状况,所做规划和设计过于理想,违背实事求是的原则。

(4)忽视重点:过分强调盈利,忽视偿还借款这一重要问题。

写好创业计划书必须反复推敲,还要注意措辞上有无不妥,这样才能让投资者明确经营的规划、步骤和目标。任何创业都不能是盲目的,必须经过认真的思考、详细的调查分析以及客观的评价,而编写创业计划书恰恰可以帮助创业者理清思路,将各方面的创业信息进行汇总、分析,还可以激起潜在投资者的兴趣。

任务三　创业实务

大学生创业实践主要是指大学生通过创业实践活动,能看到自己和社会需要之间的差距,看到自身知识和能力上存在的不足,比较客观地去重新认识、评价自我,逐渐摆正个人与社会、个人与人民群众的位置。同时会产生一种紧迫感和危机感,能够潜心思考自身的发展问题,不断地去提高自身素质和能力,以适应社会发展的需要。

一、识别创业机会

创业是建立在机会基础上的。顾名思义,机会即恰好的时候、时机。创业机会,又称商业机会或市场机会,是指有吸引力的、较为持久的和适时的一种商务活动的空间,并最终表现在能够为消费者、客户创造价值、增加价值的产品或服务之中。创业机会来源于环境的变动、市场的不协调或混乱、信息的滞后、领先或缺口及各种各样的其他因素的影响。其根源在于事物的变化(包括产品、服务、市场等方面),创业者可以通过其本身特有的素质发现创业机会。

(一)影响识别创业机会的因素

对于是什么因素使得一些人更善于识别出有价值的创业机会,不少学者进行过研究,下面是取得共识的四类主要因素:

(1)先前经验。在特定产业中的先前经验有助于创业者识别出商业机会,这被称为"走廊原理"。它是指创业者一旦创建企业,他就开始了一段旅程,在这段旅程中,通向创业机会的"走廊"将变得清晰可见。这个原理提供的见解是,某个人一旦投身于某产业创业,这个人将比那些从产业外观察的人,更容易看到产业内的新机会。

(2)认知因素。机会识别可能是一项先天技能或一种认知过程。有些人认为,创业者有"第六感",使他们能看到别人错过的机会。多数创业者以这种观点看待自己,认为自己比别人更"警觉"。警觉很大程度上是一种习得性的技能;拥有某个领域更多知识的人,倾向于比其他人对该领域内的机会更警觉。

(3)社会关系网络。社会关系网络能带来承载创业机会的有价值信息,个人社会关系网络的深度和广度影响着机会识别。研究已经发现,社会关系网络是个体识别创业机会的主要来源,与强关系相比,弱关系更有助于个体识别创业机会。

(4)创造性。创造性是产生新奇或有用创意的过程。从某种程度上讲,机会识别是一个创造过程,是不断反复的创造性思维过程。在听到更多趣闻逸事的基础上,创业者会很容易看到创造性包含在许多产品、服务和业务的形成过程之中。

(二)识别创业机会的一般过程

创业者从成千上万繁杂的创意中选择了他心目中的创业机会,随之不断持续开发这一机会,使之成为真正的企业,直至最终收获成功。在这一过程中,机会的潜在预期价值及创业者的自身能力得到反复的权衡,创业者对创业机会的战略定位也越来越明确,这一过程被称为机会的识别过程。创业者采用种种手段来识别市场机会,这是一个思考和探索互动反复,并将创意进行转变的过程。

1. 创业机会信息的收集

创业机会信息收集是指通过各种方式获取创业所需要的信息。信息收集是信息得以利用的第一步,也是关键的一步。信息收集工作的好坏直接关系到整个创业活动工作的质量。

信息可以分为原始信息和加工信息两大类。原始信息是指在经济活动中直接产生或获取的数据、概念、知识、经验及其总结,是未经加工的信息。加工信息则是对原始信息经过加工、分析、改编和重组而形成的具有新形式、新内容的信息。两类信息都对创业活动发挥着不可替代的作用。

创业信息的主要类型包括以下方面:

(1)政治政策状况。

(2)经济发展状况。

(3)人口统计、社会文化与风土人情。

(4)技术发展趋势。

2. 创业机会信息的收集渠道

联合国教科文组织在其出版的《文献术语》中将信息源定义为:“组织或个人为满足其信息需要而获得信息的来源。”信息源一般分为实物型信息源、文献型信息源、电子型信息源和网络信息源。

(1)实物型信息源,又称现场信息源,是指具体的观察对象在运动过程中直接产生的有关信息,包括事物运动现场、学术讨论会、展览会等。

(2)文献型信息源,主要是指承载着系统的知识信息的各种载体信息源,包括图书、报纸、期刊、专利文献、学位论文、公文等。

(3)电子型信息源,是指通过使用电子技术实现信息传播的信息源,包括广播、电视、电子刊物等。

(4)网络信息源,是一种比较特殊的信息源,是指蕴藏在计算机网络,特别是互联网中的有关信息而形成的信息源。

3. 收集信息的方法

收集信息的方法主要有三种:间接法收集市场信息、直接法收集市场信息和新兴的网络调研信息方法。

(1)间接法收集市场信息。①互联网。②统计部门与各级各类政府主管部门公布的有关资料。③各种经济信息中心、专业信息咨询机构、各行业协会和联合会提供的市场信息和有关行业情报。④国内外有关的书籍、报纸、杂志所提供的文献资料,包括各种统计资料、广告资料、市场行情和各种预测资料等。⑤有关生产和经营机构提供的商品目录、广告说明书、专利资料及商品价目表等。⑥各地电台、电视台提供的有关市场信息。⑦各种国际组织、外国使馆、商会所提供的国际市场信息。⑧国内外各种博览会、展销会、交易会、订货会等促销会议,以及专业性、学术性经验交流会议上所发放的文件和材料。

(2)直接法收集市场信息。①问卷调查法。问卷调查法是以书面提出问题的方式搜集资料的一种研究方法。研究者将所要研究的问题编制成问题表格,以邮寄方式、当面作答或者追踪访问方式填答,从而了解被试者对某一现象或问题的看法和意见,所以又称问题表格法。问卷调查法的运用,关键在于编制问卷,选择被试者和结果分析。②面谈访问法。面谈访问法是通过访问信息收集对象,与之直接交谈而获得有关信息的方法。它又分为座谈采访、会议采访及电话采访和信函采访等方式。③观察法。观察法是通过开会、深入现场、参加生产和经营、实地采样、进行现场观察并准确记录(包括测绘、录音、录像、拍照、笔录等)调研情况。主要包括两个方面:一是对人的行为的观察,二是对客观事物的观察。观察法应用很广泛，常和询问法、搜集实物法结合使用，以提高所收集信息的可靠性。④实验法。实验法能通过实验过程获取其他手段难以获得的信息或结论。实验者通过主动控制实验条件，包括对参与者类型的恰当限定、对信息产生条件的恰当限定和对信息产生过程的合理设计，可以获得在真实状况下用调查法或观察法无法获得的某些重要的、能客观反映事物运动特征的有效信息，还可以在一定程度上直接观察和研究某些参量之间的相互关系，有利于对事物本质的研究。

(3)新兴的网络调研信息方法。主要有以下几种方法：①E－mail 问卷调研法。②网上焦点座谈法。③使用 BBS 电子公告板进行网络市场调研。④委托市场调查机构调查。⑤合作方式的网络市场调研。

(三)识别创业机会的常见方法

识别创业机会的常见方法主要有以下四个方面：

(1)新眼光调查。新眼光调查包括注重二级调查和开展初级调查。注重二级调查是指阅读某人的发现和出版的作品、利用互联网搜索数据、浏览寻找包含创业者所需要信息的报纸文章等。开展初级调查是指通过与顾客、供应商、销售商交谈和采访他们，直接与这个世界互动，了解正在发生什么以及将要发生什么。

(2)通过系统分析发现机会。实际上，绝大多数的机会都可以通过系统分析发现。人们可以从企业的宏观环境(政治、法律、技术、人口等)和微观环境(顾客、竞争对手、供应商等)的变化中发现机会。借助市场调研，从环境变化中发现机会，是机会发现的一般规律。

(3)通过问题分析和顾客建议发现机会。问题分析从一开始就要找出个人或组织的需求和他们面临的问题，这些需求和问题可能很明确，也可能很含蓄。一个有效并有回报的解决方法对创业者来说是识别机会的基础。这个分析需要全面了解顾客的需求，以及可能用来满足这些需求的手段。从顾客那里征求想法，一个新的机会可能会由顾客识别出来，因为他们知道自己究竟需要什么。所以说，顾客会为创业者提供机会。顾客建议多种多样，最简单的，他们会提出一些诸如“如果那样的话不是会很棒吗”这样的非正式建议，留意这些，有助于创业者发现创业机会。

(4)通过创造获得机会。这种方法在新技术行业中最为常见，它可能始于明确拟满足的市场需求，从而积极探索相应的新技术和新知识，也可能始于一项新技术发明，进而积极探索新技术的商业价值。通过创造获得机会比其他任何方式的难度都大，风险也更高。同时，如果能够成功，其回报也更大。这种情况下所产生的创新在人类所具有重大影响的创新中，居于压倒性的主导地位。索尼公司开发随身听就是一个很好的例子。索尼公司觉察到人们希望随身携带一个听音乐的设备，并利用公司微缩技术的核心能力从事项目研究，最终开发出划时代的产品——随身听，取得了巨大的成功。

二、整合创业资源

(一)创业资源的定义

创业资源是指新创企业在创立及成长过程中所需要的各种生产要素和支撑条件，包括有形与无形的资产。它是新创企业创立和运营的必要条件,是一种资源的重新整合,主要表现形式为:创业计划、创业资金、创业技术、创业人才、创业信息、社会关系等。

(二)创业资源的类型

创业资源的类型主要包括以下五个方面:

1. 直接资源和间接资源

直接资源指直接参与企业战略规划的战略要素,包括财务资源、经营管理资源、市场资源、人才资源;间接资源指对创业战略的规划起间接作用的要素,包括政策资源、信息资源、科技资源,这些要素对于创业成长的影响更多的是提供便利和支持,而非直接参与创业战略的制定和执行。

2. 组织资源、人力资源和物质资源

创业时期的资源就其重要性来说,分别有以下的细分:组织资源、人力资源、物质资源。由于企业新创,组织资源无疑是三类中较为薄弱的部分;而人力资源为创业时期最为关键的因素,创业者及其团队的洞察力、知识、能力、经验及社会关系影响到整个创业过程的开始与成功;同时,在企业新创时期,专门的知识技能往往掌握在创业者等少数人手中,因而此时的技术资源在事实上和人力资源紧密结合,并且上述两种资源可能成为企业竞争优势的重要来源。在物质资源中,创业时期的资源最初主要为财务资源和少量的厂房、设备等。

3. 核心资源与非核心资源

根据资源基础论,创业资源可分为核心资源与非核心资源。识别核心资源,立足核心资源,发挥非核心资源的辐射作用,实现创业资源的最优组合,这就是创业资源运用机制的基本思路。根据创业资源的分类,具体可作如下解释。

核心资源主要包括技术、管理和人力资源。这几类资源涉及创业企业有别于其他企业的核心竞争力,是创业机会识别、机会筛选和机会运用几大阶段的主线。必须以这几类要素资源为基点,扩展创业企业发展外延。人力资源对于企业来说,主要是一种知识财富,是企业创新的源泉。高素质人才的获取和开发是现代企业可持续发展的关键。管理资源又可理解为创业者资源。创业者自身素质对创业企业的成长有至关重要的作用。创业者的个性,对机遇的识别和把握,对其他资源的整合能力,都直接影响创业的成败。技术资源是一种积极的机会资源。对于新创企业来说,主动引进和寻找有商业价值的科技成果,是企业的立身之本和市场竞争之源。

非核心资源主要包括资金、场地和环境资源。如何有效地吸收资金资源,并保持稳定的资金周转率,实现预期盈利目标,是创业成功与否的瓶颈课题。场地资源指的是高科技企业用于研发、生产、经营的场所。良好的场地资源能够为企业大幅度降低运营成本,提供便利的生产经营环境,短期内累积更多的顾客或质优价廉的供应商。而环境资源作为一种外围资源影响着创业企业发展。例如,信息资源可以提供给创业者优厚的场地资金、管理团队等关键资源,文化资源可以促进管理资源的持续发展等。

4. 自有资源(或内部资源)和外部资源

自有资源来自内部机会积累,是创业者自身所拥有的可用于创业的资源,如创业者自身拥有的可用于创业的自有资金、自己拥有的技术、自己所获得的创业机会信息、自建的营销网络、控制的物质资源或管理才能等,甚至在有的时候,创业者所发现的创业机会就是其所拥有的唯一创业资源。

外部资源可以包括如朋友、亲戚、商务伙伴或其他投资者、投资人资金,或者包括借到的人、空间、设备或其他原材料(有时是由客户或供应商免费或廉价提供的),或通过提供未来服务、机会等换取到的,有些还可能是社会团体或政府资助的管理帮助计划。外部资源更多的来自外部机会发现,而外部机会发现在创业初期起着决定性作用。创业者在开始创业的时期面临的一个重要问题即资源不足和资源供给。一方面,企业的创新和成长必须消耗大量资源;另一方面,企业自身还很弱小,无法实现资源自我积累和增值。所以,企业只有识别机会,从外部获取到充足的创业资源,才能实现快速成长,这也是创业资源有别于一般企业资源的独特之处。对创业者来说,运用外部资源是一种非常重要的方法,在企业的创立和早期成长阶段尤其如此,其中关键是具有资源的使用权并能控制或影响资源部署。

自有资源的拥有状况将在很大程度上影响甚至决定创业者获取外部资源的结果。“打铁还需自身硬”,立志创业者首先要致力于扩大、提升自有资源。自有资源的拥有状况(特别是技术和人力资源)可以帮助创业者获得和运用外部资源。

5.起码资源和差异资源

一般来说我们不可能拥有前述谈到的所有资源,但进入创业阶段也必须要符合两个条件:一方面是要有进入一个行业的起码的资源,另一方面是具备差异性资源。如果任何条件均不具备,创业成功的可能性很小。对于准备创业的人来说,首先必须用书面的方式列出:进入这个行业的起码资源有哪些?我已经具备哪些?尚未具备的如何获取?进入这个行业的差异性资源是什么?我已经具备哪些?尚未具备的如何获取?

(三)影响创业资源获取的因素

影响创业资源获取的因素主要包括以下五个方面:

1.创业导向

创业导向是创业者在经营、实践和决策的过程中所采取的创新、承担风险、抢先行动、主动竞争和追求机会的一种态度或意愿。创业导向强调如何行动,是创业精神的表现过程,即创业导向的企业能自主行动,具备创新和风险承担的态度,面对竞争对手时积极应战,面临市场机会时超前行动。企业追求机会所表现出的创业导向,驱使企业寻求与整合资源,并创造财富。

2.创业者资源禀赋

创业者资源禀赋是指创业者所具有的与创业相关的自身素质和外在关系的总和,主要包括创业者的经济资本、社会资本和人力资本,它们能够为创业行为和新创企业生存与成长提供有价值的资源。大量的文献强调企业家资源禀赋在创业过程中的重要作用,认为企业家资源禀赋是创业行为过程的关键资源,甚至在一定程度上决定新创企业的资源构成特征。

3.创业者资源整合能力

新创企业资源整合能力是指在创业过程中,以人为载体,在资源整合过程中所表现出的对资源的识别、获取、配置和利用的主体能力。资源整合能力在创业的各个阶段发挥着极为重要的作用。在创业起步阶段,资源整合能力影响并决定了创业者对创业机会的评估、识别与开发,同时帮助创业者摆脱资源约束,取得所需资源;生存与成长阶段新创企业需要筹措更多的资源来满足自身的发展,创业者资源整合能力会对新创企业成长过程的战略决策与运营能力产生重要影响,资源整合的深度与广度将保障组织运作的持续性,进而影响创业绩效。

4. 创业团队

新创企业把创意变成产品或服务,把产品或服务市场化、产业化是一个艰苦的过程,必须组建好一个富有凝聚力和创新精神的创业团队,这是获取各项创业资源的重要前提,也是创业成功的一个基本保障。借助团队就可能拥有创业所需要的各种知识和经验,如顾客经验、产品经验、市场经验和创业经验等。同时,通过团队创业较个人创业能产生更好的绩效,其内在逻辑在于创业团队是一个特殊的群体,群体能够建立在各个成员不同的资源与能力基础之上,贡献并且整合差异化的知识、技能、能力、资金以及关系等各类资源,这些资源以及群体协作、集体创新、知识共享与共担风险产生的乘数效应,能够帮助新创企业更好地克服创新的风险和资源的约束。

5. 外部环境条件和政府政策支持

创业活跃程度的一个重要决定因素是创业的环境条件。创业环境与创业活跃程度呈很强的正相关关系。创业企业与创业环境有着密切的关系,而这种关系的核心是创业企业资源的需求和创业环境资源的供给所具有的有机联系。创业水平和创业资源受到外部环境因素的影响极大,尤其是政府的法规政策。创业环境好的地方一般会呈现较高的创业活动水平,而政府创业政策作为创业环境的重要内容是直接影响一个国家和地区创业活动水平的重要手段。

(四)获取创业资源的途径

创业资源是高科技企业创立以及成长过程中所需要的各种生产要素和支持条件。因此在创业过程中,应当积极拓展创业资源获取渠道。

1. 获取技术资源的途径

获取起步项目所依赖技术的途径主要有以下五点:

(1)吸引技术持有者加入创业团队。

(2)购买他人的成熟技术,并进行技术市场寿命分析等。

(3)购买他人的前景型技术,再通过后续的完善开发,使之达到商业化要求。

(4)同时购买技术和技术持有者。

(5)自己研发,但这种方式所需时间长,耗资大。

立志创业者应该随时关注各高校实验室、老师或者学生的研发成果,定期去国家专利局查阅各种申请专利,养成及时关注科技信息、浏览各种科技报道、留意科技成果并从中发现具有巨大商机的技术的习惯。

政府机构、同行创业者或同行企业、专业信息机构、图书馆、大学研究机构、新闻媒体、会议及互联网等,都是创业者获取信息的渠道,可以根据自己的实际情况和各种获取方式的特点，选择一种或多种方式，尽可能获取有效的需要的信息。

2. 获取人力资源的途径

这里的人力资源不是指新创企业成立以后需要招募的员工，而是指创业者及其团队拥有的知识、技能、经验、人际关系、商务网络等。

创业前，如果有可能，可以在读书期间做一些产品的校园或者地区代理，不管是热水袋、拖鞋、牛奶、化妆品还是手机卡、数码产品、婚纱店、美容店、家教中心等，都可以去尝试。这个过程中既能赚钱，增长关于市场的知识，还可以锻炼组织能力——因为往往要组织 2 ~ 3 人的小团队（团队人数切忌太多，2 ~ 3 个人就可以了，至多不要超过 5 个人）；也可以考虑进入一个企业为别人工作，通过打工的经历学习行业知识、建立客户资源渠道，了解企业运作的经验，学习开拓市场的方法，认识盈利模式。

为了创业而到一个公司工作，应该选择什么样的公司呢？是世界 500 强之类的大公司还是小公司呢？迪士尼公司前副总裁加里·威尔逊的观点："在一个小公司的资深层任职，可给你一种广阔的视野并向你提供更具创意的机会。小公司承受不了机构臃肿的压力，我了解发薪水时没有足够的现金情况会如何，我了解贷款付息 20% 时的情况如何。我涉猎范围广泛，为我在大公司制定发展经营战略打下了良好的基础。"

3. 获取营销网络的途径

营销网络将帮助新创企业产品或者服务走向市场，换回用户的"货币选票"。一般情况下，新创企业可通过以下途径拥有未来的营销网络：

（1）借用他人已有的营销网络，使用公共流通渠道。

（2）自建的营销网络与借用他人营销网络相结合，扬长避短，使营销网络更适应于新创企业的要求。

4. 获取外部资金资源的途径

对于外部资金，一般可通过以下五种途径获得：

（1）依靠亲朋好友筹集资金，双方形成债权债务关系。

（2）抵押、银行贷款或企业贷款。

（3）争取政府某个计划的资金支持。

（4）所有权融资，包括吸引新的拥有资金的创业同盟者加入创业团队，吸引现有企业以股东身份向新企业投资、参与创业活动，以及吸引企业孵化器或创业投资者的股权资金投入等。

（5）一份详尽可行的创业计划，以吸引一些大学生创业基金甚至风险投资基金的目光。在获取外部资源之前，记住一个企业家曾经说过的一段话："创业首先要用自己的钱干起来，你自己的钱不先投进去，凭什么让别人为你投钱？"

以上途径中，通过打工和创业实践来提升自己和团队的人力资源，通过创业计划获得支持，是大学生创业最能把握也是最需要把握的能力。

三、组建创业团队

一个优秀的创业团队，是企业不竭生命力的来源，是新企业生存和发展的核心，新企业的运作，追根究底是创业团队的运作。因此，创业团队的组建工作至关重要。

（一）组建创业团队的原则

组建创业团队一般要遵循下面的原则：

1. 人数合理

一般而言，创业团队的人数控制在 3～5 人为宜。刚开始创业的时候，往往会碰到很多意料不到的问题，人少了，团队的群体效应发挥不出来；人多了，团队思想不容易统一。人数合理，便于领导与任务分工协调地有效开展，保证各项工作完成的速度和质量，提高办事效率，占据有利的市场地位。

2. 技能互补

团队应包括的基本人才有：管理型人才，负责团队工作调配与应急事务处理等；营销型人才，负责创业计划书的起草修正及市场调研推广等；技术型人才，负责创业项目研发、技术支持和专业服务等。

3. 目标统一

目标在团队组建过程中具有特殊的价值。首先，目标是一种有效的激励因素，既能帮助团队成员看清未来发展方向，又能激励创业团队勇于克服困难，取得胜利。其次，目标是一种有效的协调因素。《孙子兵法》曰："上下同欲者胜。"团队中各种角色的个性、能力有所不同，只有目标真正一致、齐心协力的创业团队才会取得最终的胜利与成功。

4. 动态开放原则

创业过程是一个充满不确定性的过程，团队中可能因为能力、观念等多种原因不断有人离开，同时也有人在要求加入。因此，在组建创业团队时，应注意保持团队的动态性和开放性，使真正完美匹配的人员能被吸纳到创业团队中来。

（二）组建创业团队的模式

一般而言，创业团队在创建时可采用的组织形式主要有个人独资企业、公司制企业、合伙制企业等，每种形式各有其特点。

1. 个人独资企业

个人独资企业是指依法在中国境内设立，由一个自然人投资，财产为投资个人所有，投资人以其个人财产对企业债务承担无限责任的经营实体。按照《中华人民共和国个人独资企业法》的规定，设立个人独资企业应具备如下条件：①投资人为一个自然人；②有合法的企业名称；③有投资人申报的出资；④有固定的生产经营场所和必要的生产经营条件；⑤有必要的从业人员。

2. 公司制企业

公司制企业是一种以法人财产制度为核心，以科学规范的法人治理结构为基础，从事大规模生产经营活动，具有法人资格并依法设立的经济组织。公司制具有两个主要特点：①公司就是法人。公司是一个法人团体，具有法人地位，具有与自然人相同的民事行为能力，这是现代公司制的根本特点；②公司实现了股东最终财产所有权与法人财产权的分离。

我国法定公司形式有两种,即有限责任公司和股份有限公司。①有限责任公司的设立条件。根据《中华人民共和国公司法》(以下简称《公司法》)规定,有限责任公司的设立需要符合的条件包括:有限责任公司由50个以下股东出资设立;有限责任公司注册资本的最低限额为人民币3万元;股东共同制定公司章程;有公司名称,建立符合有限责任公司要求的组织机构;有公司住所。②股份有限公司的设立条件。根据《公司法》规定,股份有限公司的设立需要符合的条件包括:应当有2人以上200人以下为发起人,其中须有半数以上的发起人在中国境内有住所;股份有限公司注册资本的最低限额为人民币500万元;股份发行、筹办事项符合法律规定;发起人制定公司章程,采用募集方式设立的经创立大会通过;有公司名称,建立符合股份有限公司要求的组织机构;有公司住所。

3. 合伙制企业

合伙制企业是指由两人以上按照协议投资,共同经营、共负盈亏的企业。合伙制企业财产由全体合伙人共有,共同经营,合伙人对企业债务承担连带无限清偿责任。设立合伙制企业应符合的条件包括:有两个以上合伙人并且都依法承担无限责任;有书面合伙协议;有合伙人实际缴付的出资;有合伙企业的名称;有经营场所和从事合伙经营的必要条件。

(三)组建创业团队的程序

组建创业团队的程序主要包括以下六个方面:

1. 明确创业目标

一方面应明确自己的创业思路,另一方面必须将自己掌握的创业机会形成一定的创意,进而形成一个创业目标。总目标确定后,为了推动团队最终实现创业目标,再将总目标加以分解,设定若干可行的、阶段性的子目标。

2. 制订创业计划

一份完整的创业计划,必须包括创业核心团队的计划和人力资源计划。通过创业计划可以进一步明确创业团队的具体需求,比如人员的构成、素质和能力要求、数量要求等。创业团队的组建需要契合创业计划的要求,以匹配创业项目的运作。

3. 招募合适的人员

招募合适的人员是组建创业团队最关键的一步。创业团队成员的招募应考虑两个方面:一是互补性。创业团队至少需要管理、技术和营销三个方面的人才,只有这三个方面的人才形成良好的沟通协作关系后,创业团队才可能实现稳定高效。二是适度规模。这是保证团队高效运转的重要条件,团队成员一般为3~5人。

4. 职权划分

创业者要处理好责、权、利等各方面的关系,即确定每个成员所要负担的职责以及所享有的权限。根据创业计划的需要,明确团队成员的职责定位,可以使创业团队形成合力,共同实现创业目标,同时也可避免因职责不明、权力分配不明确引发的冲突。一般来说,创业团队越成熟,领导者所拥有的权力相应越小;在创业团队发展的初期,领导权相对比较集中。

5. 构建创业团队的制度体系

创业团队制度体系体现了创业团队对成员的控制和激励能力，主要包括团队的各种约束制度和各种激励制度。

6. 对团队进行调整融合

随着团队的运作，团队组建时在人员配备、制度设计、职权划分等方面的不合理之处会逐渐暴露出来，这时就需要对团队进行调整融合，这是一个动态持续的过程。

（四）完善创业团队建设机制的实施途径

完善创业团队建设机制的实施途径主要包括以下四个方面：

1. 树立共同目标和发展愿景，建立通畅的沟通渠道

在创业团队建设过程中，首先，要充分认识到创业过程的风险并将建立创业团队的共同愿景作为前提条件。团队创始成员必须认同团队的发展目标和方向，明确具体的工作目标和要求，严格遵循企业规范并建立个人的行为准则；其次，在创业过程中根据实际不断调整创业目标，保证团队目标的可行性；最后，目标要具备一定的激励性并符合所有团队成员的利益，以实现团队与成员的共同发展。畅通的沟通渠道是实现团队目标的重要保证。团队成员异质性的客观存在决定了团队必须进行有效的沟通，增强相互了解，化解冲突，提高工作效率。要完善团队机制，针对团队目标进行合理分工，明确成员的工作职责，在此基础上进行有效的协作，避免工作中不必要的冲突；应营造健康的企业文化，创造良好的工作氛围，融洽人际关系，促进团队成员之间相互信任和尊重。

2. 建立学习型组织

加强培训、保持团队的创造力和学习力，学习型组织对创业团队尤为重要，培养创业团队的内部学习气氛能充分发挥员工的创造性思维能力，使创业团队更为高效、更为人性化并可持续发展。创业企业在度过初创期后，可能会出现动态调整，包括原有成员退出和新成员加入。此时，保持创业团队的学习力和创造力至关重要，加强创业团队的团队价值观、业务技能、沟通合作技能、组织文化等方面的培训，提高成员的专业性和相互之间的默契度，是保持创业团队稳定与发展的关键。在具体实施手段上，既要分阶段地实施全员培训，又要对技术和管理方面的骨干成员重点培养，以实现团队整体能力的提升。

3. 完善团队建设机制

建立、健全薪酬、奖惩等各项制度，按照公平性、实用性与可行性原则，从绩效管理、激励、分配和约束四个方面建立和完善团队建设机制，具体包括：制定出兼顾团队利益和成员个人利益的绩效评估指标，以实现全面而公正的考核；使团队成员的性格特征与职务尽量匹配并运用目标管理法对每个成员进行工作目标分解，加强工作业绩考核和反馈；建立差异化激励方案，使每个成员的付出都得到回报。

4. 整合各类创业资源，保障创业团队的可持续发展

整合人力、资金、知识、信息等各类创新资源是创业团队建设的主要任务之一，应充分调动每一名团队成员的积极性，利用团队成员的人际关系渠道获取各类资源。如创业团队的

启动资金，可通过游说家人或从亲戚朋友处筹借，也可以利用平时兼职打工的报酬来筹集。创业团队要积极利用学校创业教育课程如 KAB 课程等，来提高自己的创业知识与技能；也可以向正在创业的学长们请教，借鉴他们的经验与教训；保持与专业老师的沟通，提高自己理论联系实际的能力。创业团队还要加强与外界的联系，建立信息资源平台，及时把握市场商机。总之，创业资源的整合是团队能力建设的体现并能保证创业团队可持续发展。

四、创办新企业

创业能否成功，与创业者的知识水平有着极大的关系。创业者应掌握必要的专业知识，当然，这并不是要求创业者必须完全具备这些专业知识才能去创业，但创业者本人要有不断提高自身知识水平的自觉性和实际行动。在市场竞争日益激烈的今天，单凭热情、勇气、经验或只有单一的专业知识，要想取得创业的成功是很困难的，这要求创业者必须理解和熟悉以下几个方面的信息和知识：企业登记注册知识、市场营销知识和创业法律知识。

（一）企业注册流程

创业企业从事经营活动，必须到工商行政管理部门办理登记手续，领取营业执照。如果从事特定行业的经营活动，还须事先取得相关主管部门的批准文件。企业设立后，需要税务登记，需要会计人员做财务，这其中涉及税法和财务知识，创业者需要了解企业需要缴纳哪些税项。

要遵循一定的流程，并需要到相应的政府部门登记审批。相关审批登记项目包括公司核名、经营项目审批、公司用章备案、验资、申领营业执照/组织机构代码证/税务登记证和银行开户等。

1. 公司核名

企业注册第一步就是公司名称审核，即核名。创业者需要到当地的工商行政管理部门进行公司名称注册申请，由工商行政管理部门进行综合审定，给予注册核准，并发放盖有工商行政管理部门名称登记专用章的“企业名称预先核准通知书”。此过程中，申办人需提供法人和股东的身份证复印件，并提供 2 ~ 10 个公司名称，写明经营范围、出资比例。公司名称要符合规范。例如，北京（地区名）+某某（企业名）+贸易（行业名）+有限公司（类型）。

2. 经营项目审批

如果初创企业的经营范围中涉及特种行业许可项目，则需报送相关部门报审盖章。特种许可项目涉及旅馆、印铸刻字、旧货、典当、拍卖等行业，需要消防、治安、环保、科委等行政部门审批。特种行业许可证办理，根据行业情况及相应部分规定不同，分为前置审批和后置审批。

3. 公司用章备案

企业办理工商注册登记过程中需要使用图章，由公安部门刻出。公司用章包括公章、财务章、法人章等。

4. 验资

按照《公司法》规定，投资者需要按照各自的出资比例，提供相关注册资金的证明，审计部门进行审计，通过后出具“验资报告”。

5. 申领营业执照

工商行政管理部门对企业提交的材料进行审查，确定符合企业登记申请，经工商行政管理部门核定，即发放“工商企业营业执照”，并公告企业成立。相关材料包括公司章程、名称预先审核通知书、法人和全体股东的身份证、公司住所证明复印件（房产证及租赁合同）、前置审批文件或证件、生产型企业的环境评估报告等。

6. 申请组织机构代码证

企业必须申请组织机构代码证。具体过程是由企业提出申请，通过审定后，到当地质量监督检验检疫局审批签章。

7. 办理税务登记证

税务登记证应到当地国税局办理。企业办理税务登记证应该提供的材料包括企业营业执照副本、组织机构代码证副本、经营场所产权证及租赁合同复印件、法人身份证、公司章程、验资报告及公章。

8. 银行开户

初创企业需设立基本账户，可根据企业的具体情况选择开户银行。银行开户应提供的材料包括营业执照正本、组织机构代码证正本、公司公章/法人章/财务专用章、法人身份证、国地税务登记证正本等。

（二）企业注册流程新政

为进一步深化行政审批制度改革，提高市场准入便利化程度，我国自 2013 年来，陆续推出企业注册登记制度改革新政。主要内容有以下五点：

（1）放宽注册资本登记条件。除法律、法规另有规定外，不再限制企业设立时股东（发起人）的首次出资比例和缴足出资的期限，实行由公司股东（发起人）自主约定认缴出资额、出资方式、出资期限等，并对缴纳出资情况真实性、合法性负责的制度。

（2）将企业年检制度改为年度报告制度，任何单位和个人均可查询，使企业相关信息透明化。建立公平规范的抽查制度，杜绝检查的随意性，提高政府管理的公平性和效能。

（3）按照方便注册和规范有序的原则，放宽市场主体住所（经营场所）登记条件，由地方政府具体规定。

（4）大力推进企业诚信制度建设。注重运用信息公示和共享等手段，将企业登记备案、年度报告、资质资格等通过市场主体信用信息系统予以公示；推行电子营业执照和全程电子化登记管理，与纸质营业执照具有同等法律效力；完善信用约束机制，将有违规行为的市场主体列入经营异常的“黑名录”，向社会公布，使其“一处违规、处处受限”，提高企业“失信成本”。

（5）启动“五证合一”登记制度改革。将由工商、质监、国税、地税、人力社保、统计等部门分别办理、各自发证(照),改为申请人“一表申请”,工商部门统一收件,质监、国税、地税、人力社保、统计部门并联审批,统一核发加载注册号、组织机构代码、税务登记证号(纳税人识别号)、社会保险登记证号和统计登记证号的营业执照。

推行注册登记制度改革,依照便捷高效、规范统一、宽进严管的原则,可以降低准入门槛,强化市场主体责任,促进形成诚信、公平、有序的市场秩序,最终目的是降低创业成本,激发社会投资活力。

(三)企业开办办法

注册企业之后,企业在正式营业之前还需要进行一系列的准备工作才能够进入正式运营的阶段。从人才、业务、管理、成本等角度,我们将这些准备工作分为员工、业务规范、规章制度、信息系统支撑与其他五大类供大家参考。好的开始是成功的一半,在企业运营前的准备中,我们需要运用管理的思想组织员工、设立规范,以期将未来运营的风险与成本降为最低。

第一,人才是企业创造力之源头,从公司人才的角度考虑,需要进行必要的招聘,确保需要的岗位上都有合适的人手,能够进行正常运营。若创业团队人手较齐全则可以不进行招聘。招聘之后,需要对员工进行培训,确保新进员工明白了解公司的业务流程与个人职责。

第二,从对业务管理的角度出发,需要有一套完善的业务流程,能够高效地把员工组织起来完成商业流程。即在先前的经验基础上,优化并设立业务流程,以确保能够长期为顾客提供水平稳定的服务。这种流程依赖于良好的员工培训,也往往需要信息系统的支持。

第三,从对人的管理的角度出发,需要设立企业规章制度与规范,包括员工工作时间、员工福利、业务流程等,在与员工、政府、其他企业的关系上都要尽量做到有章可循,避免混乱而增加管理成本。

第四,从运营与营销成本的角度出发,完成信息系统支持。在信息时代,公司的高速运转需要多类型的信息系统支撑,我们最常见的系统包括财务系统、销售结算系统、订单管理系统等,这些管理系统在减少公司运营成本、开辟新市场等方面具有重要的作用。初创企业在企业中种下信息化的基因,对今后的发展也有着重要作用。

第五,准备了上述基础工作后,我们还需要进行一些与企业主营业务相关的其他准备,包括设备与生产材料的准备等。例如,一个冰淇淋店,在开业之前则必须准备好冰淇淋加工机器、奶油、蛋卷、餐巾纸、POS 机等。对于互联网企业而言,这种准备则指内部测试与小范围测试。

在完成上述准备工作之后,一个企业便已经准备好进入营业状态了。在企业初创的过程中,我们会遇到非常多预料之外的问题,这非常正常,需要冷静分析解决。值得说明的是,在企业初期运营的过程中,需要对制定的规范与流程进行快速的反馈与调整,这是一个企业适应性的表现,是存活下来所必需的品质,保持洞察力、耐心与理智也是成功创业者的必备素质之一。

实训模拟

项目的SWOT分析

3～6人一组，组建团队，确定各人分工并制定发展规划，练习发掘创业机会并对本团队项目进行SWOT分析，验证创业机会。

<table>
<tr><td rowspan="2" colspan="2">内部分析
策略分析
外部分析</td><td colspan="2">内部能力分析</td></tr>
<tr><td>优势(S)：</td><td>劣势(W)：</td></tr>
<tr><td rowspan="2">外部环境分析</td><td>机会(O)：</td><td>S—O：</td><td>W—O：</td></tr>
<tr><td>威胁(T)：</td><td>S—T：</td><td>W—T：</td></tr>
</table>

项目十八 互联网与创业

自学导读

大学生对创业有着极高的热情，但失败率却很高，因此提高大学生创业成功率成为亟待解决的问题。在“互联网+”和双创的大背景下，通过对社会创业形势和创业项目互联网化的分析，从中总结出创业前景的一般规律，为大学生创业提供借鉴和方法；同时针对被采访大学生的创业困境，提取大学生遇到的有代表性和针对性的创业难题，综合探讨分析大学生创业的未来发展道路。

故事导航

人工智能在零售业的创新发展

人工智能（AI）是现代计算机科学技术在商业世界中的基石，几乎所有行业的所有公司都从自动化、定制化和推荐引擎中受益，从而将更多的消费者带入其业务场所，消费者也可以根据自己的兴趣找到适合自己的产品。

人工智能和新零售，这两个近期火爆的热词的结合，会把我们未来的购物体验带向何方？

例如，消费者可以不用真正试穿衣服，而通过AI技术，使用虚拟镜像来查看衣服穿在身上的样子，在短时间内尝试很多不同的衣服，从而确定哪件衣服更适合自己。而商家则可以通过观察消费者的面部表情和手势等方式来获取其购物体验感。消费者对商品的反应可以让商家了解该商品是否是潜在的热门商品。此外，推荐引擎可以更有效地帮商家找到适合的特定用户。

想象一下，在未来的某个奇妙的平行世界里，奥黛丽赫本和玛丽莲梦露同时走进一家精品时装店，门店会自动引导她们关注符合自己风格和品味的单品，从而以不同的动线逛完一家店，并且即使同样的服装，在她们阅读时也会显示出不同的描述方式，以适应她们不同的文化程度和关注点，并根据她们不同的反馈，作出关联推荐。

而当前，99%的零售店铺会给这两位女性提供完全一样的服务，因为在传统的零售市场分类里，她们年龄相仿（仅相差3岁），职业类型、事业成就和收入规模都应当归入同一类人群，即高收入、高价值、高时尚品味女性客群。

但是众所周知，她们的体型、性格、文化程度、品味偏好迥异，她们应当有完全不同的服装购物体验。

而这，正是人工智能技术在未来零售体验中应用的发展方向。

理论阐释

任务一　大学生自主创业的背景与意义

一、“互联网＋”的概述

“互联网＋”代表着一种新的经济形态，它指的是依托互联网信息技术实现互联网与传统产业的联合，以优化生产要素、更新业务体系、重构商业模式等途径来完成经济转型和升级。“互联网＋”计划的目的在于充分发挥互联网的优势，将互联网与传统产业深入融合，以产业升级提升经济生产力，最后实现社会财富的增加。

“互联网＋”概念的中心词是互联网，它是“互联网＋”计划的出发点。“互联网＋”计划具体可分为两个层次的内容来表述。一方面，可以将“互联网＋”概念中的文字“互联网”与符号“＋”分开理解。符号“＋”意为加号，即代表着添加与联合。这表明了“互联网＋”计划的应用范围为互联网与其他传统产业，它是针对不同产业间发展的一项新计划，应用手段则是通过互联网与传统产业进行联合和深入融合的方式进行；另一方面，“互联网＋”作为一个整体概念，其深层意义是通过传统产业的互联网化完成产业升级。互联网通过将开放、平等、互动等网络特性在传统产业的运用，通过大数据的分析与整合，试图理清供求关系，通过改造传统产业的生产方式、产业结构等内容，来增强经济发展动力，提升效益，从而促进国民经济健康有序发展。

“互联网＋”是两化融合的升级版，将互联网作为当前信息化发展的核心特征，提取出来，并与工业、商业、金融业等服务业的全面融合。这其中关键就是创新，只有创新才能让这个“＋”真正有价值、有意义。正因为此，“互联网＋”被认为是创新 2.0 下的互联网发展新形态、新业态，是知识社会创新 2.0 推动下的经济社会发展新形态演进。

通俗来说，“互联网＋”就是“互联网＋各个传统行业”，但这并不是简单的两者相加，而是利用信息通信技术以及互联网平台，让互联网与传统行业进行深度融合，创造新的发展生态。

二、“互联网＋”背景下大学生就业机遇

在 2015 年 3 月 5 日十二届全国人大三次会议上，李克强总理在政府工作报告中首次提出“互联网＋”行动计划。“互联网＋”代表一种新的经济形态，即充分发挥互联网在生产要素配置中的优化和集成作用，将互联网的创新成果深度融合于经济社会各项之中，提升实体经济的创新力和生产力，形成更广泛的以互联网为基础设施和实现工具的经济发展新形态。

简而言之，就是将互联网与传统各项经济行业相结合，充分利用现代信息化技术与互联网信息平台，推动传统行业经济发展新模式，实现传统经济模式与结构的改造升级。“互联网＋”概念的提出不仅促进了我国全产业链快速增长，给社会提供了大量的创业、就业机会，同时对企业人才素质和高等教育就业指导提出了更高的要求。大学生就业创业不仅面临前

所未有的机遇，也遭遇前所未有的挑战。

最近几年来，以“互联网＋”为代表的新经济蓬勃发展，不仅成为助推经济增长的新生动力，而且创造了大量新职业和新岗位。当今互联网的发展带动了一大批以云计算、物联网、大数据、人工智能等为主的互联网产业，互联网的应用正在全方位渗入各行各业。互联网的普及已经成为吃、穿、住、用、行中必不可少的一部分。“互联网＋”时代所产生的大量新兴就业机会属于伴随互联网时代长大的“90后”原住民。

（一）21世纪“互联网＋”增加了学生的就业机会

互联网与传统行业融合会发生一种聚变反应。高度的信息化、“互联网＋”衍生的移动互联网、智能制造、互联网金融、智能教育和智能生活进一步消融、弥合了传统经济社会中的很多盲点，推动了传统产业和企业的转型，使与互联网密切相关的产业都得以快速发展。例如，电子商务的快速增长不仅促进了全产业链快速增长，而且给社会提供了大量的就业机会。尤其是新兴的线上交易，导致了互联网行业的岗位需求量猛增，产生了网络工程师、数据运营师、产品设计师、游戏开发师、网店职业经理人、视觉设计师、网店培训师、网店运营、网络营销、网络模特等多种新型职业。

（二）21世纪“互联网＋”为大学生提供了更大的平台

“互联网＋”已经成为经济社会发展的“新常态”。“互联网＋”在经济领域带来的变革与成就有目共睹，互联网平台的力量为越来越多的人和企业所重视，而且有众多企业先后开始找寻自己的“互联网＋”。

2022年5月底，全国互联网宽带接入端口数量达10.3亿2022个，比上年末净增1238万个。其中，光纤接入（FTTH/O）端口达到9.79亿个，比上年末净增1931万个，占比由上年末的94.3%提升到95.1%。截至2022年6月，我国网民规模为10.51亿，互联网普及率达74.4%。在这其中，使用手机上网占比碾压式领先，比例达到99.6%。

作为全球最大的智能终端市场和拥有最高网购人群的市场，从规模、增长等数据可知，我国互联网经济产业发展状态良好，已成为世界一流的经济平台并成就了一大批微小企业和创业者。

（三）21世纪“互联网＋”为大学生提供了更低的就业和创业门槛

2021年4月22日，中国信通院发布了基于微信平台的《数字化就业新职业新岗位报告》，报告显示，由公众号、小程序、视频号、微信支付、企业微信等共同构成的微信生态，在2020年衍生就业机会3684万个，同比增长24.4%。自去年以来，微信生态以数字化能力催生新职业、新工种、新岗位，持续普惠中西部发展、降低就业门槛，为“稳岗拓岗、提质扩面”做出了积极贡献。数字化的迅猛发展带来数字化就业的快速崛起，也催生了一批又一批数字化、智能化、信息化新职业、新岗位。

调查数据显示，2020年与2019年相比，微信小程序运营者向中西部迁移，东部地区占比下降7.2%，中部、西部地区占比分别上升4.5%和3.5%。此外，视频号为代表的数字内容创作也以其较低的门槛有效带动了数字化后发地区的就业，云南、辽宁都进入了视频号就业机会前十省份。

2020 年 7 月，国家发改委等 13 部门联合印发《关于支持新业态新模式健康发展　激活消费市场带动扩大就业的意见》，鼓励大力发展微经济，明确指出支持线上多样化社交、短视频平台有序发展，鼓励微创新、微应用、微产品、微电影等万众创新。

而数字化正催生“平台型就业”“生态圈就业”不断发展，并激发新领域就业及“斜杠青年”“两栖青年”等年轻新势力，数字生态就业门槛逐步放宽，平台用工模式不断成熟，吸引越来越多的就业者“副业”转“主业”全职微经济，带动各个群体“稳就业”。

在数字生态能力和数字化工具的帮助下，就业门槛逐步放宽，向低学历人群扩散，专业知识与数字技能方面相对欠缺的人群也能快速学习并投身数字生态就业，释放更多的创造力和服务能力。2020 年微信小程序个人运营者本科以下学历就业者占比达 47%，微信视频号个人运营者本科以下学历占比达到 46.8%。

据调查显示，2020 年微信小程序、公众平台、视频号均有超过 60% 的主体雇佣了应届毕业生。

自 2015 年国家提出“互联网 +”战略以来，国务院办公厅明确提出“加大政策倾斜力度，积极推进大学生创业孵化基地建设，为自主创业的高校毕业生提供项目开发、开业指导、融资跟踪扶持等‘一条龙的创业服务’”，鼓励和扶持大学生自主创业。各个高校也不断完善学生互联网创业的政策和机制，在创业启动资金和其他方面提供支持，鼓励学生积极创业，以增加就业机会。目前，越来越多的大学生选择利用互联网门槛低的优势，积极进行创业尝试，而且很多学生利用淘宝和微商平台获得了巨大的成功。事实证明，互联网以其开放、包容的特点大大降低了全社会就业、创业的综合要求，大量新型工作岗位被创设，亦为大学生就业、创业提供更多信息。

（四）21 世纪“互联网 +”为大学生提供了更加平等的就业和创业环境

公众在互联网上发布和接收信息是平等的。互联网的开放与包容消除了时间、空间、身份等因素的差异，故不会因求职创业的社会成本不同而影响最终的结果。以就业创业环境中的性别差异为例，随着“互联网 +”创业潮的兴起，越来越多的女性创业者也投身互联网，通过移动互联网电商平台等获得了全新的创业机会。据相关数据显示，新兴市场中有 30% 的小微企业的创始人是女性，在阿里巴巴上开店的卖家中 55% 是女性，在女装等女性用品频道上大概有 100 家女性创业者开办的网店，是男性创业者的 5 倍。在传统观念中，女性处于就业、创业不利地位的情形正在改变，在“互联网 +”的大环境中，不论是男性还是女性都将获得更加公平的创业、就业机遇。

（五）21 世纪“互联网 +”拓宽了学生就业指导工作的渠道

较之传统高校就业指导工作，在“互联网 +”背景下，高校的就业指导工作渠道更加便利、丰富。目前，全国 80% 的高校大都建有就业指导网站，不仅在网页上提供各种就业信息、求职技能等，还利用 QQ 群、微信群、论坛等为学生提供在线指导服务，及时解答、解决学生就业中面临的种种问题。同时，高校就业指导教师还利用从互联网获得的就业形势数据，及时改变授课内容以提高就业指导的效率。

任务二 大学生互联网创业的主客观优势

一、成长于互联网时代，对网络十分了解

当代大学生，是伴随网络成长的最新一代，他们的生活处处有互联网的相伴，对网络的使用得心应手自不必说，他们还能够熟练运用网络来获取各种各样的信息，这使得这些大学生具有更全面的知识、更宽广的视野甚至更丰富的阅历，同时，他们具备敏锐的观察力、强大的信息搜索能力以及对未来趋势的预判能力，能够使他们更加准确的找到互联网与传统行业的联结点，从而进行二次创新。

二、执行力强，敢想敢干

透过一些社会现象、社会报道，我们不难看出，当代大学生具有很强的主见和执行力，从近些年兴起的“间隔年”现象可见一斑，如今很多大学生在毕业后工作前会选择这样一段真空期进行旅行、游学，去体味人生，完全异于以往的毕业——就业，甚至中间连一个月的断档都不愿出现的传统做法。看待问题有主见和敢想敢干的特质赋予大学生极强的行动力，使得他们在创新创业过程中更有魄力。

三、崇尚开放式管理，厌恶陈旧的管理模式

对当前的大学生来说，陈旧的管理制度越来越无法适应他们的个性需求。面对工作，大学生往往喜欢较为宽松的工作环境，崇尚西方的开放管理和弹性制度，希望能够充分安排自己的时间和工作计划。这些对于约束的厌恶，也是促成他们走出创业这一步的重要原因。当然，对所选行业的认同，也让他们可以为既定目标放手一搏。

综合以上三点，当代大学生应具备三点十分重要的创业者应具备的素质，即敏锐性、行动力以及开放的态度，可以帮助他们体察创业契机，并勇敢付诸实践。

任务三 大学生互联网创业的起步选择

互联网创业第一步很难迈，从自己的痛点做起，从自己的兴趣爱好做起，从自己的专业做起，这三个点是最容易启航的互联网创业点。

一、从自己的痛点做起

互联网创业，从何处起步？从自己的痛点做起！用户的痛点，就是创业的最好出发点。结合互联网的技术手段，寻找拥有相同痛点的人，用互联网和移动互联网来解决痛点，就是极佳的互联网创业出发点。

二、从自己的兴趣爱好做起

如果自己都不爱，又怎么能吸引到互联网黏性用户？有句话：业余时间决定你未来的职

业生涯。上学、上班做的事常常不是一个人所爱的，而是被迫的，但是业余时间痴迷的事却是不给钱甚至自己掏钱也愿意做的事。这个爱好吸引力如此之大，是否存在有相同爱好的人呢？你无妨将个人爱好与互联网社区或互联网产品相结合，做一个聚集所有与你有相似爱好的人的方案网站。你对他们够了解，因为你就是他！

三、从自己的专业做起

把你的专业放到互联网上去，让所有人参与。你也许是卖保险的，做销售的，做人力资源的，做文员的，做律师的，做生产检验的……无论你过去从事什么工作，都可以试着想一想如果将曾经的专业与互联网结合，服务大众，同时让大众能广泛参与进来。互联网创业，特点是连接性，连接你的用户和你及与你相同背景的人。

这三点看似不同其实都有一个共同点：即是你非常熟悉的点，你得熟悉自己的痛点、爱好和专业，比别人了解得都深入，这样你才能说服和你有相同点的人加入你的网站，聚合这群人。

实训模拟

e 国的悲剧

2000 年电子商务的明星企业，一度口号为“一小时配送到家”。“e 国 1 小时”在获得用户称赞的同时也获得了同样多的怀疑：“e 国 1 小时”带来了巨大的配送成本，e 国还能赚钱吗？卖得越多不是亏得越多？没有新资金的介入，e 国还能够支撑多久？

有的人则干脆认为“e 国 1 小时”只是“成功的市场运作而已”。有人算了一笔账，只要 e 国的订单每笔 10 元，就可以把它干掉。卖得越多，亏得越大，e 国面临着巨大的盈利压力。现今，e 国倒闭。

请分析 e 国的悲剧。

附 录

附录一 中华人民共和国劳动法

1994年7月5日第八届全国人民代表大会常务委员会第八次会议通过 根据2009年8月27日第十一届全国人民代表大会常务委员会第十次会议《关于修改部分法律的决定》第一次修正 根据2018年12月29日第十三届全国人民代表大会常务委员会第七次会议《关于修改〈中华人民共和国劳动法〉等七部法律的决定》第二次修正)

第一章 总 则

第一条 为了保护劳动者的合法权益,调整劳动关系,建立和维护适应社会主义市场经济的劳动制度,促进经济发展和社会进步,根据宪法,制定本法。

第二条 在中华人民共和国境内的企业、个体经济组织(以下统称用人单位)和与之形成劳动关系的劳动者,适用本法。

国家机关、事业组织、社会团体和与之建立劳动合同关系的劳动者,依照本法执行。

第三条 劳动者享有平等就业和选择职业的权利、取得劳动报酬的权利、休息休假的权利、获得劳动安全卫生保护的权利、接受职业技能培训的权利、享受社会保险和福利的权利、提请劳动争议处理的权利以及法律规定的其他劳动权利。

劳动者应当完成劳动任务,提高职业技能,执行劳动安全卫生规程,遵守劳动纪律和职业道德。

第四条 用人单位应当依法建立和完善规章制度,保障劳动者享有劳动权利和履行劳动义务。

第五条 国家采取各种措施,促进劳动就业,发展职业教育,制定劳动标准,调节社会收入,完善社会保险,协调劳动关系,逐步提高劳动者的生活水平。

第六条 国家提倡劳动者参加社会义务劳动,开展劳动竞赛和合理化建议活动,鼓励和保护劳动者进行科学研究、技术革新和发明创造,表彰和奖励劳动模范和先进工作者。

第七条 劳动者有权依法参加和组织工会。

工会代表和维护劳动者的合法权益,依法独立自主地开展活动。

第八条 劳动者依照法律规定,通过职工大会、职工代表大会或者其他形式,参与民主管理或者就保护劳动者合法权益与用人单位进行平等协商。

第九条 国务院劳动行政部门主管全国劳动工作。

县级以上地方人民政府劳动行政部门主管本行政区域内的劳动工作。

第二章 促进就业

第十条 国家通过促进经济和社会发展,创造就业条件,扩大就业机会。

国家鼓励企业、事业组织、社会团体在法律、行政法规规定的范围内兴办产业或者拓展经营，增加就业。

国家支持劳动者自愿组织起来就业和从事个体经营实现就业。

第十一条 地方各级人民政府应当采取措施，发展多种类型的职业介绍机构，提供就业服务。

第十二条 劳动者就业，不因民族、种族、性别、宗教信仰不同而受歧视。

第十三条 妇女享有与男子平等的就业权利。在录用职工时，除国家规定的不适合妇女的工种或者岗位外，不得以性别为由拒绝录用妇女或者提高对妇女的录用标准。

第十四条 残疾人、少数民族人员、退出现役的军人的就业，法律、法规有特别规定的，从其规定。

第十五条 禁止用人单位招用未满十六周岁的未成年人。

文艺、体育和特种工艺单位招用未满十六周岁的未成年人，必须遵守国家有关规定，并保障其接受义务教育的权利。

第三章 劳动合同和集体合同

第十六条 劳动合同是劳动者与用人单位确立劳动关系、明确双方权利和义务的协议。

建立劳动关系应当订立劳动合同。

第十七条 订立和变更劳动合同，应当遵循平等自愿、协商一致的原则，不得违反法律、行政法规的规定。

劳动合同依法订立即具有法律约束力，当事人必须履行劳动合同规定的义务。

第十八条 下列劳动合同无效：

(一)违反法律、行政法规的劳动合同；

(二)采取欺诈、威胁等手段订立的劳动合同。

无效的劳动合同，从订立的时候起，就没有法律约束力。确认劳动合同部分无效的，如果不影响其余部分的效力，其余部分仍然有效。

劳动合同的无效，由劳动争议仲裁委员会或者人民法院确认。

第十九条 劳动合同应当以书面形式订立，并具备以下条款：

(一)劳动合同期限；

(二)工作内容；

(三)劳动保护和劳动条件；

(四)劳动报酬；

(五)劳动纪律；

(六)劳动合同终止的条件；

(七)违反劳动合同的责任。

劳动合同除前款规定的必备条款外，当事人可以协商约定其他内容。

第二十条 劳动合同的期限分为有固定期限、无固定期限和以完成一定的工作为期限。

劳动者在同一用人单位连续工作满十年以上，当事人双方同意续延劳动合同的，如果劳动者提出订立无固定期限的劳动合同，应当订立无固定期限的劳动合同。

第二十一条 劳动合同可以约定试用期。试用期最长不得超过六个月。

第二十二条 劳动合同当事人可以在劳动合同中约定保守用人单位商业秘密的有关事项。

第二十三条 劳动合同期满或者当事人约定的劳动合同终止条件出现,劳动合同即行终止。

第二十四条 经劳动合同当事人协商一致,劳动合同可以解除。

第二十五条 劳动者有下列情形之一的,用人单位可以解除劳动合同:

(一)在试用期间被证明不符合录用条件的;

(二)严重违反劳动纪律或者用人单位规章制度的;

(三)严重失职,营私舞弊,对用人单位利益造成重大损害的;

(四)被依法追究刑事责任的。

第二十六条 有下列情形之一的,用人单位可以解除劳动合同,但是应当提前三十日以书面形式通知劳动者本人:

(一)劳动者患病或者非因工负伤,医疗期满后,不能从事原工作也不能从事由用人单位另行安排的工作的;

(二)劳动者不能胜任工作,经过培训或者调整工作岗位,仍不能胜任工作的;

(三)劳动合同订立时所依据的客观情况发生重大变化,致使原劳动合同无法履行,经当事人协商不能就变更劳动合同达成协议的。

第二十七条 用人单位濒临破产进行法定整顿期间或者生产经营状况发生严重困难,确需裁减人员的,应当提前三十日向工会或者全体职工说明情况,听取工会或者职工的意见,经向劳动行政部门报告后,可以裁减人员。

用人单位依据本条规定裁减人员,在六个月内录用人员的,应当优先录用被裁减的人员。

第二十八条 用人单位依据本法第二十四条、第二十六条、第二十七条的规定解除劳动合同的,应当依照国家有关规定给予经济补偿。

第二十九条 劳动者有下列情形之一的,用人单位不得依据本法第二十六条、第二十七条的规定解除劳动合同:

(一)患职业病或者因工负伤并被确认丧失或者部分丧失劳动能力的;

(二)患病或者负伤,在规定的医疗期内的;

(三)女职工在孕期、产期、哺乳期内的;

(四)法律、行政法规规定的其他情形。

第三十条 用人单位解除劳动合同,工会认为不适当的,有权提出意见。如果用人单位违反法律、法规或者劳动合同,工会有权要求重新处理;劳动者申请仲裁或者提起诉讼的,工会应当依法给予支持和帮助。

第三十一条 劳动者解除劳动合同,应当提前三十日以书面形式通知用人单位。

第三十二条 有下列情形之一的,劳动者可以随时通知用人单位解除劳动合同:

(一)在试用期内的;

（二）用人单位以暴力、威胁或者非法限制人身自由的手段强迫劳动的；

（三）用人单位未按照劳动合同约定支付劳动报酬或者提供劳动条件的。

第三十三条　企业职工一方与企业可以就劳动报酬、工作时间、休息休假、劳动安全卫生、保险福利等事项，签订集体合同。集体合同草案应当提交职工代表大会或者全体职工讨论通过。

集体合同由工会代表职工与企业签订；没有建立工会的企业，由职工推举的代表与企业签订。

第三十四条　集体合同签订后应当报送劳动行政部门；劳动行政部门自收到集体合同文本之日起十五日内未提出异议的，集体合同即行生效。

第三十五条　依法签订的集体合同对企业和企业全体职工具有约束力。职工个人与企业订立的劳动合同中劳动条件和劳动报酬等标准不得低于集体合同的规定。

第四章　工作时间和休息休假

第三十六条　国家实行劳动者每日工作时间不超过八小时、平均每周工作时间不超过四十四小时的工时制度。

第三十七条　对实行计件工作的劳动者，用人单位应当根据本法第三十六条规定的工时制度合理确定其劳动定额和计件报酬标准。

第三十八条　用人单位应当保证劳动者每周至少休息一日。

第三十九条　企业因生产特点不能实行本法第三十六条、第三十八条规定的，经劳动行政部门批准，可以实行其他工作和休息办法。

第四十条　用人单位在下列节日期间应当依法安排劳动者休假：

（一）元旦；

（二）春节；

（三）国际劳动节；

（四）国庆节；

（五）法律、法规规定的其他休假节日。

第四十一条　用人单位由于生产经营需要，经与工会和劳动者协商后可以延长工作时间，一般每日不得超过一小时；因特殊原因需要延长工作时间的，在保障劳动者身体健康的条件下延长工作时间每日不得超过三小时，但是每月不得超过三十六小时。

第四十二条　有下列情形之一的，延长工作时间不受本法第四十一条规定的限制：

（一）发生自然灾害、事故或者因其他原因，威胁劳动者生命健康和财产安全，需要紧急处理的；

（二）生产设备、交通运输线路、公共设施发生故障，影响生产和公众利益，必须及时抢修的；

（三）法律、行政法规规定的其他情形。

第四十三条　用人单位不得违反本法规定延长劳动者的工作时间。

第四十四条　有下列情形之一的，用人单位应当按照下列标准支付高于劳动者正常工作时间工资的工资报酬：

(一)安排劳动者延长工作时间的,支付不低于工资的百分之一百五十的工资报酬;

(二)休息日安排劳动者工作又不能安排补休的,支付不低于工资的百分之二百的工资报酬;

(三)法定休假日安排劳动者工作的,支付不低于工资的百分之三百的工资报酬。

第四十五条 国家实行带薪年休假制度。

劳动者连续工作一年以上的,享受带薪年休假。具体办法由国务院规定。

第五章 工 资

第四十六条 工资分配应当遵循按劳分配原则,实行同工同酬。

工资水平在经济发展的基础上逐步提高。国家对工资总量实行宏观调控。

第四十七条 用人单位根据本单位的生产经营特点和经济效益,依法自主确定本单位的工资分配方式和工资水平。

第四十八条 国家实行最低工资保障制度。最低工资的具体标准由省、自治区、直辖市人民政府规定,报国务院备案。

用人单位支付劳动者的工资不得低于当地最低工资标准。

第四十九条 确定和调整最低工资标准应当综合参考下列因素:

(一)劳动者本人及平均赡养人口的最低生活费用;

(二)社会平均工资水平;

(三)劳动生产率;

(四)就业状况;

(五)地区之间经济发展水平的差异。

第五十条 工资应当以货币形式按月支付给劳动者本人。不得克扣或者无故拖欠劳动者的工资。

第五十一条 劳动者在法定休假日和婚丧假期间以及依法参加社会活动期间,用人单位应当依法支付工资。

第六章 劳动安全卫生

第五十二条 用人单位必须建立、健全劳动安全卫生制度,严格执行国家劳动安全卫生规程和标准,对劳动者进行劳动安全卫生教育,防止劳动过程中的事故,减少职业危害。

第五十三条 劳动安全卫生设施必须符合国家规定的标准。

新建、改建、扩建工程的劳动安全卫生设施必须与主体工程同时设计、同时施工、同时投入生产和使用。

第五十四条 用人单位必须为劳动者提供符合国家规定的劳动安全卫生条件和必要的劳动防护用品,对从事有职业危害作业的劳动者应当定期进行健康检查。

第五十五条 从事特种作业的劳动者必须经过专门培训并取得特种作业资格。

第五十六条 劳动者在劳动过程中必须严格遵守安全操作规程。

劳动者对用人单位管理人员违章指挥、强令冒险作业,有权拒绝执行;对危害生命安全和身体健康的行为,有权提出批评、检举和控告。

第五十七条 国家建立伤亡事故和职业病统计报告和处理制度。县级以上各级人民政府劳动行政部门、有关部门和用人单位应当依法对劳动者在劳动过程中发生的伤亡事故和劳动者的职业病状况，进行统计、报告和处理。

第七章　女职工和未成年工特殊保护

第五十八条　国家对女职工和未成年工实行特殊劳动保护。

未成年工是指年满十六周岁未满十八周岁的劳动者。

第五十九条　禁止安排女职工从事矿山井下、国家规定的第四级体力劳动强度的劳动和其他禁忌从事的劳动。

第六十条　不得安排女职工在经期从事高处、低温、冷水作业和国家规定的第三级体力劳动强度的劳动。

第六十一条　不得安排女职工在怀孕期间从事国家规定的第三级体力劳动强度的劳动和孕期禁忌从事的劳动。对怀孕七个月以上的女职工，不得安排其延长工作时间和夜班劳动。

第六十二条　女职工生育享受不少于九十天的产假。

第六十三条　不得安排女职工在哺乳未满一周岁的婴儿期间从事国家规定的第三级体力劳动强度的劳动和哺乳期禁忌从事的其他劳动，不得安排其延长工作时间和夜班劳动。

第六十四条　不得安排未成年工从事矿山井下、有毒有害、国家规定的第四级体力劳动强度的劳动和其他禁忌从事的劳动。

第六十五条　用人单位应当对未成年工定期进行健康检查。

第八章　职业培训

第六十六条　国家通过各种途径，采取各种措施，发展职业培训事业，开发劳动者的职业技能，提高劳动者素质，增强劳动者的就业能力和工作能力。

第六十七条　各级人民政府应当把发展职业培训纳入社会经济发展的规划，鼓励和支持有条件的企业、事业组织、社会团体和个人进行各种形式的职业培训。

第六十八条　用人单位应当建立职业培训制度，按照国家规定提取和使用职业培训经费，根据本单位实际，有计划地对劳动者进行职业培训。

从事技术工种的劳动者，上岗前必须经过培训。

第六十九条　国家确定职业分类，对规定的职业制定职业技能标准，实行职业资格证书制度，由经备案的考核鉴定机构负责对劳动者实施职业技能考核鉴定。

第九章　社会保险和福利

第七十条　国家发展社会保险事业，建立社会保险制度，设立社会保险基金，使劳动者在年老、患病、工伤、失业、生育等情况下获得帮助和补偿。

第七十一条　社会保险水平应当与社会经济发展水平和社会承受能力相适应。

第七十二条　社会保险基金按照保险类型确定资金来源，逐步实行社会统筹。用人单位和劳动者必须依法参加社会保险，缴纳社会保险费。

第七十三条　劳动者在下列情形下，依法享受社会保险待遇：

（一）退休；

（二）患病、负伤；

(三)因工伤残或者患职业病;

(四)失业;

(五)生育。

劳动者死亡后,其遗属依法享受遗属津贴。

劳动者享受社会保险待遇的条件和标准由法律、法规规定。

劳动者享受的社会保险金必须按时足额支付。

第七十四条 社会保险基金经办机构依照法律规定收支、管理和运营社会保险基金,并负有使社会保险基金保值增值的责任。

社会保险基金监督机构依照法律规定,对社会保险基金的收支、管理和运营实施监督。

社会保险基金经办机构和社会保险基金监督机构的设立和职能由法律规定。

任何组织和个人不得挪用社会保险基金。

第七十五条 国家鼓励用人单位根据本单位实际情况为劳动者建立补充保险。

国家提倡劳动者个人进行储蓄性保险。

第七十六条 国家发展社会福利事业,兴建公共福利设施,为劳动者休息、休养和疗养提供条件。

用人单位应当创造条件,改善集体福利,提高劳动者的福利待遇。

第十章 劳动争议

第七十七条 用人单位与劳动者发生劳动争议,当事人可以依法申请调解、仲裁、提起诉讼,也可以协商解决。

调解原则适用于仲裁和诉讼程序。

第七十八条 解决劳动争议,应当根据合法、公正、及时处理的原则,依法维护劳动争议当事人的合法权益。

第七十九条 劳动争议发生后,当事人可以向本单位劳动争议调解委员会申请调解;调解不成,当事人一方要求仲裁的,可以向劳动争议仲裁委员会申请仲裁。当事人一方也可以直接向劳动争议仲裁委员会申请仲裁。对仲裁裁决不服的,可以向人民法院提起诉讼。

第八十条 在用人单位内,可以设立劳动争议调解委员会。劳动争议调解委员会由职工代表、用人单位代表和工会代表组成。劳动争议调解委员会主任由工会代表担任。

劳动争议经调解达成协议的,当事人应当履行。

第八十一条 劳动争议仲裁委员会由劳动行政部门代表、同级工会代表、用人单位方面的代表组成。劳动争议仲裁委员会主任由劳动行政部门代表担任。

第八十二条 提出仲裁要求的一方应当自劳动争议发生之日起六十日内向劳动争议仲裁委员会提出书面申请。仲裁裁决一般应在收到仲裁申请的六十日内作出。对仲裁裁决无异议的,当事人必须履行。

第八十三条 劳动争议当事人对仲裁裁决不服的,可以自收到仲裁裁决书之日起十五日内向人民法院提起诉讼。一方当事人在法定期限内不起诉又不履行仲裁裁决的,另一方当事人可以申请人民法院强制执行。

第八十四条 因签订集体合同发生争议,当事人协商解决不成的,当地人民政府劳动行政部门可以组织有关各方协调处理。

因履行集体合同发生争议，当事人协商解决不成的，可以向劳动争议仲裁委员会申请仲裁；对仲裁裁决不服的，可以自收到仲裁裁决书之日起十五日内向人民法院提起诉讼。

第十一章　监督检查

第八十五条　县级以上各级人民政府劳动行政部门依法对用人单位遵守劳动法律、法规的情况进行监督检查，对违反劳动法律、法规的行为有权制止，并责令改正。

第八十六条　县级以上各级人民政府劳动行政部门监督检查人员执行公务，有权进入用人单位了解执行劳动法律、法规的情况，查阅必要的资料，并对劳动场所进行检查。

县级以上各级人民政府劳动行政部门监督检查人员执行公务，必须出示证件，秉公执法并遵守有关规定。

第八十七条　县级以上各级人民政府有关部门在各自职责范围内，对用人单位遵守劳动法律、法规的情况进行监督。

第八十八条　各级工会依法维护劳动者的合法权益，对用人单位遵守劳动法律、法规的情况进行监督。

任何组织和个人对于违反劳动法律、法规的行为有权检举和控告。

第十二章　法律责任

第八十九条　用人单位制定的劳动规章制度违反法律、法规规定的，由劳动行政部门给予警告，责令改正；对劳动者造成损害的，应当承担赔偿责任。

第九十条 用人单位违反本法规定，延长劳动者工作时间的，由劳动行政部门给予警告，责令改正，并可以处以罚款。

第九十一条　用人单位有下列侵害劳动者合法权益情形之一的，由劳动行政部门责令支付劳动者的工资报酬、经济补偿，并可以责令支付赔偿金：

（一）克扣或者无故拖欠劳动者工资的；

（二）拒不支付劳动者延长工作时间工资报酬的；

（三）低于当地最低工资标准支付劳动者工资的；

（四）解除劳动合同后，未依照本法规定给予劳动者经济补偿的。

第九十二条　用人单位的劳动安全设施和劳动卫生条件不符合国家规定或者未向劳动者提供必要的劳动防护用品和劳动保护设施的，由劳动行政部门或者有关部门责令改正，可以处以罚款；情节严重的，提请县级以上人民政府决定责令停产整顿；对事故隐患不采取措施，致使发生重大事故，造成劳动者生命和财产损失的，对责任人员依照刑法有关规定追究刑事责任。

第九十三条　用人单位强令劳动者违章冒险作业，发生重大伤亡事故，造成严重后果的，对责任人员依法追究刑事责任。

第九十四条　用人单位非法招用未满十六周岁的未成年人的，由劳动行政部门责令改正，处以罚款；情节严重的，由市场监督管理部门吊销营业执照。

第九十五条　用人单位违反本法对女职工和未成年工的保护规定，侵害其合法权益的，由劳动行政部门责令改正，处以罚款；对女职工或者未成年工造成损害的，应当承担赔偿责任。

第九十六条　用人单位有下列行为之一，由公安机关对责任人员处以十五日以下拘留、罚款或者警告；构成犯罪的，对责任人员依法追究刑事责任：

（一）以暴力、威胁或者非法限制人身自由的手段强迫劳动的；

（二）侮辱、体罚、殴打、非法搜查和拘禁劳动者的。

第九十七条　由于用人单位的原因订立的无效合同，对劳动者造成损害的，应当承担赔偿责任。

第九十八条　用人单位违反本法规定的条件解除劳动合同或者故意拖延不订立劳动合同的，由劳动行政部门责令改正；对劳动者造成损害的，应当承担赔偿责任。

第九十九条　用人单位招用尚未解除劳动合同的劳动者，对原用人单位造成经济损失的，该用人单位应当依法承担连带赔偿责任。

第一百条　用人单位无故不缴纳社会保险费的，由劳动行政部门责令其限期缴纳；逾期不缴的，可以加收滞纳金。

第一百零一条　用人单位无理阻挠劳动行政部门、有关部门及其工作人员行使监督检查权，打击报复举报人员的，由劳动行政部门或者有关部门处以罚款；构成犯罪的，对责任人员依法追究刑事责任。

第一百零二条　劳动者违反本法规定的条件解除劳动合同或者违反劳动合同中约定的保密事项，对用人单位造成经济损失的，应当依法承担赔偿责任。

第一百零三条　劳动行政部门或者有关部门的工作人员滥用职权、玩忽职守、徇私舞弊，构成犯罪的，依法追究刑事责任；不构成犯罪的，给予行政处分。

第一百零四条　国家工作人员和社会保险基金经办机构的工作人员挪用社会保险基金，构成犯罪的，依法追究刑事责任。

第一百零五条　违反本法规定侵害劳动者合法权益，其他法律、行政法规已规定处罚的，依照该法律、行政法规的规定处罚。

第十三章　附　则

第一百零六条　省、自治区、直辖市人民政府根据本法和本地区的实际情况，规定劳动合同制度的实施步骤，报国务院备案。

第一百零七条　本法自 1995 年 1 月 1 日起施行。

附录二　中华人民共和国劳动争议调解仲裁法

中华人民共和国劳动争议调解仲裁法

中华人民共和国主席令第八十号

（2008 年 5 月 1 日）

第一章　总　则

第一条　为了公正及时解决劳动争议，保护当事人合法权益，促进劳动关系和谐稳定，制定本法。

第二条　中华人民共和国境内的用人单位与劳动者发生的下列劳动争议，适用本法：

（一）因确认劳动关系发生的争议；

（二）因订立、履行、变更、解除和终止劳动合同发生的争议；

（三）因除名、辞退和辞职、离职发生的争议；

（四）因工作时间、休息休假、社会保险、福利、培训以及劳动保护发生的争议；

（五）因劳动报酬、工伤医疗费、经济补偿或者赔偿金等发生的争议；

（六）法律、法规规定的其他劳动争议。

第三条　解决劳动争议，应当根据事实，遵循合法、公正、及时、着重调解的原则，依法保护当事人的合法权益。

第四条　发生劳动争议，劳动者可以与用人单位协商，也可以请工会或者第三方共同与用人单位协商，达成和解协议。

第五条　发生劳动争议，当事人不愿协商、协商不成或者达成和解协议后不履行的，可以向调解组织申请调解；不愿调解、调解不成或者达成调解协议后不履行的，可以向劳动争议仲裁委员会申请仲裁；

对仲裁裁决不服的，除本法另有规定的外，可以向人民法院提起诉讼。

第六条　发生劳动争议，当事人对自己提出的主张，有责任提供证据。与争议事项有关的证据属于用人单位掌握管理的，用人单位应当提供；用人单位不提供的，应当承担不利后果。

第七条　发生劳动争议的劳动者一方在十人以上，并有共同请求的，可以推举代表参加调解、仲裁或者诉讼活动。

第八条　县级以上人民政府劳动行政部门会同工会和企业方面代表建立协调劳动关系三方机制，共同研究解决劳动争议的重大问题。

第九条　用人单位违反国家规定，拖欠或者未足额支付劳动报酬，或者拖欠工伤医疗费、经济补偿或者赔偿金的，劳动者可以向劳动行政部门投诉，劳动行政部门应当依法处理。

第二章　调　解

第十条　发生劳动争议，当事人可以到下列调解组织申请调解：

（一）企业劳动争议调解委员会；

（二）依法设立的基层人民调解组织；

（三）在乡镇、街道设立的具有劳动争议调解职能的组织。

企业劳动争议调解委员会由职工代表和企业代表组成。职工代表由工会成员担任或者由全体职工推举产生，企业代表由企业负责人指定。企业劳动争议调解委员会主任由工会成员或者双方推举的人员担任。

第十一条　劳动争议调解组织的调解员应当由公道正派、联系群众、热心调解工作，并具有一定法律知识、政策水平和文化水平的成年公民担任。

第十二条　当事人申请劳动争议调解可以书面申请，也可以口头申请。口头申请的，调解组织应当当场记录申请人基本情况、申请调解的争议事项、理由和时间。

第十三条　调解劳动争议，应当充分听取双方当事人对事实和理由的陈述，耐心疏导，帮助其达成协议。

第十四条　经调解达成协议的，应当制作调解协议书。

调解协议书由双方当事人签名或者盖章，经调解员签名并加盖调解组织印章后生效，对双方当事人具有约束力，当事人应当履行。

自劳动争议调解组织收到调解申请之日起十五日内未达成调解协议的，当事人可以依法申请仲裁。

第十五条　达成调解协议后，一方当事人在协议约定期限内不履行调解协议的，另一方当事人可以依法申请仲裁。

第十六条　因支付拖欠劳动报酬、工伤医疗费、经济补偿或者赔偿金事项达成调解协议，用人单位在协议约定期限内不履行的，劳动者可以持调解协议书依法向人民法院申请支付令。人民法院应当依法发出支付令。

第三章　仲　裁

第一节　一般规定

第十七条　劳动争议仲裁委员会按照统筹规划、合理布局和适应实际需要的原则设立。省、自治区人民政府可以决定在市、县设立；直辖市人民政府可以决定在区、县设立。直辖市、设区的市也可以设立一个或者若干个劳动争议仲裁委员会。劳动争议仲裁委员会不按行政区划层层设立。

第十八条　国务院劳动行政部门依照本法有关规定制定仲裁规则。省、自治区、直辖市人民政府劳动行政部门对本行政区域的劳动争议仲裁工作进行指导。

第十九条　劳动争议仲裁委员会由劳动行政部门代表、工会代表和企业方面代表组成。劳动争议仲裁委员会组成人员应当是单数。

劳动争议仲裁委员会依法履行下列职责：

（一）聘任、解聘专职或者兼职仲裁员；

（二）受理劳动争议案件；

（三）讨论重大或者疑难的劳动争议案件；

（四）对仲裁活动进行监督。

劳动争议仲裁委员会下设办事机构，负责办理劳动争议仲裁委员会的日常工作。

第二十条　劳动争议仲裁委员会应当设仲裁员名册。

仲裁员应当公道正派并符合下列条件之一：

（一）曾任审判员的；

（二）从事法律研究、教学工作并具有中级以上职称的；

（三）具有法律知识、从事人力资源管理或者工会等专业工作满五年的；

（四）律师执业满三年的。

第二十一条 劳动争议仲裁委员会负责管辖本区域内发生的劳动争议。

劳动争议由劳动合同履行地或者用人单位所在地的劳动争议仲裁委员会管辖。双方当事人分别向劳动合同履行地和用人单位所在地的劳动争议仲裁委员会申请仲裁的，由劳动合同履行地的劳动争议仲裁委员会管辖。

第二十二条 发生劳动争议的劳动者和用人单位为劳动争议仲裁案件的双方当事人。

劳务派遣单位或者用工单位与劳动者发生劳动争议的，劳务派遣单位和用工单位为共同当事人。

第二十三条 与劳动争议案件的处理结果有利害关系的第三人，可以申请参加仲裁活动或者由劳动争议仲裁委员会通知其参加仲裁活动。

第二十四条 当事人可以委托代理人参加仲裁活动。委托他人参加仲裁活动，应当向劳动争议仲裁委员会提交有委托人签名或者盖章的委托书，委托书应当载明委托事项和权限。

第二十五条 丧失或者部分丧失民事行为能力的劳动者，由其法定代理人代为参加仲裁活动；无法定代理人的，由劳动争议仲裁委员会为其指定代理人。劳动者死亡的，由其近亲属或者代理人参加仲裁活动。

第二十六条 劳动争议仲裁公开进行，但当事人协议不公开进行或者涉及国家秘密、商业秘密和个人隐私的除外。

第二节　申请和受理

第二十七条 劳动争议申请仲裁的时效期间为一年。仲裁时效期间从当事人知道或者应当知道其权利被侵害之日起计算。

前款规定的仲裁时效，因当事人一方向对方当事人主张权利，或者向有关部门请求权利救济，或者对方当事人同意履行义务而中断。从中断时起，仲裁时效期间重新计算。

因不可抗力或者有其他正当理由，当事人不能在本条第一款规定的仲裁时效期间申请仲裁的，仲裁时效中止。从中止时效的原因消除之日起，仲裁时效期间继续计算。

劳动关系存续期间因拖欠劳动报酬发生争议的，劳动者申请仲裁不受本条第一款规定的仲裁时效期间的限制；但是，劳动关系终止的，应当自劳动关系终止之日起一年内提出。

第二十八条 申请人申请仲裁应当提交书面仲裁申请，并按照被申请人人数提交副本。

仲裁申请书应当载明下列事项：

（一）劳动者的姓名、性别、年龄、职业、工作单位和住所，用人单位的名称、住所和法定代表人或者主要负责人的姓名、职务；

（二）仲裁请求和所根据的事实、理由；

（三）证据和证据来源、证人姓名和住所。

书写仲裁申请确有困难的,可以口头申请,由劳动争议仲裁委员会记入笔录,并告知对方当事人。

第二十九条 劳动争议仲裁委员会收到仲裁申请之日起五日内,认为符合受理条件的,应当受理,并通知申请人;认为不符合受理条件的,应当书面通知申请人不予受理,并说明理由。对劳动争议仲裁委员会不予受理或者逾期未作出决定的,申请人可以就该劳动争议事项向人民法院提起诉讼。

第三十条 劳动争议仲裁委员会受理仲裁申请后,应当在五日内将仲裁申请书副本送达被申请人。

被申请人收到仲裁申请书副本后,应当在十日内向劳动争议仲裁委员会提交答辩书。劳动争议仲裁委员会收到答辩书后,应当在五日内将答辩书副本送达申请人。被申请人未提交答辩书的,不影响仲裁程序的进行。

第三节 开庭和裁决

第三十一条 劳动争议仲裁委员会裁决劳动争议案件实行仲裁庭制。仲裁庭由三名仲裁员组成,设首席仲裁员。简单劳动争议案件可以由一名仲裁员独任仲裁。

第三十二条 劳动争议仲裁委员会应当在受理仲裁申请之日起五日内将仲裁庭的组成情况书面通知当事人。

第三十三条 仲裁员有下列情形之一,应当回避,当事人也有权以口头或者书面方式提出回避申请:

(一)是本案当事人或者当事人、代理人的近亲属的;

(二)与本案有利害关系的;

(三)与本案当事人、代理人有其他关系,可能影响公正裁决的;

(四)私自会见当事人、代理人,或者接受当事人、代理人的请客送礼的。

劳动争议仲裁委员会对回避申请应当及时作出决定,并以口头或者书面方式通知当事人。

第三十四条 仲裁员有本法第三十三条第四项规定情形,或者有索贿受贿、徇私舞弊、枉法裁决行为的,应当依法承担法律责任。劳动争议仲裁委员会应当将其解聘。

第三十五条 仲裁庭应当在开庭五日前,将开庭日期、地点书面通知双方当事人。当事人有正当理由的,可以在开庭三日前请求延期开庭。是否延期,由劳动争议仲裁委员会决定。

第三十六条 申请人收到书面通知,无正当理由拒不到庭或者未经仲裁庭同意中途退庭的,可以视为撤回仲裁申请。

被申请人收到书面通知,无正当理由拒不到庭或者未经仲裁庭同意中途退庭的,可以缺席裁决。

第三十七条 仲裁庭对专门性问题认为需要鉴定的,可以交由当事人约定的鉴定机构鉴定;当事人没有约定或者无法达成约定的,由仲裁庭指定的鉴定机构鉴定。

根据当事人的请求或者仲裁庭的要求,鉴定机构应当派鉴定人参加开庭。当事人经仲裁庭许可,可以向鉴定人提问。

第三十八条 当事人在仲裁过程中有权进行质证和辩论。质证和辩论终结时，首席仲裁员或者独任仲裁员应当征询当事人的最后意见。

第三十九条 当事人提供的证据经查证属实的，仲裁庭应当将其作为认定事实的根据。

劳动者无法提供由用人单位掌握管理的与仲裁请求有关的证据，仲裁庭可以要求用人单位在指定期限内提供。用人单位在指定期限内不提供的，应当承担不利后果。

第四十条 仲裁庭应当将开庭情况记入笔录。当事人和其他仲裁参加人认为对自己陈述的记录有遗漏或者差错的，有权申请补正。如果不予补正，应当记录该申请。

笔录由仲裁员、记录人员、当事人和其他仲裁参加人签名或者盖章。

第四十一条 当事人申请劳动争议仲裁后，可以自行和解。达成和解协议的，可以撤回仲裁申请。

第四十二条 仲裁庭在作出裁决前，应当先行调解。

调解达成协议的，仲裁庭应当制作调解书。

调解书应当写明仲裁请求和当事人协议的结果。调解书由仲裁员签名，加盖劳动争议仲裁委员会印章，送达双方当事人。调解书经双方当事人签收后，发生法律效力。

调解不成或者调解书送达前，一方当事人反悔的，仲裁庭应当及时作出裁决。

第四十三条 仲裁庭裁决劳动争议案件，应当自劳动争议仲裁委员会受理仲裁申请之日起四十五日内结束。案情复杂需要延期的，经劳动争议仲裁委员会主任批准，可以延期并书面通知当事人，但是延长期限不得超过十五日。逾期未作出仲裁裁决的，当事人可以就该劳动争议事项向人民法院提起诉讼。

仲裁庭裁决劳动争议案件时，其中一部分事实已经清楚，可以就该部分先行裁决。

第四十四条 仲裁庭对追索劳动报酬、工伤医疗费、经济补偿或者赔偿金的案件，根据当事人的申请，可以裁决先予执行，移送人民法院执行。

仲裁庭裁决先予执行的，应当符合下列条件：

（一）当事人之间权利义务关系明确；

（二）不先予执行将严重影响申请人的生活。

劳动者申请先予执行的，可以不提供担保。

第四十五条 裁决应当按照多数仲裁员的意见作出，少数仲裁员的不同意见应当记入笔录。仲裁庭不能形成多数意见时，裁决应当按照首席仲裁员的意见作出。

第四十六条 裁决书应当载明仲裁请求、争议事实、裁决理由、裁决结果和裁决日期。裁决书由仲裁员签名，加盖劳动争议仲裁委员会印章。对裁决持不同意见的仲裁员，可以签名，也可以不签名。

第四十七条 下列劳动争议，除本法另有规定的外，仲裁裁决为终局裁决，裁决书自作出之日起发生法律效力：

（一）追索劳动报酬、工伤医疗费、经济补偿或者赔偿金，不超过当地月最低工资标准十二个月金额的争议；

（二）因执行国家的劳动标准在工作时间、休息休假、社会保险等方面发生的争议。

第四十八条 劳动者对本法第四十七条规定的仲裁裁决不服的，可以自收到仲裁裁决书之日起十五日内向人民法院提起诉讼。

第四十九条 用人单位有证据证明本法第四十七条规定的仲裁裁决有下列情形之一，可以自收到仲裁裁决书之日起三十日内向劳动争议仲裁委员会所在地的中级人民法院申请撤销裁决：

（一）适用法律、法规确有错误的；

（二）劳动争议仲裁委员会无管辖权的；

（三）违反法定程序的；

（四）裁决所根据的证据是伪造的；

（五）对方当事人隐瞒了足以影响公正裁决的证据的；

（六）仲裁员在仲裁该案时有索贿受贿、徇私舞弊、枉法裁决行为的。

人民法院经组成合议庭审查核实裁决有前款规定情形之一的，应当裁定撤销。

仲裁裁决被人民法院裁定撤销的，当事人可以自收到裁定书之日起十五日内就该劳动争议事项向人民法院提起诉讼。

第五十条 当事人对本法第四十七条规定以外的其他劳动争议案件的仲裁裁决不服的，可以自收到仲裁裁决书之日起十五日内向人民法院提起诉讼；期满不起诉的，裁决书发生法律效力。

第五十一条 当事人对发生法律效力的调解书、裁决书，应当依照规定的期限履行。一方当事人逾期不履行的，另一方当事人可以依照民事诉讼法的有关规定向人民法院申请执行。受理申请的人民法院应当依法执行。

第四章 附 则

第五十二条 事业单位实行聘用制的工作人员与本单位发生劳动争议的，依照本法执行；法律、行政法规或者国务院另有规定的，依照其规定。

第五十三条 劳动争议仲裁不收费。劳动争议仲裁委员会的经费由财政予以保障。

第五十四条 本法自 2008 年 5 月 1 日起施行。

附录三　中华人民共和国劳动合同法

（2007 年 6 月 29 日第十届全国人民代表大会常务委员会第二十八次会议通过 根据 2012 年 12 月 28 日第十一届全国人民代表大会常务委员会第三十次会议《关于修改 <中华人民共和国劳动合同法> 的决定》修正　主席令第 73 号）

第一章　总　则

第一条　【立法宗旨】为了完善劳动合同制度，明确劳动合同双方当事人的权利和义务，保护劳动者的合法权益，构建和发展和谐稳定的劳动关系，制定本法。

第二条　【适用范围】中华人民共和国境内的企业、个体经济组织、民办非企业单位等组织（以下称用人单位）与劳动者建立劳动关系，订立、履行、变更、解除或者终止劳动合同，适用本法。

国家机关、事业单位、社会团体和与其建立劳动关系的劳动者，订立、履行、变更、解除或者终止劳动合同，依照本法执行。

第三条　【基本原则】订立劳动合同，应当遵循合法、公平、平等自愿、协商一致、诚实信用的原则。

依法订立的劳动合同具有约束力，用人单位与劳动者应当履行劳动合同约定的义务。

第四条　【规章制度】用人单位应当依法建立和完善劳动规章制度，保障劳动者享有劳动权利、履行劳动义务。

用人单位在制定、修改或者决定有关劳动报酬、工作时间、休息休假、劳动安全卫生、保险福利、职工培训、劳动纪律以及劳动定额管理等直接涉及劳动者切身利益的规章制度或者重大事项时，应当经职工代表大会或者全体职工讨论，提出方案和意见，与工会或者职工代表平等协商确定。

在规章制度和重大事项决定实施过程中，工会或者职工认为不适当的，有权向用人单位提出，通过协商予以修改完善。

用人单位应当将直接涉及劳动者切身利益的规章制度和重大事项决定公示，或者告知劳动者。

第五条　【协调劳动关系三方机制】县级以上人民政府劳动行政部门会同工会和企业方面代表，建立健全协调劳动关系三方机制，共同研究解决有关劳动关系的重大问题。

第六条　【集体协商机制】工会应当帮助、指导劳动者与用人单位依法订立和履行劳动合同，并与用人单位建立集体协商机制，维护劳动者的合法权益。

第二章　劳动合同的订立

第七条　【劳动关系的建立】用人单位自用工之日起即与劳动者建立劳动关系。用人单位应当建立职工名册备查。

第八条　【用人单位的告知义务和劳动者的说明义务】用人单位招用劳动者时，应当如实告知劳动者工作内容、工作条件、工作地点、职业危害、安全生产状况、劳动报酬，以及劳动者要求了解的其他情况;用人单位有权了解劳动者与劳动合同直接相关的基本情况,劳动者应当如实说明。

第九条　【用人单位不得扣押劳动者证件和要求提供担保】用人单位招用劳动者,不得扣押劳动者的居民身份证和其他证件,不得要求劳动者提供担保或者以其他名义向劳动者收取财物。

第十条　【订立书面劳动合同】建立劳动关系,应当订立书面劳动合同。

已建立劳动关系,未同时订立书面劳动合同的,应当自用工之日起一个月内订立书面劳动合同。

用人单位与劳动者在用工前订立劳动合同的,劳动关系自用工之日起建立。

第十一条　【未订立书面劳动合同时劳动报酬不明确的解决】用人单位未在用工的同时订立书面劳动合同,与劳动者约定的劳动报酬不明确的,新招用的劳动者的劳动报酬按照集体合同规定的标准执行;没有集体合同或者集体合同未规定的,实行同工同酬。

第十二条　【劳动合同的种类】劳动合同分为固定期限劳动合同、无固定期限劳动合同和以完成一定工作任务为期限的劳动合同。

第十三条　【固定期限劳动合同】固定期限劳动合同,是指用人单位与劳动者约定合同终止时间的劳动合同。

用人单位与劳动者协商一致,可以订立固定期限劳动合同。

第十四条　【无固定期限劳动合同】无固定期限劳动合同,是指用人单位与劳动者约定无确定终止时间的劳动合同。

用人单位与劳动者协商一致,可以订立无固定期限劳动合同。有下列情形之一,劳动者提出或者同意续订、订立劳动合同的,除劳动者提出订立固定期限劳动合同外,应当订立无固定期限劳动合同:

(一)劳动者在该用人单位连续工作满十年的;

(二)用人单位初次实行劳动合同制度或者国有企业改制重新订立劳动合同时,劳动者在该用人单位连续工作满十年且距法定退休年龄不足十年的;

(三)连续订立二次固定期限劳动合同,且劳动者没有本法第三十九条和第四十条第一项、第二项规定的情形,续订劳动合同的。

用人单位自用工之日起满一年不与劳动者订立书面劳动合同的,视为用人单位与劳动者已订立无固定期限劳动合同。

第十五条　【以完成一定工作任务为期限的劳动合同】以完成一定工作任务为期限的劳动合同,是指用人单位与劳动者约定以某项工作的完成为合同期限的劳动合同。

用人单位与劳动者协商一致,可以订立以完成一定工作任务为期限的劳动合同。

第十六条　【劳动合同的生效】劳动合同由用人单位与劳动者协商一致,并经用人单位与劳动者在劳动合同文本上签字或者盖章生效。

劳动合同文本由用人单位和劳动者各执一份。

第十七条　【劳动合同的内容】劳动合同应当具备以下条款:

(一)用人单位的名称、住所和法定代表人或者主要负责人;

（二）劳动者的姓名、住址和居民身份证或者其他有效身份证件号码；

（三）劳动合同期限；

（四）工作内容和工作地点；

（五）工作时间和休息休假；

（六）劳动报酬；

（七）社会保险；

（八）劳动保护、劳动条件和职业危害防护；

（九）法律、法规规定应当纳入劳动合同的其他事项。

劳动合同除前款规定的必备条款外，用人单位与劳动者可以约定试用期、培训、保守秘密、补充保险和福利待遇等其他事项。

第十八条 【劳动合同对劳动报酬和劳动条件约定不明确的解决】劳动合同对劳动报酬和劳动条件等标准约定不明确，引发争议的，用人单位与劳动者可以重新协商；协商不成的，适用集体合同规定；没有集体合同或者集体合同未规定劳动报酬的，实行同工同酬；没有集体合同或者集体合同未规定劳动条件等标准的，适用国家有关规定。

第十九条 【试用期】劳动合同期限三个月以上不满一年的，试用期不得超过一个月；劳动合同期限一年以上不满三年的，试用期不得超过二个月；三年以上固定期限和无固定期限的劳动合同，试用期不得超过六个月。

同一用人单位与同一劳动者只能约定一次试用期。

以完成一定工作任务为期限的劳动合同或者劳动合同期限不满三个月的，不得约定试用期。

试用期包含在劳动合同期限内。劳动合同仅约定试用期的，试用期不成立，该期限为劳动合同期限。

第二十条 【试用期工资】劳动者在试用期的工资不得低于本单位相同岗位最低档工资或者劳动合同约定工资的百分之八十，并不得低于用人单位所在地的最低工资标准。

第二十一条 【试用期内解除劳动合同】在试用期中，除劳动者有本法第三十九条和第四十条第一项、第二项规定的情形外，用人单位不得解除劳动合同。用人单位在试用期解除劳动合同的，应当向劳动者说明理由。

第二十二条 【服务期】用人单位为劳动者提供专项培训费用，对其进行专业技术培训的，可以与该劳动者订立协议，约定服务期。

劳动者违反服务期约定的，应当按照约定向用人单位支付违约金。违约金的数额不得超过用人单位提供的培训费用。用人单位要求劳动者支付的违约金不得超过服务期尚未履行部分所应分摊的培训费用。

用人单位与劳动者约定服务期的，不影响按照正常的工资调整机制提高劳动者在服务期期间的劳动报酬。

第二十三条 【保密义务和竞业限制】用人单位与劳动者可以在劳动合同中约定保守用人单位的商业秘密和与知识产权相关的保密事项。

对负有保密义务的劳动者，用人单位可以在劳动合同或者保密协议中与劳动者约定竞业限制条款,并约定在解除或者终止劳动合同后,在竞业限制期限内按月给予劳动者经济补偿。劳动者违反竞业限制约定的,应当按照约定向用人单位支付违约金。

第二十四条 【竞业限制的范围和期限】竞业限制的人员限于用人单位的高级管理人员、高级技术人员和其他负有保密义务的人员。竞业限制的范围、地域、期限由用人单位与劳动者约定,竞业限制的约定不得违反法律、法规的规定。

在解除或者终止劳动合同后,前款规定的人员到与本单位生产或者经营同类产品、从事同类业务的有竞争关系的其他用人单位,或者自己开业生产或者经营同类产品、从事同类业务的竞业限制期限,不得超过二年。

第二十五条 【违约金】除本法第二十二条和第二十三条规定的情形外,用人单位不得与劳动者约定由劳动者承担违约金。

第二十六条 【劳动合同的无效】下列劳动合同无效或者部分无效:

(一)以欺诈、胁迫的手段或者乘人之危,使对方在违背真实意思的情况下订立或者变更劳动合同的;

(二)用人单位免除自己的法定责任、排除劳动者权利的;

(三)违反法律、行政法规强制性规定的。

对劳动合同的无效或者部分无效有争议的,由劳动争议仲裁机构或者人民法院确认。

第二十七条 【劳动合同部分无效】劳动合同部分无效,不影响其他部分效力的,其他部分仍然有效。

第二十八条 【劳动合同无效后劳动报酬的支付】劳动合同被确认无效,劳动者已付出劳动的,用人单位应当向劳动者支付劳动报酬。劳动报酬的数额,参照本单位相同或者相近岗位劳动者的劳动报酬确定。

第三章 劳动合同的履行和变更

第二十九条 【劳动合同的履行】用人单位与劳动者应当按照劳动合同的约定,全面履行各自的义务。

第三十条 【劳动报酬】用人单位应当按照劳动合同约定和国家规定,向劳动者及时足额支付劳动报酬。

用人单位拖欠或者未足额支付劳动报酬的,劳动者可以依法向当地人民法院申请支付令,人民法院应当依法发出支付令。

第三十一条 【加班】用人单位应当严格执行劳动定额标准,不得强迫或者变相强迫劳动者加班。用人单位安排加班的,应当按照国家有关规定向劳动者支付加班费。

第三十二条 【劳动者拒绝违章指挥、强令冒险作业】劳动者拒绝用人单位管理人员违章指挥、强令冒险作业的,不视为违反劳动合同。

劳动者对危害生命安全和身体健康的劳动条件,有权对用人单位提出批评、检举和控告。

第三十三条 【用人单位名称、法定代表人等的变更】用人单位变更名称、法定代表人、主要负责人或者投资人等事项,不影响劳动合同的履行。

第三十四条 【用人单位合并或者分立】用人单位发生合并或者分立等情况,原劳动合同继续有效,劳动合同由承继其权利和义务的用人单位继续履行。

第三十五条 【劳动合同的变更】用人单位与劳动者协商一致,可以变更劳动合同约定的内容。变更劳动合同,应当采用书面形式。

变更后的劳动合同文本由用人单位和劳动者各执一份。

第四章 劳动合同的解除和终止

第三十六条 【协商解除劳动合同】用人单位与劳动者协商一致,可以解除劳动合同。

第三十七条 【劳动者提前通知解除劳动合同】劳动者提前三十日以书面形式通知用人单位,可以解除劳动合同。劳动者在试用期内提前三日通知用人单位,可以解除劳动合同。

第三十八条 【劳动者单方解除劳动合同】用人单位有下列情形之一的,劳动者可以解除劳动合同:

(一)未按照劳动合同约定提供劳动保护或者劳动条件的;

(二)未及时足额支付劳动报酬的;

(三)未依法为劳动者缴纳社会保险费的;

(四)用人单位的规章制度违反法律、法规的规定,损害劳动者权益的;

(五)因本法第二十六条第一款规定的情形致使劳动合同无效的;

(六)法律、行政法规规定劳动者可以解除劳动合同的其他情形。

用人单位以暴力、威胁或者非法限制人身自由的手段强迫劳动者劳动的,或者用人单位违章指挥、强令冒险作业危及劳动者人身安全的,劳动者可以立即解除劳动合同,不需事先告知用人单位。

第三十九条 【用人单位单方解除劳动合同(过失性辞退)】劳动者有下列情形之一的,用人单位可以解除劳动合同:

(一)在试用期间被证明不符合录用条件的;

(二)严重违反用人单位的规章制度的;

(三)严重失职,营私舞弊,给用人单位造成重大损害的;

(四)劳动者同时与其他用人单位建立劳动关系,对完成本单位的工作任务造成严重影响,或者经用人单位提出,拒不改正的;

(五)因本法第二十六条第一款第一项规定的情形致使劳动合同无效的;

(六)被依法追究刑事责任的。

第四十条 【无过失性辞退】有下列情形之一的,用人单位提前三十日以书面形式通知劳动者本人或者额外支付劳动者一个月工资后,可以解除劳动合同:

(一)劳动者患病或者非因工负伤,在规定的医疗期满后不能从事原工作,也不能从事由用人单位另行安排的工作的;

(二)劳动者不能胜任工作,经过培训或者调整工作岗位,仍不能胜任工作的;

(三)劳动合同订立时所依据的客观情况发生重大变化,致使劳动合同无法履行,经用人单位与劳动者协商,未能就变更劳动合同内容达成协议的。

第四十一条 【经济性裁员】有下列情形之一,需要裁减人员二十人以上或者裁减不足二十人但占企业职工总数百分之十以上的,用人单位提前三十日向工会或者全体职工说明

情况,听取工会或者职工的意见后,裁减人员方案经向劳动行政部门报告,可以裁减人员:

(一)依照企业破产法规定进行重整的;

(二)生产经营发生严重困难的;

(三)企业转产、重大技术革新或者经营方式调整,经变更劳动合同后,仍需裁减人员的;

(四)其他因劳动合同订立时所依据的客观经济情况发生重大变化,致使劳动合同无法履行的。

裁减人员时,应当优先留用下列人员:

(一)与本单位订立较长期限的固定期限劳动合同的;

(二)与本单位订立无固定期限劳动合同的;

(三)家庭无其他就业人员,有需要扶养的老人或者未成年人的。

用人单位依照本条第一款规定裁减人员,在六个月内重新招用人员的,应当通知被裁减的人员,并在同等条件下优先招用被裁减的人员。

第四十二条 【用人单位不得解除劳动合同的情形】劳动者有下列情形之一的,用人单位不得依照本法第四十条、第四十一条的规定解除劳动合同:

(一)从事接触职业病危害作业的劳动者未进行离岗前职业健康检查,或者疑似职业病病人在诊断或者医学观察期间的;

(二)在本单位患职业病或者因工负伤并被确认丧失或者部分丧失劳动能力的;

(三)患病或者非因工负伤,在规定的医疗期内的;

(四)女职工在孕期、产期、哺乳期的;

(五)在本单位连续工作满十五年,且距法定退休年龄不足五年的;

(六)法律、行政法规规定的其他情形。

第四十三条 【工会在劳动合同解除中的监督作用】用人单位单方解除劳动合同,应当事先将理由通知工会。用人单位违反法律、行政法规规定或者劳动合同约定的,工会有权要求用人单位纠正。用人单位应当研究工会的意见,并将处理结果书面通知工会。

第四十四条 【劳动合同的终止】有下列情形之一的,劳动合同终止:

(一)劳动合同期满的;

(二)劳动者开始依法享受基本养老保险待遇的;

(三)劳动者死亡,或者被人民法院宣告死亡或者宣告失踪的;

(四)用人单位被依法宣告破产的;

(五)用人单位被吊销营业执照、责令关闭、撤销或者用人单位决定提前解散的;

(六)法律、行政法规规定的其他情形。

第四十五条 【劳动合同的逾期终止】劳动合同期满,有本法第四十二条规定情形之一的,劳动合同应当续延至相应的情形消失时终止。但是,本法第四十二条第二项规定丧失或者部分丧失劳动能力劳动者的劳动合同的终止,按照国家有关工伤保险的规定执行。

第四十六条 【经济补偿】有下列情形之一的,用人单位应当向劳动者支付经济补偿:

(一)劳动者依照本法第三十八条规定解除劳动合同的;

（二）用人单位依照本法第三十六条规定向劳动者提出解除劳动合同并与劳动者协商一致解除劳动合同的；

（三）用人单位依照本法第四十条规定解除劳动合同的；

（四）用人单位依照本法第四十一条第一款规定解除劳动合同的；

（五）除用人单位维持或者提高劳动合同约定条件续订劳动合同，劳动者不同意续订的情形外，依照本法第四十四条第一项规定终止固定期限劳动合同的；

（六）依照本法第四十四条第四项、第五项规定终止劳动合同的；

（七）法律、行政法规规定的其他情形。

第四十七条 【经济补偿的计算】经济补偿按劳动者在本单位工作的年限，每满一年支付一个月工资的标准向劳动者支付。六个月以上不满一年的，按一年计算；不满六个月的，向劳动者支付半个月工资的经济补偿。

劳动者月工资高于用人单位所在直辖市、设区的市级人民政府公布的本地区上年度职工月平均工资三倍的，向其支付经济补偿的标准按职工月平均工资三倍的数额支付，向其支付经济补偿的年限最高不超过十二年。

本条所称月工资是指劳动者在劳动合同解除或者终止前十二个月的平均工资。

第四十八条 【违法解除或者终止劳动合同的法律后果】用人单位违反本法规定解除或者终止劳动合同，劳动者要求继续履行劳动合同的，用人单位应当继续履行；劳动者不要求继续履行劳动合同或者劳动合同已经不能继续履行的，用人单位应当依照本法第八十七条规定支付赔偿金。

第四十九条 【社会保险关系跨地区转移接续】国家采取措施，建立健全劳动者社会保险关系跨地区转移接续制度。

第五十条 【劳动合同解除或者终止后双方的义务】用人单位应当在解除或者终止劳动合同时出具解除或者终止劳动合同的证明，并在十五日内为劳动者办理档案和社会保险关系转移手续。

劳动者应当按照双方约定，办理工作交接。用人单位依照本法有关规定应当向劳动者支付经济补偿的，在办结工作交接时支付。

用人单位对已经解除或者终止的劳动合同的文本，至少保存二年备查。

第五章　特别规定

第一节　集体合同

第五十一条 【集体合同的订立和内容】企业职工一方与用人单位通过平等协商，可以就劳动报酬、工作时间、休息休假、劳动安全卫生、保险福利等事项订立集体合同。集体合同草案应当提交职工代表大会或者全体职工讨论通过。

集体合同由工会代表企业职工一方与用人单位订立；尚未建立工会的用人单位，由上级工会指导劳动者推举的代表与用人单位订立。

第五十二条 【专项集体合同】企业职工一方与用人单位可以订立劳动安全卫生、女职工权益保护、工资调整机制等专项集体合同。

第五十三条 【行业性集体合同、区域性集体合同】在县级以下区域内，建筑业、采矿业、餐饮服务业等行业可以由工会与企业方面代表订立行业性集体合同，或者订立区域性集体合同。

第五十四条　【集体合同的报送和生效】集体合同订立后，应当报送劳动行政部门；劳动行政部门自收到集体合同文本之日起十五日内未提出异议的，集体合同即行生效。

依法订立的集体合同对用人单位和劳动者具有约束力。行业性、区域性集体合同对当地本行业、本区域的用人单位和劳动者具有约束力。

第五十五条　【集体合同中劳动报酬、劳动条件等标准】集体合同中劳动报酬和劳动条件等标准不得低于当地人民政府规定的最低标准；用人单位与劳动者订立的劳动合同中劳动报酬和劳动条件等标准不得低于集体合同规定的标准。

第五十六条　【集体合同纠纷和法律救济】用人单位违反集体合同，侵犯职工劳动权益的，工会可以依法要求用人单位承担责任；因履行集体合同发生争议，经协商解决不成的，工会可以依法申请仲裁、提起诉讼。

第二节　劳务派遣

第五十七条　【劳务派遣单位的设立】经营劳务派遣业务应当具备下列条件：

（一）注册资本不得少于人民币二百万元；

（二）有与开展业务相适应的固定的经营场所和设施；

（三）有符合法律、行政法规规定的劳务派遣管理制度；

（四）法律、行政法规规定的其他条件。

经营劳务派遣业务，应当向劳动行政部门依法申请行政许可；经许可的，依法办理相应的公司登记。未经许可，任何单位和个人不得经营劳务派遣业务。

第五十八条　【劳务派遣单位、用工单位及劳动者的权利义务】劳务派遣单位是本法所称用人单位，应当履行用人单位对劳动者的义务。劳务派遣单位与被派遣劳动者订立的劳动合同，除应当载明本法第十七条规定的事项外，还应当载明被派遣劳动者的用工单位以及派遣期限、工作岗位等情况。

劳务派遣单位应当与被派遣劳动者订立二年以上的固定期限劳动合同，按月支付劳动报酬；被派遣劳动者在无工作期间，劳务派遣单位应当按照所在地人民政府规定的最低工资标准，向其按月支付报酬。

第五十九条　【劳务派遣协议】劳务派遣单位派遣劳动者应当与接受以劳务派遣形式用工的单位（以下称用工单位）订立劳务派遣协议。劳务派遣协议应当约定派遣岗位和人员数量、派遣期限、劳动报酬和社会保险费的数额与支付方式以及违反协议的责任。

用工单位应当根据工作岗位的实际需要与劳务派遣单位确定派遣期限，不得将连续用工期限分割订立数个短期劳务派遣协议。

第六十条　【劳务派遣单位的告知义务】劳务派遣单位应当将劳务派遣协议的内容告知被派遣劳动者。

劳务派遣单位不得克扣用工单位按照劳务派遣协议支付给被派遣劳动者的劳动报酬。

劳务派遣单位和用工单位不得向被派遣劳动者收取费用。

第六十一条　【跨地区派遣劳动者的劳动报酬、劳动条件】劳务派遣单位跨地区派遣劳动者的，被派遣劳动者享有的劳动报酬和劳动条件，按照用工单位所在地的标准执行。

第六十二条 【用工单位的义务】用工单位应当履行下列义务：

（一）执行国家劳动标准，提供相应的劳动条件和劳动保护；

（二）告知被派遣劳动者的工作要求和劳动报酬；

（三）支付加班费、绩效奖金，提供与工作岗位相关的福利待遇；

（四）对在岗被派遣劳动者进行工作岗位所必需的培训；

（五）连续用工的，实行正常的工资调整机制。

用工单位不得将被派遣劳动者再派遣到其他用人单位。

第六十三条 【被派遣劳动者同工同酬】被派遣劳动者享有与用工单位的劳动者同工同酬的权利。用工单位应当按照同工同酬原则，对被派遣劳动者与本单位同类岗位的劳动者实行相同的劳动报酬分配办法。用工单位无同类岗位劳动者的，参照用工单位所在地相同或者相近岗位劳动者的劳动报酬确定。

劳务派遣单位与被派遣劳动者订立的劳动合同和与用工单位订立的劳务派遣协议，载明或者约定的向被派遣劳动者支付的劳动报酬应当符合前款规定。

第六十四条 【被派遣劳动者参加或者组织工会】被派遣劳动者有权在劳务派遣单位或者用工单位依法参加或者组织工会，维护自身的合法权益。

第六十五条 【劳务派遣中解除劳动合同】被派遣劳动者可以依照本法第三十六条、第三十八条的规定与劳务派遣单位解除劳动合同。

被派遣劳动者有本法第三十九条和第四十条第一项、第二项规定情形的，用工单位可以将劳动者退回劳务派遣单位，劳务派遣单位依照本法有关规定，可以与劳动者解除劳动合同。

第六十六条 【劳务派遣的适用岗位】劳动合同用工是我国的企业基本用工形式。劳务派遣用工是补充形式，只能在临时性、辅助性或者替代性的工作岗位上实施。

前款规定的临时性工作岗位是指存续时间不超过六个月的岗位；辅助性工作岗位是指为主营业务岗位提供服务的非主营业务岗位；替代性工作岗位是指用工单位的劳动者因脱产学习、休假等原因无法工作的一定期间内，可以由其他劳动者替代工作的岗位。

用工单位应当严格控制劳务派遣用工数量，不得超过其用工总量的一定比例，具体比例由国务院劳动行政部门规定。

第六十七条 【用人单位不得自设劳务派遣单位】用人单位不得设立劳务派遣单位向本单位或者所属单位派遣劳动者。

第三节　非全日制用工

第六十八条 【非全日制用工的概念】非全日制用工，是指以小时计酬为主，劳动者在同一用人单位一般平均每日工作时间不超过四小时，每周工作时间累计不超过二十四小时的用工形式。

第六十九条 【非全日制用工的劳动合同】非全日制用工双方当事人可以订立口头协议。

从事非全日制用工的劳动者可以与一个或者一个以上用人单位订立劳动合同；但是，后订立的劳动合同不得影响先订立的劳动合同的履行。

第七十条 【非全日制用工不得约定试用期】非全日制用工双方当事人不得约定试用期。

第七十一条 【非全日制用工的终止用工】非全日制用工双方当事人任何一方都可以随时通知对方终止用工。终止用工,用人单位不向劳动者支付经济补偿。

第七十二条 【非全日制用工的劳动报酬】非全日制用工小时计酬标准不得低于用人单位所在地人民政府规定的最低小时工资标准。

非全日制用工劳动报酬结算支付周期最长不得超过十五日。

第六章 监督检查

第七十三条 【劳动合同制度的监督管理体制】国务院劳动行政部门负责全国劳动合同制度实施的监督管理。

县级以上地方人民政府劳动行政部门负责本行政区域内劳动合同制度实施的监督管理。

县级以上各级人民政府劳动行政部门在劳动合同制度实施的监督管理工作中,应当听取工会、企业方面代表以及有关行业主管部门的意见。

第七十四条 【劳动行政部门监督检查事项】县级以上地方人民政府劳动行政部门依法对下列实施劳动合同制度的情况进行监督检查:

(一)用人单位制定直接涉及劳动者切身利益的规章制度及其执行的情况;

(二)用人单位与劳动者订立和解除劳动合同的情况;

(三)劳务派遣单位和用工单位遵守劳务派遣有关规定的情况;

(四)用人单位遵守国家关于劳动者工作时间和休息休假规定的情况;

(五)用人单位支付劳动合同约定的劳动报酬和执行最低工资标准的情况;

(六)用人单位参加各项社会保险和缴纳社会保险费的情况;

(七)法律、法规规定的其他劳动监察事项。

第七十五条 【监督检查措施和依法行政、文明执法】县级以上地方人民政府劳动行政部门实施监督检查时,有权查阅与劳动合同、集体合同有关的材料,有权对劳动场所进行实地检查,用人单位和劳动者都应当如实提供有关情况和材料。

劳动行政部门的工作人员进行监督检查,应当出示证件,依法行使职权,文明执法。

第七十六条 【其他有关主管部门的监督管理】县级以上人民政府建设、卫生、安全生产监督管理等有关主管部门在各自职责范围内,对用人单位执行劳动合同制度的情况进行监督管理。

第七十七条 【工会监督检查的权利】劳动者合法权益受到侵害的,有权要求有关部门依法处理,或者依法申请仲裁、提起诉讼。

第七十八条 【劳动者权利救济途径】工会依法维护劳动者的合法权益,对用人单位履行劳动合同、集体合同的情况进行监督。用人单位违反劳动法律、法规和劳动合同、集体合同的,工会有权提出意见或者要求纠正;劳动者申请仲裁、提起诉讼的,工会依法给予支持和帮助。

第七十九条 【对违法行为的举报】任何组织或者个人对违反本法的行为都有权举报，县级以上人民政府劳动行政部门应当及时核实、处理，并对举报有功人员给予奖励。

第七章　法律责任

第八十条 【规章制度违法的法律责任】用人单位直接涉及劳动者切身利益的规章制度违反法律、法规规定的，由劳动行政部门责令改正，给予警告；给劳动者造成损害的，应当承担赔偿责任。

第八十一条 【缺乏必备条款、不提供劳动合同文本的法律责任】用人单位提供的劳动合同文本未载明本法规定的劳动合同必备条款或者用人单位未将劳动合同文本交付劳动者的，由劳动行政部门责令改正；给劳动者造成损害的，应当承担赔偿责任。

第八十二条 【不订立书面劳动合同的法律责任】用人单位自用工之日起超过一个月不满一年未与劳动者订立书面劳动合同的，应当向劳动者每月支付二倍的工资。

用人单位违反本法规定不与劳动者订立无固定期限劳动合同的，自应当订立无固定期限劳动合同之日起向劳动者每月支付二倍的工资。

第八十三条 【违法约定试用期的法律责任】用人单位违反本法规定与劳动者约定试用期的，由劳动行政部门责令改正；违法约定的试用期已经履行的，由用人单位以劳动者试用期满月工资为标准，按已经履行的超过法定试用期的期间向劳动者支付赔偿金。

第八十四条 【扣押劳动者身份等证件的法律责任】用人单位违反本法规定，扣押劳动者居民身份证等证件的，由劳动行政部门责令限期退还劳动者本人，并依照有关法律规定给予处罚。

用人单位违反本法规定，以担保或者其他名义向劳动者收取财物的，由劳动行政部门责令限期退还劳动者本人，并以每人五百元以上二千元以下的标准处以罚款；给劳动者造成损害的，应当承担赔偿责任。

劳动者依法解除或者终止劳动合同，用人单位扣押劳动者档案或者其他物品的，依照前款规定处罚。

第八十五条 【未依法支付劳动报酬、经济补偿等的法律责任】用人单位有下列情形之一的，由劳动行政部门责令限期支付劳动报酬、加班费或者经济补偿；劳动报酬低于当地最低工资标准的，应当支付其差额部分；逾期不支付的，责令用人单位按应付金额百分之五十以上百分之一百以下的标准向劳动者加付赔偿金：

（一）未按照劳动合同的约定或者国家规定及时足额支付劳动者劳动报酬的；

（二）低于当地最低工资标准支付劳动者工资的；

（三）安排加班不支付加班费的；

（四）解除或者终止劳动合同，未依照本法规定向劳动者支付经济补偿的。

第八十六条 【订立无效劳动合同的法律责任】劳动合同依照本法第二十六条规定被确认无效，给对方造成损害的，有过错的一方应当承担赔偿责任。

第八十七条 【违反解除或者终止劳动合同的法律责任】用人单位违反本法规定解除或者终止劳动合同的，应当依照本法第四十七条规定的经济补偿标准的二倍向劳动者支付赔偿金。

第八十八条 【侵害劳动者人身权益的法律责任】用人单位有下列情形之一的，依法给予行政处罚；构成犯罪的，依法追究刑事责任；给劳动者造成损害的，应当承担赔偿责任：

（一）以暴力、威胁或者非法限制人身自由的手段强迫劳动的；

（二）违章指挥或者强令冒险作业危及劳动者人身安全的；

（三）侮辱、体罚、殴打、非法搜查或者拘禁劳动者的；

（四）劳动条件恶劣、环境污染严重，给劳动者身心健康造成严重损害的。

第八十九条 【不出具解除、终止书面证明的法律责任】用人单位违反本法规定未向劳动者出具解除或者终止劳动合同的书面证明，由劳动行政部门责令改正；给劳动者造成损害的，应当承担赔偿责任。

第九十条 【劳动者的赔偿责任】劳动者违反本法规定解除劳动合同，或者违反劳动合同中约定的保密义务或者竞业限制，给用人单位造成损失的，应当承担赔偿责任。

第九十一条 【用人单位的连带赔偿责任】用人单位招用与其他用人单位尚未解除或者终止劳动合同的劳动者，给其他用人单位造成损失的，应当承担连带赔偿责任。

第九十二条 【劳务派遣单位的法律责任】违反本法规定，未经许可，擅自经营劳务派遣业务的，由劳动行政部门责令停止违法行为，没收违法所得，并处违法所得一倍以上五倍以下的罚款；没有违法所得的，可以处五万元以下的罚款。

劳务派遣单位、用工单位违反本法有关劳务派遣规定的，由劳动行政部门责令限期改正；逾期不改正的，以每人五千元以上一万元以下的标准处以罚款，对劳务派遣单位，吊销其劳务派遣业务经营许可证。用工单位给被派遣劳动者造成损害的，劳务派遣单位与用工单位承担连带赔偿责任。

第九十三条 【无营业执照经营单位的法律责任】对不具备合法经营资格的用人单位的违法犯罪行为，依法追究法律责任；劳动者已经付出劳动的，该单位或者其出资人应当依照本法有关规定向劳动者支付劳动报酬、经济补偿、赔偿金；给劳动者造成损害的，应当承担赔偿责任。

第九十四条 【个人承包经营者的连带赔偿责任】个人承包经营违反本法规定招用劳动者，给劳动者造成损害的，发包的组织与个人承包经营者承担连带赔偿责任。

第九十五条 【不履行法定职责、违法行使职权的法律责任】劳动行政部门和其他有关主管部门及其工作人员玩忽职守、不履行法定职责，或者违法行使职权，给劳动者或者用人单位造成损害的，应当承担赔偿责任；对直接负责的主管人员和其他直接责任人员，依法给予行政处分；构成犯罪的，依法追究刑事责任。

第八章 附 则

第九十六条 【事业单位聘用制劳动合同的法律适用】事业单位与实行聘用制的工作人员订立、履行、变更、解除或者终止劳动合同，法律、行政法规或者国务院另有规定的，依照其规定；未作规定的，依照本法有关规定执行。

第九十七条 【过渡性条款】本法施行前已依法订立且在本法施行之日存续的劳动合同，继续履行；本法第十四条第二款第三项规定连续订立固定期限劳动合同的次数，自本法施行后续订固定期限劳动合同时开始计算。

本法施行前已建立劳动关系，尚未订立书面劳动合同的，应当自本法施行之日起一个月内订立。

本法施行之日存续的劳动合同在本法施行后解除或者终止，依照本法第四十六条规定应当支付经济补偿的，经济补偿年限自本法施行之日起计算；本法施行前按照当时有关规定，用人单位应当向劳动者支付经济补偿的，按照当时有关规定执行。

第九十八条 【施行时间】本法自 2008 年 1 月 1 日起施行。

参 考 文 献

[1]陈德明. 大学生创业规划[M]. 广州:广东高等教育出版社,2014.

[2]韩奇生，郑永森. 大学生职业生涯规划[M]. 北京：现代教育出版社，2019.

[3]张新春,游龙生,胡峰. 大学生职业发展与生涯规划[M]. 秦皇岛:燕山大学出版社,2020.

[4]汤锐华. 大学生职业规划与发展:职业规划与职业素养[M]. 3 版. 北京:高等教育出版社,2018.

[5]李业明. 职业生涯规划[M]. 上海:上海交通大学出版社,2018.

[6]张普权. 大学生职业生涯规划与就业指导[M]. 上海:上海交通大学出版社,2018.

[7]刘平. 大学生就业与创业指导[M]. 北京:清华大学出版社,2016.

[8]何小姬. 就业指导——理论、案例与实训[M]. 北京:中国人民大学出版社,2015.

[9]刘怡娟. 职业生涯规划:从职场走向成功的第一步[M]. 北京:中国人民大学出版社,2013.

[10]钟思嘉,金树人. 大学生职业生涯规划:自主与自助手册[M]. 北京:高等教育出版社,2017.

[11]丁梦,王霖,张宝红. 大学生就业指导[M]. 镇江:江苏大学出版社,2017.

[12]王宝平,冯晓明. 大学生职业生涯规划与就业创业指导[M]. 北京:航空工业出版社,2018.

[13]严有武,董开鹏,雒保祥,职业生涯规划与就业指导[M]. 武汉:华中科技大学出版社,2019.

[14]王韶明,职业比较与就业指导[M]. 2 版. 北京:中国人民大学出版社,2018.

[15]陈建,职业生涯规划理论与实践[M]. 北京:航空工业出版社,2017.

[16]李业明. 职业生涯规划[M]. 上海:上海交通大学出版社,2018.

[17] 汪戎. 创业基础:大学生创业理论与实务[M]. 北京:高等教育出版社,2014.

[18] 王庆生,王坤. 大学生创业基础[M]. 北京:清华大学出版社,2013.

[19] 李家华,郑旭红,张志宏. 创业有道:大学生创业指导[M]. 北京:高等教育出版社,2014.

[20] 李明,耿广利,卢慧勇,等. 放飞梦想——大学生就业与创业指导[M]. 北京:清华大学出版社,2013.

[21] 李爱卿,叶华,吴璇华. 大学生创业基础[M]. 北京:清华大学出版社,2015.

[22]高美兰,白树全,创新与创业教育[M]. 北京:机械工程出版社,2018.

[23]李东红,徐金宝,葛菲,施鹏丽. 中国创新创业发展报告[M]. 北京:中国财富出版社,2018.

[24]张育广,许泽浩,罗嘉文.创新创业教育:生态系统、前孵化器及众创空间[M]:广州:暨南大学出版社,2017.

[25]王中强,陈工孟.创新思维与创业教育[M].北京:清华大学出版社,2017.

[26]方展画,创新教育教程[M].北京:高等教育出版社,2017.